MINHA **GUERRA** PARTICULAR

MINHA GUERRA PARTICULAR

memórias

MASUDA SULTAN

A saga de uma
mulher dividida
entre duas culturas

Tradução de Regina Lyra

Editora
Nova
Fronteira

Título original: MY WAR AT HOME

© 2006 by Masuda Sultan

Direitos de edição da obra em língua portuguesa no Brasil adquiridos pela EDITORA NOVA FRONTEIRA S.A. Todos os direitos reservados. Nenhuma parte desta obra pode ser apropriada e estocada em sistema de banco de dados ou processo similar, em qualquer forma ou meio, seja eletrônico, de fotocópia, gravação etc., sem a permissão do detentor do copirraite.

EDITORA NOVA FRONTEIRA S.A.
Rua Bambina, 25 – Botafogo – 22251-050
Rio de Janeiro – RJ – Brasil
Tel.: (21) 2131-1111 – Fax: (21) 2286-6755
http://www.novafronteira.com.br
e-mail: sac@novafronteira.com.br

CIP-Brasil. Catalogação-na-fonte
Sindicato Nacional dos Editores de Livros, RJ.

S95m   Sultan, Masuda
        Minha guerra particular : a saga de uma mulher dividida entre duas culturas / Masuda Sultan ; tradução de Regina Lyra. – Rio de Janeiro : Nova Fronteira, 2006

        Tradução de: My war at home
        ISBN 85-209-1939-1

        1. Sultan, Masuda. 2. Afegãs – Estados Unidos – Biografia. 3. Muçulmanos – Estados Unidos – Biografia. 4. Afegãos – Estados Unidos – Identidade étnica. I. Título.

            CDD 920.9305489159
            CDU 929:-055.2(=223.9)

Para os meus pais e a minha família, incluindo os que no Ocidente chamaríamos de "família não-nuclear" ou "parentes". Em lugares como o Afeganistão, eles são apenas família.

AGRADECIMENTOS

Meu agradecimento especial a Hannibal Travis. Agradeço de coração a sua paciência e sensatez ao longo deste livro. Obrigada, Vic Sarjoo e Deborah Bell, pelo incentivo e pelas idéias. Vocês me fizeram economizar um bom dinheiro em terapia, como diria Vic, e apesar de se recusarem a aceitar o fato, sei que não teria conseguido sem vocês. Babai, Sara e Aziza: sempre amarei vocês três como irmãos e amigos capazes de entender. E Aziza: jamais esquecerei que você não dormiu na véspera da entrega do livro para ler o máximo que conseguisse e compartilhar comigo sua sabedoria tão especial.

Minhas editoras, Tracy Behar e Wendy Walker, na Simon & Schuster, foram fabulosas. Obrigada também a Susan Brown por me ajudar a lapidar minha idéia para este livro.

Eileen Cope, você será para sempre a pessoa que deu o pontapé inicial neste projeto e a primeira a acreditar nele, antes mesmo de mim, que me recusei a lhe dar ouvidos, aos 23 anos. Eu não poderia sonhar com uma agente melhor nem mais sensível e carinhosa.

Não existe honra maior do que nos pedirem para partilhar a nossa história, a história da nossa família e a história do nosso povo.

SUMÁRIO

UM
O segundo dia mais importante   11

DOIS
Casamento primeiro e amor depois?   29

TRÊS
O jardim de um estranho   46

QUATRO
A garotinha Masuda   63

CINCO
Um par adequado   87

SEIS
Uma kandahariana pura   109

SETE
Uma visita de Hollywood   131

OITO
A pior assistência médica do mundo   158

NOVE
Americana, ao meu jeito   168

DEZ
A história de Nasria   197

ONZE
De marco zero a marco zero   225

DOZE
Perguntem ao Departamento de Defesa   246

TREZE
Mudando as regras   261

QUATORZE
Uma declaração de direitos da mulher afegã   271

QUINZE
A prisioneira e o presidente   285

POSFÁCIO   305

NOTAS   317

UM

O SEGUNDO DIA MAIS IMPORTANTE

O prazer de Deus é o prazer dos pais.

Ditado islâmico

Aos 16 anos, finalmente arrumei coragem para telefonar para meu marido. Depois que concordei a contragosto, meus pais arranjaram meu casamento com um médico 14 anos mais velho.

Eu vinha planejando o telefonema há semanas, tentando encontrar a ocasião certa, e dando para trás na hora em que isso deixava de ser fantasia para se aproximar ainda mais do momento de ouvir sua voz. Tinha que me apressar porque mamãe logo estaria de volta, e minhas irmãs menores poderiam entrar na sala a qualquer momento.

Enquanto discava o número da telefonista, senti uma intensa onda de calor se espalhar pelo meu rosto e tomar conta do meu corpo.

— Quero fazer uma ligação a cobrar — pedi, hesitante, à telefonista, esperando ouvir que não era possível fazê-lo e me livrar daquela tortura.

Eu tinha achado o telefone dele na letra "D", de doutores, no caderninho com caligrafia impecável que meu pai mantinha ao lado do telefone. Odiei a idéia de ser esta a maneira como eu falaria pela primeira vez com meu marido. Fiquei mal, mas não havia outro jeito de ligar para ele sem que meus pais descobrissem. E se ele não soubesse quem eu era? Numa ligação a cobrar, a gente pode falar apenas o nome, e eu não teria tempo para explicar: "É a Masuda, a moça com quem você se casou três meses atrás, lembra?"

E se ele reconhecesse o meu nome e mesmo assim recusasse a chamada? Será que me consideraria uma americana sem-vergonha? Afinal, desde o casamento, ele telefonava para meus pais uma vez por semana para saber como iam as coisas, mas enchia minha mãe de orgulho por não perguntar sobre mim. Isso queria dizer que era muito conservador, ou muito tímido para fazer perguntas sobre mim aos meus pais, ou ambas as coisas — em todo caso, segundo a cultura pashtun, este era um comportamento altamente apropriado.

— Masuda Sultan — apressei-me a dizer o nome completo antes que o tempo acabasse.

Um toque, dois... Meus dedos tamborilavam nervosos no tampo de madeira escura do aparelho de som sobre o qual ficava o telefone. Senti uma certa decepção por ele não estar em casa num domingo à tarde. Será que saiu com uma mulher? Eu nada sabia da vida dele, mas pensava a respeito.

No terceiro toque, ele atendeu. Lancei rapidamente a minha voz pelos cabos de cobre que nos conectavam:

— *Salaamwalaikum*. Aqui é a Masuda. Desculpe ligar assim, mas achei que devíamos nos falar e... qualquer problema, posso desligar e fingir que isso nunca aconteceu.

Estava tão assustada que me arrependi de ter ligado.

— Não, não, tudo bem. Não se preocupe.

Quase pulei de alegria.

— E então, como vai? — perguntou ele.

— Nada mal, apenas... estou em casa.

Ele foi um amor. Fiquei eufórica por ele ter gostado de saber notícias minhas. Era meu marido, mas parecia que eu estava ligando para um namorado secreto, o que tornava tudo ainda mais divertido. Começamos a conversar sobre seu cansativo trabalho como médico na clínica.

Expliquei que estava ficando tarde para eu me candidatar a uma universidade, mas que meu orientador na escola achava que eu tinha uma boa chance de ser aceita em algumas das melhores. Meus pais pediram que eu não me inscrevesse logo, que esperasse para ver o que aconteceria. Abordei o tema da faculdade para saber se ele realmente não se importava que eu estudasse.

Alguns meses antes, quando meus pais me perguntaram se eu concordaria em me casar com alguém escolhido por eles, de início me opus, dizendo que aos 16 anos era cedo demais e que eu queria ir para a faculdade. Eles então me perguntaram com quem eu me casaria mais tarde e se já tinha namorado.

— Claro que não! — respondi, na defensiva, sentindo-me sob suspeita.

— E vai se casar com quem, então, se não com um marido escolhido por nós? Talvez seja cedo demais, mas uma oportunidade como esta pode não aparecer de novo. Achamos que você já é madura o bastante.

Os dois temiam não encontrar um bom partido para mim se esperassem mais tempo, porque eu passaria a ser instruída demais para a maioria dos habitantes do sul do Afeganistão cujas famílias eles conheciam da época anterior à guerra.

Acabei cedendo, por ver méritos na escolha dos meus pais e não ter outra pessoa em mente. Minha única condição foi continuar a estudar até me formar na faculdade. Meus pais concordaram em pedir ao irmão de Nadir, que os procurara para pedir a minha mão, para falar com meu pretendente sobre isso. Feita a consulta, o irmão transmitiu a resposta: era aceitável.

Devido à existência de tantos intermediários, eu quis ter certeza de que Nadir realmente valorizava minha formação universitária. Fiquei aliviada em ver que sim, embora ele não tenha dito nada quanto a faculdade que eu deveria me candidatar. Era apenas nosso primeiro telefonema, e para mim já tinha sido muito conseguir um contato.

Eu acabava de conversar pela primeira vez com meu marido, e ele sugeriu que eu ligasse a cobrar quantas vezes quisesse. Quando desliguei o telefone, me virei e dei de cara com minhas irmãs na sala. Elas me olhavam de forma estranha. Não perguntei o que tinham ouvido ou o que sabiam, porque não quis chamar a atenção delas para o que eu tinha feito. Só esperava que não tivessem percebido nada, embora, pelo calor que sentia em meu rosto, eu devesse estar vermelha como um pimentão.

Eu morria de vontade de saber como meu marido era. Culpava a maneira como nos conhecemos pelo constrangimento que sentia em certas ocasiões, como diante do silêncio mortal ao telefone. Ou talvez o problema fosse por eu ser totalmente inexperiente e nunca ter namorado antes. Quem sabe era um sinal de gentileza da parte dele não falar muito, me dando abertura com seu silêncio para que eu falasse a meu respeito e abordasse qualquer coisa que me viesse à cabeça. Tendo em vista que Nadir provavelmente era o homem mais preparado que eu já conhecera, confiei em seu instinto. Eu sabia também que os nossos filhos seriam, no mínimo, muito inteligentes. Mas teria gostado de ouvir que ele tinha adorado falar comigo, que esperava ansioso nosso casamento e nossa vida a dois. Eu me lembrava da primeira vez que nos vimos. Ele veio jantar em nossa casa, com o irmão e a mulher do irmão. Como na maioria das *melmastias*, ou ocasiões em que recebíamos visitas, passamos dois dias nos preparando para a chegada deles. No primeiro, Agha, meu pai, comprou carnes e mantimentos, enquanto o restante da família fez faxina o dia todo, deixando a casa impecável. No dia da *melmastia*, fomos acordados pelo aroma acolhedor de cebolas refogadas, que Moor, mamãe, começara a fazer horas antes de despertarmos. Logo nos juntamos a ela, lavando raminhos de menta e coentro, amassando com pilão o alho até formar uma pasta para rechear quadradinhos de carne e transformá-los nos *mantoos*, bolinhos afegãos condimentados sobre os quais derrama-se iogurte de menta na hora de servir. Passamos o dia preparando comida suficiente para, no mínimo, o dobro das visitas esperadas, morrendo de medo de não ser o bastante. O maior constrangimento numa *melmastia* é não haver comida suficiente. Não se trata aqui de deixar as pessoas com fome, ou da comida acabar, mas de algum convidado pensar duas vezes antes de se servir de determinado prato por receio que outra pessoa deseje o mesmo. Em outras palavras, os convidados precisam se sentir à vontade para comer o que quiserem e o máximo possível. Eles não podem jamais se privar de alguma coisa ou se sentir frustrados. Devem se sentar e ser servidos, embora as visitas femininas mais chegadas à família em geral insistam em ajudar a lavar a louça.

Adoro servir as visitas, provavelmente porque toda a minha família sempre sentiu prazer nisso. Como uma orquestra, minha família administra em conjunto todos os detalhes e crises menores. Talvez seja aí que nosso espírito de equipe se revela mais forte. Quando chega a hora de servir o jantar, Agha checa o tempo todo a comida, enquanto Moor a esquenta, e todos temos as nossas tarefas. Na corrida para levar todos os pratos à mesa ao mesmo tempo, de modo que não esfriem, realizamos manobras para evitar esbarrar uns nos outros na cozinha. Enquanto me abaixo para não bater na enorme travessa de arroz basmati aromático passada por cima da minha cabeça, entrego uma luva para minha mãe segurar a panela no fogão e peço ao papai para tirar o pão afegão do forno antes que queime. Todos nos esforçamos para ser o melhor e o mais eficiente possível. A meta de tudo isso é fazer o mínimo de barulho e tentar aparentar tranqüilidade para os convidados. Sara decora a berinjela e os tomates com pimentões cortadinhos e coentro fresco, como uma artista talentosa que se orgulha de sua obra. Tento me lembrar do que está faltando, como os limões em conserva que Agha pôs num vidro, semanas atrás. Minha irmã caçula, Aziza, ajuda com as tarefas mais simples, como preparar a salada, enquanto insiste para que mamãe lhe dê responsabilidades de adulto, como preparar do início ao fim um prato de galinha ao *curry*.

Na noite da visita de Nadir, minha mãe me pediu para servir as bebidas, e lá fui eu equilibrando uma bandeja de copos de suco de laranja pousados em pires guarnecidos com um guardanapo dobrado em triângulo. Em nossa casa, jamais servimos uma bebida a uma visita sem um pires e um guardanapo sob o copo, tudo numa bandeja de prata decorada. Certa vez, levei na mão um copo d'água para um convidado e tive que encarar a expressão de absoluta vergonha no rosto do meu pai. Ele se encolheu diante dos meus olhos, mas não tive como voltar atrás, pois já estava na frente da visita segurando o copo d'água na mão.

Quando me dirigi para Nadir com a bandeja de suco de laranja, percebi que a extremidade do seu pé se apoiava na mesa em frente ao sofá, com os dedos presos à borda. "Que grosseria!", pensei. Embora seja usual tirar os sapatos dentro de casa, pôr os pés na mesinha é sempre falta de educação. Enquanto me aproximava, tive a esperança de que ele abrisse espaço na mesa para eu colocar a bandeja, mas Nadir nem se mexeu. Não agüentei olhar para a cara dele. Fiquei de olho em seu pé e enquanto chegava cada vez mais perto, ansiosa por não saber o que fazer se ele não se mexesse. Olhei fixo para o seu dedão, limpo e bem tratado, mas cabeludo. Eu não queria ter que pedir para ele tirar o pé da mesa. Isso equivaleria a um confronto, e eu era tímida demais para tanto.

Finalmente, quando parei ao seu lado, o dedão se mexeu. Foi assim que Nadir e eu fomos apresentados. No nosso encontro seguinte, nos casamos, numa cerimônia islâmica chamada *nikkah*.

CERTA VEZ, QUANDO EU TINHA DEZ ANOS e meus pais hospedaram a família para uma festa de casamento, uma parenta mais velha e experiente me disse que no islã o casamento é sagrado. As mulheres da família estavam acomodadas em colchões afegãos espalhados pelo chão, deitadas de lado com os braços pousados em grandes almofadas de veludo. A avó da minha mãe, Koko, inclinou-se e sussurrou no meu ouvido:

— Existem três dias importantes na sua vida. O dia em que nasce, o dia em que se casa e o dia em que morre. Essas datas são marcadas por Deus e não podem ser mudadas. Só Deus sabe quando acontecerão.

Meu pensamento disparou. Com certeza eu não me lembrava do dia em que nasci e talvez não esteja consciente quando morrer — mas o dia do meu casamento seria o único dia importante que eu teria condições de vivenciar do início ao fim. Eu já sabia disso aos dez anos, mas as palavras de Koko foram uma confirmação, e a descoberta do papel de Deus tornou o significado mais profundo.

As palavras dela ecoavam em minha cabeça toda vez que eu cumpria mais um ritual que nos aproximava do fim da nossa jornada. Casar aos 16 anos foi estranho, mas cheio de mistério. Num certo sentido, estávamos apenas noivos. Não morávamos juntos e ainda nos faltava passar pela cerimônia em que eu usaria um vestido branco e leria trechos do Corão com Nadir sob um grande xale verde que as duas famílias estenderiam sobre nossas cabeças, simbolizando o teto da nossa nova casa. Mas já passáramos pelo *nikkah*, ou celebração islâmica das núpcias, e nele usei um vestido verde para aceitar Nadir como marido.

Era isso que os meus amigos tinham mais dificuldade para entender. Para o islã, estávamos casados, mas culturalmente, apenas noivos. Na cultura afegã, este é um período especial num relacionamento, quando o casal se conhece, mas no qual se espera que se abstenham de relações íntimas. Dependendo da postura da família, os noivos podem namorar, falar ao telefone ou não ter contato algum.

Nossa família realizou a cerimônia do *nikkah* num hotel em Flushing, no Queens. O vestido verde que usei era da cor da devoção islâmica, bem como da prosperidade. Fiquei sentada num quarto com as outras mulheres, aguardando que me perguntassem se eu aceitava me casar com Nadir. Meu pai pedira para me representar como *wakil*, a pessoa a quem eu daria permissão para me casar. Alguns muçulmanos acreditam que o contrato de casamento deva ser celebrado entre o noivo e os parentes masculinos mais próximos da noiva, em vez de entre marido e mulher. Para minha família, a noiva deve concordar com o casamento, mas deve ser representada por um parente do sexo masculino na cerimônia em vez de aparecer pessoalmente diante do noivo, o que significaria um atrevimento.

Na cerimônia, meu pai providenciou para que duas testemunhas, homens da minha família, viessem ao meu quarto. Falar com eles consistiria na minha única participação na cerimônia. Embora no islamismo clássico seja permitido às mulheres representarem a si mesmas no casamento, as famílias conservadoras nomeiam testemunhas como mensageiros, a fim de confirmar para o mulá, ou líder religioso, as intenções da noiva. Não pude confirmar pessoalmente minhas intenções para o mulá porque a cultura pashtun tradicional não permite que mulheres solteiras se apresentem diante de homens, mesmo quando estes são líderes religiosos.

Minhas duas testemunhas empregaram uma frase bastante formal em pashtu, perguntando quem eu escolheria para me representar na cerimônia. Eu estava muito nervosa, e não entendi direito as palavras que disseram, embora soubesse qual era a pergunta. Mas Agha tinha me ensinado a maneira correta, formal, de dizer que ele iria me representar, de modo que repeti o que havia decorado. Então, minhas testemunhas se foram. Alguns minutos depois, minha mãe, minhas irmãs e outras parentas presentes no quarto vibraram de alegria, caindo nos braços umas das outras e chorando porque uma menina da família finalmente crescera e, nas palavras de mamãe, "alcançara o seu lugar".

Um minuto mais tarde, meu marido entrou no quarto e a música começou a tocar. Fizemos a tradicional primeira caminhada como um casal oficial, lentamente e ao compasso da música, e entramos no salão para nos juntarmos às nossas famílias e convidados. Não demonstrei qualquer emoção e mantive o rosto sério ao longo do percurso em meio àquela confusão de gente. Não tive coragem de olhar para ninguém, mas todos os olhares estavam em mim. No palco, minha mãe e meu pai deram a meu marido um anel e um relógio de ouro, e a família dele me deu um conjunto de brincos, colar e anel, de ouro e pedras preciosas. Sem trocar uma palavra, havíamos nos casado.

Assim que acabou a cerimônia, Nadir precisou literalmente correr para o aeroporto para voltar ao hospital onde trabalhava como interno. Apertou minha mão e se despediu. Eu não disse uma só palavra a ele no dia do nosso noivado, nem, a bem da verdade, em qualquer outra ocasião. Tudo havia sido arranjado por nossas famílias. Meu pai e meu avô conheciam o pai dele de Kandahar, e nossas famílias voltaram a se encontrar no Brooklyn, na condição de refugiadas do bombardeio soviético em Kandahar nos anos 1980. Nossos pais e avós, e os pais e avós destes, pertenciam à tribo Popalzai, a mesma do atual presidente do Afeganistão Hamid Karzai. Nossas famílias se davam muito bem, mas será que nós nos daríamos?

EU MAL PODIA VER ALGUMA COISA através do véu branco que cobria o meu rosto. Era como estar inconsciente. Não sentia nada. Ofuscada pelas luzes fortes que vinham em minha direção, eu só via as pessoas como borrões coloridos passando à minha frente. Tudo que ouvia eram ruídos de risadas e *tashakors* (agradecimentos) em pashtu.

Era o segundo dia mais importante da minha vida, o dia do meu casamento formal. Desta vez, meu marido e eu voltaríamos juntos para casa.

Estávamos em Karachi, no Paquistão. Eu tinha 17 anos e me formara no segundo grau no verão anterior. Eu me saíra bem e conseguira o diploma um ano antes do previsto. Chegara a hora de casar. Quase mil pessoas compareceram ao casamento ao ar livre do último solteiro de seis irmãos. Era meu casamento, mas nada ali era meu.

Uma mulher se aproximou e me chamou de boneca americana. Eu ficava em pé quando mandavam e me sentava quando queriam, tentando me mexer o mínimo possível.

A luz da enorme câmera de vídeo montada à minha frente era quase insuportável no calor pegajoso de Karachi. De vez em quando, seu foco se desviava de mim, e eu sentia uma brisa fresca nos braços e no pescoço.

Tomei cuidado para manter os olhos baixos, de forma a não parecer atrevida. Às vezes eu os levantava, principalmente quando meu irmão mais velho, Babai, batia uma foto, porque queria mostrar às outras garotas afegãs que não é feio olhar à volta. Além disso, cresci nos Estados Unidos, e não se pode esperar o mesmo comportamento de moças americanas.

Mas eu não queria fazer isso o tempo todo. Queria mostrar à família do noivo que o fato de ter crescido nos Estados Unidos não fazia de mim uma pessoa arrogante ou uma má esposa para o irmão deles.

A irmã mais velha de Nadir, Bibi, foi a mestre de cerimônias em Karachi. A mãe morrera como refugiada no Paquistão. Como Nadir já não tinha mãe, a escolha óbvia para organizar o casamento recaiu sobre sua irmã mais velha. Ela falava alto, tinha uma voz esganiçada, de modo que seu verdadeiro poder sobre a família não ficava logo aparente. Seu nariz comprido me fez lembrar o do tucano dos comerciais do cereal Froot Loops.

Às vezes Moor me chamava de Bibi. Era como ser chamada de anjo. As Bibis são as mulheres mais respeitadas segundo os conceitos do pashtunwali. Possuem uma profunda noção de modéstia, quase sempre acatando os desejos dos maridos e das famílias, e basicamente têm bom coração, pois tentam manter a harmonia em seus relacionamentos. Não reclamam e com certeza não brigam. Todo mundo as adora. Sempre desejei ser uma Bibi, embora o título em geral seja conferido pela sogra. São as sogras que representam o maior desafio para a "bibidade" de uma jovem esposa.

As mulheres mais velhas são quase sempre chamadas de Bibi, seguido de um outro termo carinhoso, como Gul, que significa "flor". Não sei como tantas mulheres idosas acabaram virando Bibis, mas talvez seja porque as sogras morreram e o padrão foi afrouxado. Muitas senhoras idosas que chegaram aos Estados Unidos trazidas pelos filhos e filhas, já cidadãos americanos, tinham Bibi como primeiro nome, seguido do sobrenome. Uma americana comentou comigo uma vez como era incrível que tantas afegãs se chamassem Bibi.

Para uma platéia que aplaudia com entusiasmo, Bibi mostrou todos os novos conjuntos de pulseiras, anéis e brincos preciosos com que as irmãs e tias de Nadir haviam me enfeitado. Durantes os seis meses anteriores, mamãe e eu percorremos as zonas comerciais que conhecíamos em Nova York para comprar meu enxoval, inclusive vestidos cheios de brilho e sapatos para combinar na rua 37 em Manhattan, bem como elegantes trajes indianos em Jackson Heights, no Queens.

Quando chegamos ao Paquistão para o casamento, mamãe e eu visitamos o Sadar, o mercado do ouro em Karachi, para comprar jóias para o casamento. Ao descermos do carro, passamos por mendigos na rua. Do lado de fora da loja havia seguranças com armas automáticas, e um deles abriu a porta para mim. Dentro, tudo espelhava o belo e rico brilho do ouro. Para as muçulmanas, o ouro é o bem mais valioso, sinal de riqueza.

MINHA GUERRA PARTICULAR | 23

Na verdade, o ouro costuma ser a única reserva financeira de uma mulher, principalmente nas sociedades pobres. Também é considerado sagrado, de modo que minha incursão consumista, aparentemente fútil, também soava curiosamente espiritual. Eu adorava me sentir ligada aos meus ancestrais por meio desse belo elemento natural. Os lojistas, percebendo a oportunidade de fazer uma ótima venda para as estrangeiras, sobretudo para uma garota como eu, não economizaram um átimo de energia na apresentação do seu estoque. Dava para ver que não residíamos no Afeganistão, que morávamos no ocidente. Assim que descobriram o que queríamos, enfileiraram caixas e mais caixas, forradas de veludo vermelho e cheias de jóias maravilhosas, que foram abrindo uma a uma. Coube a mim assentir com a cabeça, indicando que artigo devia sair da caixa, ou fazer que não para demonstrar reprovação. Escolhi as jóias mais caras da loja. A maior parte do ouro no bazar era de 22 quilates, algo pouco familiar à maioria das moças que conheci nos Estados Unidos. Nunca pude fazer isso na América. Aqui, eu era realeza.

Nas famílias pashtun, a noiva não costuma escolher as próprias jóias, menos ainda as que serão compradas pela família do noivo como presentes de casamento. No meu caso, porém, sugerimos que eu mesma ajudasse na seleção, pois soube que a família de Nadir ia comprar para mim um enorme colar de ouro que descia até a cintura, que eu não usaria nunca. Tive sorte. Era raríssimo permitir que uma moça escolhesse as próprias jóias, e me senti o tempo todo uma princesa.

NÃO TIVE QUE FAZER NADA NO casamento, a não ser tomar cuidado para não rir, nem mesmo sorrir, ou olhar demais à minha volta. Tinha prometido à minha mãe não sorrir. Acabávamos de comprar meu véu e estávamos de pé na rua esperando meu pai vir nos pegar, quando ela me alertou sobre isso. Senti vontade de chorar, mas em vez disso confirmei que já conhecia as normas. Claro que eu não sorriria no meu casamento.

Em Kandahar, na época de mamãe, quanto mais uma noiva chorasse, mais gostavam dela. Quanto mais triste se mostrasse por deixar a família, mais isso evidenciava o quanto ela gostava deles. Para mim, o que doía não era a tristeza de deixar a família, mas a tristeza de sentir que cada passo do meu destino seria decidido por alguém que não eu, e ainda assim não saber o que seria da minha vida. Era melhor assim, pensei, porque com certeza eu faria todos felizes. Queria ser perfeita nesse aspecto. Além disso, os adultos tinham uma sabedoria que me escapava à compreensão. Talvez eu viesse a amar meu marido. Sempre desejei me casar com um afegão que respeitasse minha família e adotasse minha cultura.

O casamento foi uma mistura típica de costumes ocidentais e afegãos. As mulheres foram separadas dos homens, e a festa aconteceu no lado das mulheres, vestidas com a tradicional *shalwar kameez*, uma saia longa com pantalonas por baixo. As roupas eram todas muito vistosas — como aquelas balinhas coloridas que as vovós guardam num pote. Vermelho, amarelo, roxo, verde, bordados em dourado, espelhinhos e compridos lenços de um tecido leve envolvendo a cabeça, o pescoço e os ombros.

Uma mulher com uma calça preta de lamê se aproximou de mim e pôs-se ao meu lado para uma foto. Quando se foi, me dei conta de que era Homira, minha nova cunhada. Eu nunca tinha visto Homira de calça comprida, nem em casamentos nos Estados Unidos. Na verdade, sempre a vira envergando roupas étnicas tradicionais.

Seguindo a tradição, pus uma pitada de sal na boca de Nadir, e por um momento nos olhamos no espelho pela primeira vez como marido e mulher. Então, lemos passagens do Corão em árabe sobre como Deus criou o homem e a mulher a partir de "uma alma" e pôs amor e carinho pelo outro no coração de cada um dos dois. O espelho e a cerimônia do Corão (*aina mosaf*) são o ponto central da maioria dos casamentos afegãos a que já assisti. Muitos casais afegãos, inclusive vários da geração dos meus pais, se viram pela primeira vez nessa cerimônia. Antigamente, nem as noivas podiam ver a si mesmas antes do ritual do espelho em seus casamentos. Para uma noiva que já tivesse se olhado no espelho, a cerimônia permitia ver como estava bonita, toda produzida em sua noite de casamento. Mesmo então, era difícil reconhecer-se, já que a maioria das afegãs não faz as sobrancelhas nem usa um pingo de maquiagem antes do dia do casamento.

Senti uma mão pousar no meu ombro direito:

— Sente-se!

Outra mão me impediu de sentar, segurando meu braço esquerdo:

— Nããão!

Nadir e eu estávamos de pé na frente de nossas cadeiras, num tablado, encarando os convidados da festa, preparados para nos sentarmos.

Este é um dos rituais que indicam quem terá mais poder no casamento. Costuma ser uma brincadeira divertida para a família dos sogros, tentar convencer o genro ou a nora a se sentar. Eu tinha certeza de que mamãe queria que eu me sentasse primeiro, para mostrar que seria uma esposa obediente, mas resisti. Empertiguei os ombros e me mantive o mais firme possível. Não ia permitir que uma boa e tradicional competição como essa fosse vencida sem luta. Todo mundo torcia, gritando palavras de estímulo para o noivo ou para a noiva, dependendo da família a que pertencessem.

Quando a torcida ficou muito ruidosa, Nadir dobrou os joelhos e se inclinou para sentar. Acompanhei-o, mas fiz questão de me mover lentamente, de modo a sentar depois que ele já estivesse sentado. Assim que me sentei, todo mundo aplaudiu. Venci. Embora me sentisse realizada, eu sabia que ganhar esse jogo não provava que seria eu o cônjuge mais forte. E esperava que a família dele entendesse que ainda podia ser uma boa esposa.

Nadir afundou em sua cadeira e reclamou do calor. Gotinhas peroladas de suor haviam se formado em sua testa e acima da boca. O calor em Karachi era denso como o pudim de arroz de Moor. A umidade dava a sensação de estarmos numa sauna. Os lindos trajes novos de seda das mulheres grudavam no corpo, e a tinta dos tecidos às vezes deixava manchas na pele. Uma roupa usada uma única vez parecia ter enfrentado uma tempestade.

Meu cunhado mais velho pediu que as mulheres se apressassem.

— Precisamos nos apressar. Já é quase meia-noite.

Na época era proibido esticar os casamentos além da meia-noite, por causa do clima tenso em Karachi. Alguns gestos e passos mais tarde, meu pai se aproximou e me beijou na testa, amarrando em volta da minha cintura uma faixa vistosa em verde-esmeralda e amarelo-ouro. Mais cedo, quando perguntei por que precisava de uma faixa verde na minha noite de núpcias, disseram que era para me fortalecer. Em seguida, um vasto lenço de gaze branca salpicado de lantejoulas verdes e dobrado em várias camadas, foi posto sobre minha cabeça e cobriu meu rosto.

Haviam sido feitos nós em ambas as pontas do lenço, que depois foram desfeitos pelos homens da minha família. Em meio às dobras do lenço se escondiam cardamomo fresco, passas, amêndoas glacês e até mesmo alguns dólares. Os presentes simbolizavam votos de prosperidade para o meu futuro.

Agora que meu rosto se achava coberto, eu não via quase nada. Aproximava-se a meia-noite, e meu cunhado mais velho mandou que todos se apressassem. Fomos levados para um carro branco decorado com fitas cor-de-rosa e brancas e flores. Quando partimos, vislumbrei pela última vez os seguranças armados de metralhadoras, alguns ainda postados no telhado à entrada do jardim de festas. Sua presença era necessária devido às lutas em Karachi que naquele ano faziam centenas de mortos todo mês.

No caminho, um vento úmido entrava pela janela do carro, contudo mal conseguia atravessar o véu que me cobria o rosto. Levantei lentamente a gaze branca e deixei a brisa refrescante beijar meu pescoço. Esperava que ninguém achasse aquele gesto ruim. A viagem pareceu muito longa, apesar de avançarmos os sinais vermelhos. Só diminuíamos a velocidade se um carro surgisse à nossa frente. Em Karachi ninguém pára no sinal vermelho. Logo que chegamos à cidade, meu pai comentou que o tráfego ali fluía por obra e graça de Deus. Nós rimos.

Apesar de demorada, a viagem acabou antes que eu estivesse pronta, com o carro estacionando em frente a um prédio de apartamentos de aparência moderna. Eu estava nervosa e não conseguia me concentrar. Na verdade, não queria pensar em como seria a minha noite. Explosões de cor e de emoção se entrechocavam na minha cabeça. Meu lado objetivo sentia que esta seria uma boa oportunidade para conhecer de verdade meu marido. Quando desci do carro, um jarro d'água foi esvaziado aos meus pés, um ritual de boa sorte para um convidado. A família de Nadir me recebeu como parte dela. Eles fizeram com que me sentisse respeitada e querida.

Conforme os outros carros estacionavam, todos foram ficando mais eufóricos. Olhei para o prédio que seria meu novo lar enquanto permanecêssemos no Paquistão. Já tendo um dia sido branco, ele adquirira um tom cinza-claro. Levantei a barra do vestido para não tropeçar, e papai e meu marido me ajudaram a subir os vários lances de escada, a céu aberto, até o último andar, onde ficava o meu novo lar temporário.

A cada porta que eu transpunha, os rostos sorridentes das mulheres me davam boas-vindas. Elas me levaram até um colchão de veludo vermelho no chão, e me ofereceram o melhor assento da casa, com uma enorme almofada de veludo vermelho encostada à parede na qual recostar. Meu marido veio se sentar ao meu lado, e conforme o restante das duas grandes famílias entrava na sala, todos diziam frases de *mubarak*, ou congratulações.

— Sete mil vezes *mubarak*! — gritavam, cada um mais alto que o outro.

— Que Deus dê a vocês sete filhos homens! — gritou uma mulher. Em sua alegria, cada uma tentava se fazer ouvir melhor que a outra, todas me desejando felicidades.

Embora já fosse uma hora da manhã, bandejas com chá quentíssimo, biscoitos e doces foram servidas aos convidados. Muitos insistiam que era hora de ir embora, pois o noivo e a noiva deviam estar cansados. Como manda o costume, um punhado de parentas minhas, as mais chegadas, passaria a noite ali, dormindo por perto para que eu não ficasse totalmente só numa casa cheia de estranhos. Minha mãe, a irmã dela, Lailuma, e Shakoko, a irmã mais velha de papai, ficaram comigo.

Sentada no meu quarto novo para as últimas fotos antes que meus parentes partissem, a saia e a cauda do vestido de noiva arrumadas sobre a cama, eu pensava em como seria quando Nadir e eu ficássemos a sós no quarto. Aproximava-se, finalmente, o momento que não me saía da cabeça há mais tempo do que eu conseguia me lembrar.

DOIS

CASAMENTO PRIMEIRO
E AMOR DEPOIS?

*Quando alguém cuja religião e caráter lhe agradem
pedir em casamento a sua filha, aceite.*
Dito atribuído ao profeta Maomé
(Que a paz esteja com Ele)

Nos anos que antecederam a minha ida a Karachi, eu me imaginava deitada ao lado do meu marido, ainda vestida de noiva, lhe fazendo todo tipo de perguntas: "Então, qual é o seu nome verdadeiro? Qual a sua cor preferida? Você sabe cozinhar? Qual é o seu sonho?"

As perguntas eram muitas. Seriam precisos dias e mais dias para fazer todas elas. Foi assim que imaginei a minha primeira noite com meu marido. Não sabia como imaginar o resto. Sabia que a primeira vez iria doer, mas esperava ser capaz de me manter calada.

Minha mãe entrou no quarto em que eu estava sentada, cercada por um mar de tule branco, e me entregou um pedaço de pano branco, mais ou menos do tamanho de dois lenços, com a barra bordada à mão.

— Tome — disse ela.

Congelei, completamente envergonhada. Depois peguei o pano, sem dizer uma palavra, e o pus de lado. Embora não tivéssemos conversado a respeito, eu sabia que o pano não era para ela. Serviria para que mamãe comprovasse para a família do meu noivo a minha pureza. Apesar de eu ter crescido nos Estados Unidos, ainda éramos obrigadas a seguir este costume. Não olhei nos olhos dela, mas beijei-a três vezes, no estilo afegão — uma bochecha, depois a outra, de novo a primeira —, e dissemos boa-noite.

Naquela noite, Nadir e eu falamos da festa do casamento. Ele me disse que eu ficava mais bonita com menos maquiagem, e torci para que isso significasse que eu era naturalmente bonita, não que eu estivesse menos bonita do que devia no dia do casamento. Antes de adormecermos, ele me beijou na testa. Imaginei ouvir dele:

— Bem-vinda a bordo. Tudo vai dar certo.

Acordamos com o canto dos pássaros do lado de fora da nossa janela, e a cena parecia tirada de um filme romântico rodado numa ilha — despertar ao som do canto de pássaros. Achei que tomaríamos juntos um belo café da manhã e discutiríamos o que fazer no restante do dia, mas Nadir acordou e foi direto para o chuveiro.

As mulheres bateram na porta do quarto. Minha tia me beijou as duas bochechas e perguntou como tinha sido a noite. Outras primas e parentas estavam ansiosas para saber o que acontecera.

— Dormiu bem? — perguntou uma prima num tom irônico, totalmente ciente de que um "não" significaria que a noite fora um tremendo sucesso.

— Dormi muito bem! — respondi, não querendo deixar escapar nenhuma pista ou detalhe para alimentar as inevitáveis fofocas.

Minha mãe entrou no quarto e viu na hora que a minha maquiagem continuava impecável. Perguntou, objetiva, como minha noite havia sido, e eu respondi:

— Ótima.

Era tudo que ela precisava ouvir. Sua pergunta era mais uma formalidade do que uma expressão de curiosidade.

Enquanto as primas comentavam brincando que eu devia ter dormido muito pouco, deixei sorrateiramente o quarto e fui me preparar para tomar café com Nadir. Quando saí do banho, porém, nem sinal de Nadir. Eu esperara ansiosa pelo nosso café da manhã juntos, mas ele saíra para encontrar os irmãos. Só voltaria por volta da meia-noite, o que iria se repetir ao longo de toda a nossa estadia em Karachi.

Durante dez dias consecutivos, jantamos na casa dos meus muitos parentes. Em geral apenas as mulheres são convidadas, mas às vezes convidam-se também os homens — que jantam num outro apartamento. Para essas ocasiões eu devia estar bonita, vestir todas as minhas novas roupas indianas e afegãs e me maquiar de acordo. Esperava-se que eu mudasse de roupa ao menos uma vez por dia, quando não duas ou três.

— Queremos ver você usar todas as suas roupas novas antes de ir embora — disse uma das irmãs mais novas de Nadir, que morava na Arábia Saudita e estava de visita.

Achei muito incômodo mudar de roupa o tempo todo, bem como de sapato e maquiagem e, às vezes, até de penteado. Passava as manhãs cacheando o cabelo com um ferro quente, passando diversos tons de base no rosto e experimentando vestidos incrivelmente bonitos e vistosos, com detalhes em dourado, bordados e espelhinhos. Depois do almoço, eu mudava totalmente o figurino, dessa vez com a ajuda de, no mínimo, quatro ou cinco parentas de Nadir. À noite, de volta à casa, vestia algo menos festivo para o jantar, menos brilhoso e cintilante. Lembrava-me do comentário que ouvi no casamento sobre ser uma boneca.

As irmãs de Nadir eram muito solícitas, oferecendo-se para me maquiar e insistindo que as mais jovens passassem minhas roupas a ferro. Virei uma manequim para todas as que se ocupavam de mim, porque seria grosseiro recusar sua ajuda para ficar mais bonita. Às vezes me passavam sombra azul nas pálpebras, com um toque de rosa-choque no meio, enquanto algumas parentas testavam vários outros tons antes de fazerem sua escolha. Por mais sem jeito que fosse a maquiadora, eu sorria e lhe dizia como seu trabalho me deixara bonita.

Ao longo desses dez dias, fui exibida e recebi "ohs" e "ahs", quase como uma deusa. Resolvi aproveitar. Quando meus pais programaram um jantar num restaurante caro de Karachi que recebia turistas, tive vontade de arrumar o cabelo num salão para parecer mais fascinante que nunca. Na manhã do evento, pedi a Homira, minha cunhada que morara nos Estados Unidos e que usara uma roupa ocidental no meu casamento, o nome de um cabeleireiro.

— Como assim? Você pediu permissão à Bibi? — perguntou ela.

— Não, mas posso pedir.

— Você precisa da permissão da Bibi. Não pode ir ao salão sem falar primeiro com ela. Ao menos é assim que fazemos.

Tentei me equilibrar, achei que ia cair. Sabia que era de Bibi o papel de decana da família, mas não fazia idéia de que tivesse tanto poder.

— Não é ao marido que se pede permissão? — perguntei, sabendo que nas famílias tradicionais a norma era esta.

— Não, não. É com Bibi que você tem que falar. Nossos maridos não ligam. Eles nos mandam pedir à Bibi.

— Por que eles não ligam?

— Porque confiam nela. Ela é a irmã mais velha, como se fosse a mãe deles.

Fiquei surpresa em descobrir que um papel de autoridade cabia a uma mulher num ambiente tão conservador, mas me dei conta de que alguns homens queriam que suas mulheres fossem controladas, sem se importarem com o fato de não exercerem eles mesmos tal controle. Desde que alguém assumisse esse encargo.

Homira deve ter visto pela minha cara que fiquei confusa.

— Bibi também fica com o dinheiro das despesas. Tenho que falar com ela toda vez que preciso comprar alguma coisa. Tenho certeza de que ela tira uma comissão.

Fiquei pasma — mas ao mesmo tempo aliviada ao me dar conta de que Bibi logo estaria a milhas de distância de mim, depois que eu voltasse para os Estados Unidos. Ao longo da minha estadia em Karachi, percebi o quanto todas as minhas cunhadas se ressentiam dela, mas não lhes restava escolha, pois os maridos a tinham designado como representante para decidir praticamente tudo. Quando os maridos viajavam, o dinheiro para despesas com mantimentos e outras necessidades ficava com Bibi, e toda manhã ela incumbia o motorista de fazer compras para todo mundo. As mulheres raramente saíam — e com certeza jamais faziam as próprias compras. Algumas americanas talvez considerem isso um privilégio, mas para mim era o tipo de privilégio que eu já tivera na infância.

Não senti um pingo de inveja da vida que minhas cunhadas levavam. As cinco eram casadas com homens que encaravam de forma muito clara o papel de esposa que elas deviam cumprir. Claro que não se cogitava, ou sequer se permitia, que as mulheres trabalhassem. Não lhes cabia qualquer responsabilidade financeira, e acho que sequer sabiam se os maridos tinham muito ou pouco dinheiro.

Em casa, o costume era que as mulheres que entravam para a família comessem juntas, acompanhadas dos filhos. O resultado eram refeições confusas e ruidosas para as esposas. Os maridos, enquanto isso, comiam numa sala separada, às vezes na companhia das irmãs. Esta outra sala tornou-se o lugar proibido onde eu ansiava por entrar. Ali o pão era mais fresco, não havia crianças enfiando a mão nas tigelas de iogurte e conversava-se animadamente sobre a situação política no Paquistão. Era também a sala em que o meu marido estava. Só fiz minha primeira refeição com ele quando fomos para o apartamento da minha tia, uma semana depois.

Minha tia fazia questão de que homens e mulheres partilhassem a mesma mesa, e não convidou a família de Nadir para o pequeno apartamento em que morava. Assim que sentei, meu tio, cujo rosto ostentava uma barba branca, me disse para tirar o lenço que eu trazia na cabeça. Achei que se tratava de um teste.

— Vamos, tire o lenço — insistiu. — Você agora está em família. Digo a todas que não precisam usá-lo em casa.

Delicadamente, minha tia deu um puxãozinho no lenço e me livrei dele, satisfeita, como um urso que sai da hibernação depois de um longo inverno. Na mesma hora me senti mais leve. Pela primeira vez, encarei minha família como liberal, e me enchi de orgulho em proclamar para Nadir que nos preo-cupávamos menos com lenços do que a família dele.

Meus pais não disseram nada. Eu sabia que embora achas-sem correto eu tirar o lenço, não queriam me encorajar a fazer o mesmo na presença dos parentes de Nadir. Ao deixar de aprovar minha dispensa do lenço naquele momento, evitavam também o risco de me ver buscando a aprovação deles para repetir o gesto mais tarde, em condições menos liberais. Lidar com questões como vestimentas e recato era uma espécie de jogo com meus pais. Eu sabia o que eles esperavam, mas tentava fazê-los encontrar no fundo do coração um pouco mais de tolerância. Em geral, não funcionava.

No percurso entre uma casa e outra, porém, a família de Nadir me aconselhou a cobrir o rosto com a gaze preta enrolada duas vezes, medida que eu não tomara ao sair com minha própria família. Minhas cunhadas brincaram comigo, dizendo que com aquela pele clara eu podia ser seqüestrada em Karachi e sumir para sempre. Contaram uma história sobre uma bela refugiada afegã, mãe de três filhos, seqüestrada em plena luz do dia no bazar. Ela jamais voltou para casa e suspeita-se que as autoridades paquistanesas, ou mesmo os rebeldes, tenham abusado dela nas montanhas do interior.

Os dias e noites ficavam cada vez mais úmidos e escuros em Karachi. Comecei a ficar cansada de me maquiar e trocar de roupa o tempo todo. Além disso, meu marido sequer estava por perto para ver o resultado de todo esse esforço. Quando tive dor de garganta e febre, não encontrei ninguém para cuidar de mim. Minha mãe e outras parentas tinham ido a Quetta visitar minha tia Khala Sherina, que não pôde comparecer ao casamento em Karachi, o que fez Moor resolver encontrá-la a meio caminho. Me senti sozinha sem meus parentes — como se tivesse sido entregue aos cuidados de estranhos. Pedi remédio para minhas cunhadas, mas devido aos tumultos políticos, todas as lojas do bazar ficaram fechadas por três dias. Nadir, por algum motivo, jamais aparecia. Finalmente, uma das minhas cunhadas, casada com o irmão mais conservador de Nadir, lembrou que tinha um pouco de *joshanda*, ou erva medicinal paquistanesa. Quando engoli o remédio, fiz uma careta, mas fui melhorando à medida que os pedaços da erva amarga desciam, arranhando, garganta abaixo. Acima de tudo, me senti melhor porque alguém estava afinal cuidando de mim e me dando alguma coisa — qualquer coisa.

Logo deixaríamos o Paquistão, e eu voltaria para casa nos Estados Unidos. Eu me perguntava como seria a minha vida com Nadir em nosso novo lar. Que aparência teria, que cheiro teria, como seria estar em casa. Quando chegasse lá eu me sentiria suficientemente à vontade para cumprir meu papel de recém-casada.

Os parentes de Nadir insistiram que ficássemos no Paquistão. Um dia me avisaram que meu sogro viria me visitar, e por isso tive que usar um lenço enorme, cobrir o corpo todo e me sentar para esperá-lo. Depois de comentar como eu era *mignon*, ele me perguntou qual cidade me agradava mais, Karachi ou Nova York. Não fiz mais que sorrir e dar pequenos risinhos, como se esperava de mim. Ouvi dele que meu marido e eu não teríamos coragem de rejeitar seu pedido para morarmos no Paquistão, como todos os seus outros filhos, inclusive o que se casara com uma japonesa. Se uma japonesa podia se adaptar ao Paquistão, seria assim tão difícil para mim, uma afegã?

Voltamos para os Estados Unidos e fomos morar em Pittsburgh, pois Nadir havia conseguido emprego numa clínica de lá. Era o primeiro dia da vida que meu marido e eu compartilharíamos sozinhos, sem outros parentes à volta. Depois que minha família nos deixou a sós, minha mãe se deu conta de que esquecera as chaves e voltou para buscá-las. Ainda me lembro do seu olhar surpreso quando abri a porta para ela balançando as chaves na mão. Ela esperava me encontrar aos prantos, talvez como nas histórias que eu ouvira de recém-casadas que se separam pela primeira vez da família. A adolescente americana dentro de mim havia decidido que estava preparada para se libertar dos pais e pronta para seu primeiro dia como uma adulta de verdade.

Mas durante todo o tempo que passamos juntos, Nadir e eu vivemos como estranhos. No primeiro ano da nossa vida em Pittsburgh, não fomos uma vez sequer ao parque, ao cinema, ou saímos para jantar fora. Ele me instruiu a não visitá-lo no hospital, embora fizesse turnos de 36 horas e eu ficasse sozinha no apartamento. Sentia falta dele e ficava imaginando qual a razão de tamanha vergonha de mim. Hoje acho que era minha juventude. Tenho certeza de que causaria espanto a aparição de uma garota de 17 anos procurando por um médico trintão no seu horário de folga. Quando Nadir foi ao banheiro durante uma ida nossa ao banco para abrir uma conta, a funcionária me perguntou, meio apreensiva, se ele era meu pai. Respondi educadamente que não, mas nunca contei a Nadir.

Durante quase seis meses, não fiz outra coisa senão o papel de "Princesa Muçulmana Americana". Recebi vários telefonemas de parentes que moravam em Nova York, todos encantados com a profissão do meu marido. Eu tinha me casado com um *médico*.

Por causa de problemas com o passaporte, eu ficara no Paquistão uma semana além do previsto, perdendo o início das aulas e, conseqüentemente, a chance de cursar o primeiro semestre de faculdade. Por isso, me disseram para relaxar e aproveitar minha nova vida. Quando falei da minha vontade de arranjar um emprego para me ocupar até o semestre seguinte, ele me lembrou que meu sustento estava garantido — para sempre. Não se espera, nem se permite, que as afegãs tradicionais trabalhem. Além disso, por que eu iria querer um empreguinho de vendedora? Então, em vez de trabalhar ou buscar algo para estudar, voltei minha atenção para a culinária e a tevê. Quase todo dia, eu assistia aos programas de auditório que nunca pude acompanhar direito quando morava com meus pais. Os tópicos eram: "Minha mãe galinha dormiu com meu novo namorado", "Garotas adolescentes só pensam em homem" ou "Conforme-se, seu marido é gay".

Já no primeiro semestre de aulas na Universidade Municipal de Allegheny, os professores constantemente elogiavam meus trabalhos, perguntando por que eu não estava na Universidade Carnegie Mellon. Embora meus professores do segundo grau achassem que eu entraria numa universidade de prestígio, a incerteza, a geografia e o custo da educação acabaram me levando a uma faculdade municipal. Algumas colegas que aparentemente batalhavam pelo próprio futuro pareciam sentir inveja por eu ter quem "cuidasse de mim". Eu era uma privilegiada. Meu marido era médico.

Nesse período, eu costumava fazer longas caminhadas até a Universidade Carnegie Mellon e procurar liquidações na Walnut Street. Mas, descendo a Walnut Street, no bairro mais branco em que já morei desde Flatbush, no Brooklyn, e Flushing, no Queens, e olhando as vitrines da Victoria's Secret e da Gap, eu imaginava a sensação de ser como os casais louros, felizes e apaixonados que se abraçavam, andavam de mãos dadas e até se beijavam no meio da rua.

Como *eu* me sentiria passeando de mãos dadas com Nadir na Walnut Street, e sentando em frente à sorveteria para dividir uma casquinha? Isso aconteceria um dia? Algum dia eu seria normal? Eu me sentia invisível em meio às famílias com que cruzava. Quando não me sentia invisível, me sentia uma pária. A sensação era de ser olhada de um jeito estranho, provavelmente porque os encarava, querendo observar seus momentos mais íntimos. Uma mulher num banco acariciando o rosto do marido; um jovem pai conversando ternamente com a filha sobre a escola ou andando com o filho de bicicleta; um casal idoso de mãos dadas, rindo num domingo à tarde. Observá-los era a única coisa que me dava a sensação de existir. Secretamente, eu partilhava a intimidade deles e os odiava por não me convidarem a participar.

Se ao menos eu pudesse me sentir parte de algo assim. Só me restava observar como viviam essas pessoas. Eu nunca sentiria isso. Queria desesperadamente saber, experimentar nem que fosse só uma vez. Tinha pais e parentes em Nova York que me amavam, mas cada vez mais me distanciava deles, à medida que a raiva que me inspiravam fazia com eu me sentisse uma fruta velha e seca.

Em dias assim, eu voltava para casa, arrumava tudo e preparava um jantar *light*, massa ou salmão grelhado com uma salada à moda afegã, arrematada com cebolas e tomates fritos, tomando bastante cuidado para não pesar a mão no óleo.

Nadir tinha horror a encontrar óleo na panela. Além disso, óleo demais também não seria bom para mim. Eu estava num regime severo para perder no mínimo cinco quilos. Nadir já me avisara que eu precisava perder peso se quisesse que ele sentisse atração por mim. A primeira vez que ouvi isso, não doeu tanto assim. Eu também queria emagrecer. Não demorei a ver, porém, que ele esperava que eu levasse a coisa a sério. Num domingo gelado de outono, ele me obrigou a sair para caminhar na chuva, enquanto ficou em casa assistindo *Pulp Fiction — Tempo de violência* no vídeo. Caminhei durante duas horas, com pena de mim mesma, chorando sob as árvores frondosas e protetoras diante das mansões próximas à universidade.

As queixas funcionaram. Nadir comprou uma esteira ergométrica para mim e eu a usava com regularidade. Acima de tudo, parei de comer. Em poucos meses, passei de manequim

44/46 para 36/38. Fiquei superfeliz quando entrei pela primeira vez numa calça 36. Não dá para ser mais magra que isso. É como sumir de vez.

Quando meu irmão Babai nos visitou e soube que me sentia incapaz de ser próxima a Nadir, ele me explicou que os homens muçulmanos às vezes têm dificuldade de se expressar. Ele me aconselhou a cozinhar bem. "É pelo estômago que se chega ao coração do homem", explicou. Eu devia tomar a iniciativa, mostrar e dizer a Nadir que o amava. Babai também me fez perguntas sobre o meu amor por Nadir, e a minha resposta foi a mesma de sempre — eu o amava, mas não estava apaixonada por ele.

— Você já disse a ele que o ama? — perguntou.

Confessei que não.

Naquela noite, resolvi dizer a Nadir que o amava. Como faria isso? Mal nos falávamos. Sem dúvida, seria embaraçoso. E se ele ficasse mudo? E se não respondesse nada? Eu nunca havia dito essas palavras a ninguém, e era constrangedora a idéia de pronunciá-las.

À noite, na cama, fiquei olhando para o teto no escuro, desafiando a mim mesma. Diga logo. Isso vai facilitar sua vida. Ele vai se abrir. Essa situação tem que acabar.

Tentei falar, mas as palavras pareciam vazias. Lutei para engolir o bolo na minha garganta. Tentei, mas parecia ser incapaz de dizer qualquer coisa. Finalmente, tomei fôlego e falei para mim mesma: *Bismillah-ir-Rahman-ir-Raheem* (o que quer dizer "em nome de Alá, O Mais Generoso, O Mais Misericordioso"), e desembuchei:

— Eu te amo.

Silêncio. Olhei para ver sua reação, mas ele já estava roncando. Virei para o lado e tentei dormir, me sentindo uma idiota. Fiquei bastante constrangida, mas achei melhor que ele não tivesse me ouvido. No mínimo, lhe poupara essa vergonha.

UMA VEZ FUI AO SALÃO e concordei em deixar a cabeleireira fazer umas luzes. Voltei para casa com uma cabeleira totalmente loura. Quando Nadir chegou, perguntou na hora que loucura eu tinha feito. Para demonstrar que não era nenhuma tragédia, eu lhe disse que estava satisfeita e acrescentei:

— Qual é o problema?

— Basta olhar no espelho. Vou ter vergonha de andar na rua com você desse jeito.

Não entendi bem por que *ele* teria vergonha de andar na rua *comigo*. Eu era segura o bastante para me ver como a mocinha bonita, como a esposa-troféu que levava quem passava por nós na rua a imaginar quem era ele para ter *me* conquistado. Mesmo assim doeu. Nadir deu uma risada:

— Como você foi capaz de fazer isso consigo mesma?

O que ele não entendia era que eu não só havia experimentado uma novidade que achei divertida, mas também esperara ficar bonita para ele.

Isso era o meu maior desejo — ser desejada, valorizada. Nunca tinha ouvido um elogio dele, e percebi logo que minha nova tentativa não me faria conseguir um.

Foi a essa altura que me dei conta de que, independente do que eu fizesse, ele jamais me acharia aceitável, atraente ou desejável. E mesmo que achasse, jamais me diria ou ficaria realmente feliz. Eu queria que ele prestasse atenção em mim, me elogiasse. Eu queria que ele me amasse.

Entrei numa fase que os americanos chamam de busca da alma. No lugar de onde vim, isso se chama voltar a face para Deus. Já havia tentado antes, sem grande sucesso. Meu desejo de desacreditar os estereótipos americanos a respeito de casamentos arranjados cada vez mais me fazia afundar em minha dor. Meu casamento devia ser uma fonte de aconchego, mas era gelado. Durante algum tempo, tive a sensação de que preferia queimar devagarzinho em vez de morrer congelada, sozinha.

Comecei a escrever um diário, no qual brigava com Deus. Naquela época, eu via Deus como um outro homem que tornara a minha vida infeliz. Tinha certeza de que Ele estava tão ansioso quanto meu marido e meu pai para me controlar. Eu não queria fugir, mas me esconder num canto, debaixo de um cobertor, para que ninguém me visse. Queria virar um objeto, não ter que saber qual é a sensação de viver sem carinho, sem felicidade ou com sofrimento. Queria sumir debaixo do meu cobertor.

Comecei a ter vontade de ler o Corão em inglês. Comecei a explorar a religião. Fui criada ouvindo que a nossa interpretação do islã e do Corão era a *única*. Enquanto investigava se existiam outras interpretações legítimas, esbarrei numa, ridícula, baseada na numerologia. Encontrei um punhado de exemplares do Corão na biblioteca local, mas fiquei boquiaberta por vê-los colocados na prateleira mais baixa da estante. Será que os bibliotecários não se davam conta da importância deste livro e de que o lugar adequado para ele era numa prateleira mais alta, de preferência acima da cabeça das pessoas? Fiquei tão ofendida que mudei todos os exemplares para a prateleira mais alta e saí de lá com um deles.

Comecei a lê-lo naquela noite, torcendo para que o Corão oferecesse respostas para minha vida. Eu estava sozinha e busquei a companhia de Deus, mas achei o livro difícil de entender. Estava escrito em inglês arcaico e me pareceu ultrapassado. Ainda assim, o que li me fez pensar na maneira como eu estava vivendo. O Corão diz que entre os sinais da grandeza de

Deus está o fato de "Ele haver criado companheiros da vossa mesma espécie para que com eles convivais; e colocou amor e piedade entre vós".

ÀS VEZES, DIRIGINDO NA VIA EXPRESSA, eu me imaginava cruzando para a outra pista e batendo de frente com um carro na contramão, ou apertando o acelerador ao máximo e indo de encontro a um muro. Eu não faria a curva fechada para a direita para pegar a via expressa de Long Island, no Queens. Ao contrário, eu olharia direto para o muro, concentrando a minha visão num ponto, e seria transportada pela força do ódio e da dor direto para as profundezas daquele sólido bloco de cimento, perdendo para sempre a consciência. Por uns poucos segundos, meu corpo sentiria a energia do momento, depois uma dor aguda, e depois, nada.

Minha alma apodrecera; já não havia razão alguma para que ocupasse meu corpo. Eu queria fazer tudo desaparecer. Queria sentir o nada.

Minha família receberia um telefonema preocupado de uma autoridade qualquer, provavelmente um policial:

— Minha senhora, lamento informar, mas sua filha sofreu ferimentos graves numa colisão frontal. Achamos que não vai sobreviver.

Suicídio é pecado no islã, mas eu duvidava que Deus me puniria. Com certeza, Ele entenderia o que eu estava passando e saberia o quanto eu havia tentado fazer a minha vida dar certo. O meu Deus era capaz de entender isso e perdoar.

Eu ansiava pelo fim da minha solidão e da minha infelicidade. Não queria a companhia de ninguém, não conseguia pensar em muita coisa além do desejo de acabar com a minha vida. O divórcio simplesmente não era uma opção — na época.

Um ano após começarmos a vida em Pittsburgh, mudamos para mais perto de Nova York, para ficar próximos das nossas famílias. No entanto, embora a distância física entre nós fosse menor, eu me sentia ainda mais afastada da minha família. Eu a visitava quase toda semana, quando íamos de carro até o apartamento em Flushing para um elaborado jantar afegão — arroz e frango *khourma*, um cozido feito com tomates e cebolas refogados, base de quase todos os pratos afegãos. Eu sempre ajudava na cozinha, ou pelo menos tentava parecer ocupada, enquanto Nadir batia papo com meu pai. Por incrível que pareça, esses eram alguns dos nossos melhores momentos. Neles eu descobria a opinião de Nadir sobre os acontecimentos e a política. Ele ria e era educado com a minha família. Desconfio que meus parentes não faziam idéia do quanto eu sofria, porque diante deles nossa vida era bastante normal.

Eles não podiam entender o que eu estava passando. Queriam desesperadamente que meu casamento desse certo e se recusavam a crer que a escolha deles me tivesse feito infeliz. Descobri mais tarde que minha mãe desconfiou de que algo ia mal, mas teve medo de falar e despertar dúvidas em mim, piorando as coisas.

Mamãe costumava dizer: "Se vejo uma ferida, tento fechar, não enfio o dedo nela para transformá-la numa chaga." Este é o comportamento típico de uma família afegã. Quando uma mulher tem problemas no casamento, os amigos e a família tentam diminuir a sua dor minimizando a importância dos fatos ou buscando soluções que provoquem o mínimo de incômodo no marido, mesmo que as palavras ou atos deste provoquem imensa dor na mulher. A verdade é que ninguém era capaz de encarar a idéia de eu deixar Nadir, inclusive eu mesma. Afinal, Nadir era um homem bom, trabalhador, que vinha direto do trabalho para casa toda noite. Além disso, não haveria ninguém para se casar comigo porque depois de divorciada, eu seria bem menos apropriada, e instruída e ambiciosa demais, para início de conversa. Não, um divórcio me colocaria numa categoria totalmente nova, como a do arroz basmati frio, dormido, que as pessoas não querem comer, mas se sentem culpadas demais para jogar fora.

TRÊS

O JARDIM DE UM ESTRANHO

Meu coração é como uma criança: ele chora e exige flores do jardim de um estranho.

Poeta afegão

EU ERA JOVEM, BONITA, inteligente, divertida, encantadora e totalmente infeliz. Um médico — que não era o meu marido — me disse que eu estava no auge da vida, física e mentalmente. Descobrir e aceitar que me sentia infeliz foi o mais difícil. O que tornava a idéia do divórcio tão impossível de ser levada a cabo era o fato de meus pais se orgulharem tanto de eu ser casada com um médico e a comunidade ter tanta inveja do meu "bom partido". Eu soube que muitas mães sonhavam casar as filhas com alguém tão perfeito e de família tão respeitável. Minha tia me aconselhou a usar um talismã — um olho azul — para evitar o mau-olhado dos invejosos. Tanta inveja podia me fazer mal.

Eu me sentia como uma criança. Embora fosse adulta aos 19 anos, freqüentando a faculdade e cuidando de uma casa, não tinha controle sobre a minha vida. Não saía da minha cabeça uma conversa que mamãe e uma parenta tiveram na cozinha lá de casa. A mulher falava das expectativas da sobrinha em relação à faculdade. Os pais da moça haviam permitido que ela estudasse longe de casa, admitindo que a instrução era a chave do futuro da filha e que esta merecia o melhor. Como a conhecia, sabia que *eu* era melhor aluna que ela. Se me esforçasse realmente, talvez conseguisse entrar numa boa faculdade — quem sabe mesmo na de Direito. Não tinha pretensões de ir para Harvard, mas pensava em me candidatar a alguma das melhores universidades. Eu também conhecia os pais da garota e sempre pensei que fossem tão conservadores quanto os meus. Fiquei surpresa ao descobrir que iam deixá-la estudar fora e não a forçariam a morar com eles. Secretamente desejei que a limitassem, afinal esta era a posição dos meus pais em relação a mim. Tive vontade de dizer como era impróprio para uma garota sair de casa para fazer faculdade, mas também percebi o ridículo de tal argumento, uma vez que eu não *acreditava* absolutamente nele. Só queria ter a mesma oportunidade. A inveja e a amargura que senti me surpreenderam. Deve ser assim que as pessoas invejosas e mesquinhas se sentem.

Eu escreveria mais tarde no meu diário: "Nossa, eu queria tanto fazer Direito... Acho que consigo entrar em algumas das melhores faculdades. Estou tão cansada de todo mundo me impor limitações. Talvez *eu mesma* as esteja criando por dar ouvidos a todo mundo."

Não podia contar a ninguém como era vergonhoso viver num mundo tão atrasado. Bem no fundo, eu me sentia cansada, derrotada, cínica, e sabia que as coisas só fariam piorar quando viessem os filhos. Eu sabia que os amaria, mas que também me ressentiria deles, o que me deixaria ainda mais infeliz.

Nadir falava dos carros de luxo que teríamos condições de comprar em menos de um ano, quando ele alcançasse a posição de especialista na clínica. Imaginei-me olhando pela janela de uma mansão no alto de uma colina gramada, com um Mercedes estacionado na entrada e duas crianças correndo no jardim. Só que me via aos prantos. Não queria nada daquilo.

Se ao menos eu pudesse ter uma vida própria. Eu preferia dormir num colchão num quarto apertado e trabalhar numa lanchonete a qualquer coisa que Nadir pudesse me dar. Pelo menos eu poderia rir quando quisesse, achar que estava bonita mesmo se não estivesse, ir a pé para o trabalho trocando sorrisos com quem encontrasse, sem ter medo de olhar diretamente para estranhos. Eu agora tinha medo até de olhar nos olhos dos outros. Dava para ver que eles sabiam que eu estava perdida, e não sabia como lidar com essa pena. Eles não podiam me ajudar.

DOIS ANOS E MEIO DEPOIS do meu casamento, eu estava indo para a aula na Universidade do Queens. O sol me cegava e uma suéter vermelha de gola rulê me "pinicava", como diria minha irmã mais nova. De repente, porém, isso deixou de me incomodar, e senti como se uma outra força me dirigisse, como se eu tivesse perdido o controle dos meus movimentos. No entanto, eu me sentia totalmente relaxada, e o carro continuou em linha reta. Sem resistir, minhas mãos viraram o volante e guiei o carro para a saída. Estava na hora.

No segundo grau, logo depois que meus pais me perguntaram se eu concordaria em me casar com o noivo escolhido por eles, tive que ler *Madame Bovary* para a aula de inglês. À medida que lia sobre ela, não pude evitar a sensação de estar vislumbrando meu futuro. Fiquei pensando onde arranjaria arsênico, se ainda existia para vender, e se haveria outra maneira de morrer. Sabia que era uma tendência minha mergulhar em fantasias que pouco tinham a ver com a minha vida, por isso atribuí meus sentimentos a uma incapacidade para lidar com um livro dramático. Enquanto estive casada, pensei um bocado em Madame Bovary. Sem saber por quê, tinha a certeza de que acabaria exatamente como ela — embora tivesse concluído que morrer tomando arsênico seria doloroso demais, uma opção errada. Eu vivia num mundo moderno, que permitia uma morte indolor.

Segurei com força o volante e me olhei no retrovisor. *Sei que sou bonita*, pensei. *Mas como sou infeliz!* Me senti como uma adulta olhando para mim mesma quando criança. Fraca, impotente, manipulada. Fiquei pensando por que ainda não tinha feito nada a respeito. O medo era a ameaça de ontem. Hoje, eu estava virando adulta.

Passei pelas ruas arborizadas de Flushing em direção à casa dos meus pais. Estacionei o carro e, sem pensar, abri a porta da frente com a minha chave. Subi as escadas para o segundo andar. Estava no piloto automático. Minha mãe, surpresa de me ver, disse *"Salaamwalaikum"*, a nossa saudação. Larguei a bolsa e comecei a soluçar incontrolavelmente. Respirei fundo e olhei direto nos olhos dela:

— Não volto para casa. Acabou.

Admitia, finalmente, que era infeliz. Tinha fracassado. Neguei durante meses, talvez durante os dois anos e meio de casamento.

— Você sabe que é um erro.

Minha mãe me lembrou da conversa que havíamos tido alguns dias antes a respeito da minha idéia de me separar. Na ocasião, ela me disse que eu me arrependeria de abandonar um homem tão bom, que devia me esforçar mais e pensar num casamento feliz como uma meta de vida, e que seria difícil encontrar outro homem com histórico similar e tão instruído.

Avisei a ela que decidira cometer "o erro". Expliquei a minha posição.

— Eu sei, o erro é *meu*. Não vou voltar. Posso ir para outro lugar, mas estou voltando para cá para não ferir a reputação de vocês.

Do ponto de vista de meus pais, era da maior importância que eu voltasse para a casa deles, em vez de alugar um apartamento ou ir morar em algum outro lugar. Para a comunidade afegã, já era suficientemente ruim que eu deixasse meu marido médico. Qualquer outra opção que não o retorno à casa dos meus pais sugeriria que eu estava traindo meu marido e provavelmente fugira com outro homem. Mesmo não sendo verdade, morar sozinha significaria ser a culpada, e meus pais teriam para sempre vergonha por ter criado uma filha tão imprudente e leviana. Além disso, eu me isolara de tal maneira que não tinha amigos de fato, apenas conhecidos.

Mamãe prontamente ligou para o meu pai, que estava no trabalho.

— Venha para cá. Masuda está aqui e diz que não vai voltar para casa — disse ela ao meu pai em tom acusador.

Odiei a sensação de ser denunciada. Eu tinha sido má. Estavam contando tudo ao papai. Tive vontade de fugir dali. Quis correr, sumir no meio dos rostos anônimos da cidade de Nova York, desaparecer para sempre. Mas ali estava eu, prestes a discutir com meus pais e, depois, com o mundo, o relacionamento mais íntimo e doloroso da minha vida.

Meus pais me imploraram para que eu não deixasse meu marido, exigiram saber se havia outro, e perguntaram por que eu queria arruinar não apenas a minha vida, mas também a do meu marido. Papai disse que só pensara no melhor para mim e tentara me encontrar o par perfeito. Os dois temiam que eu tivesse vindo tarde demais pedir ajuda para salvar o casamento. Recomendaram que eu procurasse ver o que outras moças afegãs passavam com seus maridos, homens que não eram instruídos e que jamais deixariam as esposas freqüentarem uma faculdade. Depois me acusaram de ser arrogante e de me comportar como uma rainha.

Mas até eles sabiam que não havia amor entre mim e Nadir após quatro anos nos conhecendo e quase três de convívio na mesma casa. Eu lhes disse que não tinha como voltar para uma casa vazia, para as longas noites de solidão, para os fins de semana em que mal nos falávamos. Quando era pequena, eu imaginava meu casamento como uma oportunidade excitante de encontrar um novo amigo, não como o castigo de viver como um fantasma na minha própria casa, andando nas pontas dos pés, na tentativa de não ser ouvida.

Meus pais perceberam que eu precisava voltar para a casa deles, nem que fosse para descansar por alguns dias, e aceitaram me acolher. Não demorou para que os tios e tias começassem a aparecer. Meses depois de ter me aconselhado a usar um olho azul para afastar a inveja, minha tia mais velha dos Estados Unidos, Shakoko, confirmou que fora a inveja de outras pessoas a responsável por eu pensar em largar meu marido. Ela me consolou, afagando a minha cabeça em seu colo, enquanto eu deixava correr as lágrimas:

— *Bas, bas* — disse ela — já chega, já chega.

Nos dias que se seguiram, chorei com outras mulheres, conforme me choviam visitas de amigos e parentes distantes dos meus pais. Após uma rápida troca de amenidades, todos anunciavam a razão da visita oficial.

— Viemos saber notícias de Masuda. Estamos tristes e preocupados.

Começavam com uma conversa vaga, que progredia à medida que mamãe lhes contava mais detalhes. Muitos se mostravam chocados por eu ter deixado Nadir, não apenas porque este era um fato raro na comunidade, mas também porque eles haviam se habituado à imagem de perfeição da minha família.

Um punhado das visitas femininas, principalmente as cinqüentonas e as mais velhas, expressou uma preocupação especial comigo. Todas me pressionaram com a mesma linha de perguntas: "Ele bebia?" Eu respondia que não. "Saía com outras?" Não. "Batia em você?" Não. Então se calavam, confusas. Era muito difícil para elas entender por que eu fazia a minha família passar por tamanha crise se Nadir não preenchia nenhum dos critérios definidores de um mau marido.

— Quer dizer que você não *gosta* dele?

Às vezes me parecia tão difícil enfrentar esta pergunta que eu começava a chorar. Elas então me diziam "*bas, bas*" e me acariciavam a cabeça de encontro ao peito. Em geral, isso vinha acompanhado de histórias a respeito de como as mulheres no Afeganistão haviam sido maltratadas por determinados homens que conheciam. Foi quando descobri que um parente muito distante residente no Afeganistão levava mulheres para casa para ter relações com elas "em plena luz do dia". A esposa sabia, mas nada podia fazer. Não sei por que achavam que ouvindo isso eu me sentiria melhor.

Janni Gul, uma parenta mais velha e experiente, que tinha mais netos do que eu era capaz de contar, confessou que também tivera muitos problemas ao casar.

— É, Bibi, foi muito difícil no começo, mas um homem precisa de dez anos. Você tem que ter paciência.

Não entendi direito onde ela quis chegar, mas chorei novamente, sentindo pena de mim mesma porque minha única esperança seria aguardar dez anos.

— Você precisa dar um prazo de dez anos a um homem. Ele vai amolecer. Vai ver que você lhe deu filhos. E a idade faz um homem ficar mais terno.

Eu não sabia de quem sentir pena, de mim ou da mulher que me consolava. Todos sabíamos que Janni Gul tinha um marido extremamente temperamental, um sujeito magro, alto, com uma comprida barba branca. As mulheres que me aconselhavam tiveram como maridos alguns dos homens mais difíceis que o destino lhes poderia ter dado. No entanto, não se sabe como, elas pareciam felizes.

Por isso eu havia relutantemente concordado com um casamento arranjado. Como me disse uma muçulmana:

— Nos casamentos ocidentais, você primeiro tem o amor, depois o casamento. No Oriente, você tem o casamento e depois o amor.

Eu via que nos casamentos arranjados homens e mulheres costumavam ser mais felizes do que os que "se casavam por amor".

Certa vez, assisti a uma reportagem num programa de variedades da tevê que dizia que nos casamentos arranjados o índice de divórcios é incrivelmente baixo, comparado à taxa de divórcios de quase 50% dos casamentos nos Estados Unidos. John Stossel questionou se os orientais, em seus casamentos arranjados, eram mais felizes que os americanos. Mesmo na época, tive vontade de gritar para a televisão:

— Claro que o índice de divórcios é menor! As mulheres não *podem* se divorciar!

No Paquistão e no Afeganistão, por exemplo, as mulheres não têm acesso fácil ao divórcio como os homens. Precisam requerer a um tribunal e apresentar circunstâncias especiais que satisfaçam a mais rígida legislação islâmica. Alguns acadêmicos islâmicos liberais argumentam que, na verdade, deveria ser mais fácil para as mulheres conseguirem o divórcio, pois o profeta Maomé lhes disse que poderiam se divorciar caso fossem infelizes com os maridos. Esta, porém, é a visão de uma minoria, sobretudo nos países pobres. Ao mesmo tempo, nas culturas que praticam o casamento arranjado, e principalmente o casamento forçado, os direitos das mulheres costumam ter um histórico ruim, e em geral elas não possuem instrução ou recursos financeiros suficientes para abandonar seus lares.

Muitas mulheres idosas da comunidade achavam que eu não esperara tempo suficiente para me apaixonar. Por mais que eu quisesse acreditar na sabedoria dos mais velhos, para mim isso jamais aconteceria.

Alguns meses depois, a comunidade tentou consertar meu casamento publicamente. Nadir estava sentado em frente a mim num colchonete encostado em uma parede na casa dos meus pais (os afegãos costumam enfileirar colchonetes forrados de veludo ao longo das paredes dos aposentos, usando-os como assentos de sala de estar ou de jantar e até mesmo para cochilar). À nossa volta, sentavam-se seus amigos, meus parentes e um punhado de membros mais velhos da comunidade.

— Olhe, sinto muito. Nunca quis magoar você — disse Nadir. Era a primeira vez que eu ouvia sua voz desde que o deixara. Também era a primeira vez que ouvia dele um pedido de desculpa. Apesar de ter recebido vários buquês de flores com cartões que traziam o "eu te amo" jamais antes declarado, eu me recusara a falar com ele.

Agora conversávamos diante de uma platéia de juízes. Falei pouco. Os mais velhos discorreram sobre a importância de cultivar um casamento, principalmente os arranjados.

— Não somos americanos — disse Rashid, um amigo de Nadir que viera da Califórnia com a mulher. — Não desistimos simplesmente e dizemos que acabou. Precisamos tentar. Casamento requer esforço.

Tive vontade de pular do meu lugar e gritar que nunca me esforçara tanto quanto na tentativa de fazer meu casamento dar certo. Nenhuma daquelas pessoas sabia a verdade.

— Ele realmente ama você — disseram todos.

Eu não sabia o que dizer daquilo tudo, mas respeitava Rashid e a esposa, bem como me lembrava de que ele sempre havia sido especialmente gentil comigo. Durante a reunião, Nadir trocou comigo acusações duras e acabou indo embora furioso. Rashid, porém, foi atrás dele e conseguiu trazê-lo de volta.

No final, Nadir olhou para mim e disse:

— Talvez isso tivesse que acontecer para eu me dar conta do seu valor, de que realmente amo você.

Não pude acreditar nos meus ouvidos. Nunca imaginei que Nadir fosse dizer essas palavras na minha frente e na frente de todos. Na verdade, eu nunca ouvira dele "eu te amo". *Jamais.* Fiquei constrangida por ele ser obrigado a expressar seus sentimentos diante de todos, principalmente sendo alguém tão reservado, mas o fato comprovava que ele realmente nutria algum sentimento por mim.

Poucas horas após a delegação partir, falei com meu irmão mais velho, Babai. Ele se tornara um mediador entre mim e meus pais. Babai é dois anos e pouco mais velho que eu e me entendia melhor que a maioria dos parentes. Embora não fosse idoso, sua idade e o papel que lhe cabia na família significavam que sua opinião tinha peso. Depois que deixei Nadir, me recusei, durante meses, a levantar da cama. Babai conversava comigo e tentava me fazer sair de casa, queixando-se de estar entediado, insistindo que precisava de um parceiro para jogar tênis. Como minha mãe e minhas irmãs, Babai fazia de tudo para passar mais tempo comigo, sabendo que lentamente e com o amor deles eu sairia da depressão. Sentados na cama de Babai, comentamos que a reunião fora boa e que seria um fecho de ouro eu voltar para casa naquela noite. Fui para o meu quarto e fiquei lá alguns minutos imaginando o que aconteceria se eu dissesse sim. Então, concordei em voltar, acreditando que poderíamos realizar os votos de amor e compreensão verbalizados naquele dia.

Quando soube, Moor ligou para a família de Nadir. Ele e o irmão estavam juntos, falando da vida e de política com amigos, como costumavam fazer nos sábados à noite. Resumi a reação da minha família em meu diário: "Ótima surpresa para todos. ELA VAI VOLTAR PARA CASA!!! ELA VAI VOLTAR PARA CASA!!!"

Todos ficaram imensamente felizes comigo. De repente, o brilho voltou ao rosto da minha mãe. Shakoko ficou aliviada. Todo mundo me ajudou, com enorme satisfação, a arrumar minhas coisas.

— Vá para casa — diziam em coro. — Vá para casa.

Desta vez seria definitivo, pensei. Eu desejava de todo o coração que meu casamento desse certo. Desejava poder de alguma maneira ser uma esposa melhor. A segurança do casamento ainda me agradava muito. Eu não gostava da idéia de sair por aí nesse mundo cruel e ser assediada pelos homens, sem um porto seguro, sem um protetor. Eu faria dar certo.

Nadir foi me pegar de carro. Seu sorriso largo, que revelava os dentes alvos e perfeitos, me pôs nervosa. Senti uma curiosa felicidade por ele, mas uma enorme tristeza por mim. Ele abriu a porta do carro para eu entrar, algo que jamais fizera antes. Pouco tínhamos a conversar, e percebi como era desconfortável essa conhecida sensação. Talvez antes eu já estivesse habituada, mas, agora, esse enorme esforço para encontrar palavras parecia equivocado. Como ele podia me querer de volta? Eu não tinha mais nada para lhe oferecer.

Qualquer desejo que tive um dia de me entregar e amá-lo como marido desapareceu. Nadir deve ter pensado que íamos começar de novo. Não fez comentários sobre os quilos que eu ganhara depois que saí de casa. Foi delicado e me perguntou sobre a faculdade e a minha família, mas tudo me pareceu artificial. Os silêncios constrangedores eram insuportáveis. Só a sua presença já me insultava. Eu quis gritar, chutar e atirar coisas nele. Mas também senti muita pena. Gostava dele e não queria que se sentisse triste e sozinho. Talvez eu só precisasse me esforçar mais.

UMA NOITE, DEPOIS QUE VOLTEI para casa, Nadir estava fazendo o plantão de 36 horas e dormi o dia todo no sofá de couro preto de dois lugares. Acordei com a cabeça apoiada no braço do sofá. Imaginei-me morando no Queens, cozinhando e arrumando a casa diariamente, continuando a estudar para adquirir um conhecimento que jamais poria em prática, sem nunca ver a minha vida mudar ou crescer, esquecendo de uma vez por todas como era ser feliz ou me sentir acompanhada. Desejei ter dormido mais tempo. Não queria assistir à tevê, não queria falar com ninguém e nem mesmo comer. Acima de tudo, não queria pensar. Tentei adormecer de novo, fechei os olhos. Seria bom poder ser descartada, jogada fora como um maço de cigarros vazio, o papel laminado meio rasgado na parte de cima, restos de tabaco no fundo. Eu ficaria jogada na sarjeta, sendo pisada, desmanchando na água suja do esgoto em meio a mais lixo — chaves velhas, embalagens de chicletes, pedaços de papel com endereços rabiscados, o passado já esquecido. Eu queria desaparecer e ser absorvida por tudo que está fadado a desaparecer.

Enquanto eu pensava nisso, lembrei de repente que Nadir tinha um remédio que às vezes tomava quando precisava dormir. Ele abria o vidrinho cor de âmbar e tomava meio comprimido. Fui para o quarto, sentei no lado da cama que era dele e abri a gaveta da mesinha-de-cabeceira. Lá estava o vidro laranja-escuro. Parecia reluzir dentro da gaveta. Estendi a mão e o peguei. Li o rótulo. Nome do paciente: Nadir. Valium, 10mg.

Perfeito. Que vontade de dormir. Que cansaço. Então, como se estivesse representando o meu destino, esvaziei o vidro na palma da mão. Pena que não havia mais comprimidos. Não contei quantos eram. Não pretendia analisar o que estava fazendo. Queria apenas me deixar levar pelo instinto de cumprir meu destino. Adormecer minha mente. Senti um arrepio atravessar meu corpo, mas estava calma. Era quase como se sentisse uma paz que jamais experimentara antes. Estava conformada com meu destino e o cumpria ativamente. Era isso que eu tinha que fazer. A única coisa que podia fazer.

Tampei o vidro de Valium, agora vazio, e o guardei de volta na gaveta, que fechei. Fui até a cozinha e enchi um copo com água da torneira. Então, cuidadosamente engoli um após o outro os comprimidos e me deitei no sofá. Sem saber quanto tempo se passara, despertei com tontura. Lembrei-me de uma garrafa de vodca que Nadir ganhara de um médico, que continuava fechada e guardada em nosso quarto de hóspedes. Eu ouvira em algum lugar, talvez na tevê, que misturar Valium com álcool podia ser letal.

No caminho para o quarto, me senti representando a mim mesma numa peça. Eu tinha talento, desempenhava meu papel sem hesitação ou insegurança. Percebi que o quarto girava. Lutei para manter o equilíbrio, dizendo a mim mesma que a terra é firme. Levei a grande garrafa do veneno transparente — vodca Stolichnaya — à boca. Nunca havia provado uma bebida alcoólica e não me lembro do gosto do líquido incolor. Àquela altura, eu não sentia mais nada. Minhas papilas gustativas estavam em coma.

Perdi a noção das coisas até ser acordada pelo som de uma voz familiar, me sacudindo e chamando meu nome. Era Nadir. Vestia seu jaleco de trabalho e usava seus óculos de aro de tartaruga. Trazia no rosto uma expressão cansada e aflita. O jeito com que seus olhos profundos, negros e líquidos pareciam saltar sobre mim do fundo de seu rosto cansado, me olhando fixamente, me deixou preocupada.

— Você está bem?

Olhei para ele confusa. Fracassara. Queria ter posto um fim em tudo. Teria sido indolor. Agora era hora de enfrentar Nadir.

— Você vomitou?

Não entendi. Não me lembrava de nada que acontecera nas últimas 24 horas. Não queria falar. Seria tão bom se ele tivesse demorado mais para chegar.

— Estou ótima. — Andei até o banheiro para me ver livre dele. Precisava de privacidade para me recompor. No caminho, percebi uma mancha amarelada bem grande, já seca, no carpete. Eu devia ter vomitado.

Quando saí do banheiro, Nadir esfregava o carpete com uma toalha de rosto molhada. Não me ocorreu nada para dizer. Estava envergonhada com o que fizera. Sentia-me uma criança. Ele me perguntou se eu queria ir ao médico, quase como se considerasse uma obrigação perguntar. Respondi que não.

Ele não perguntou de novo. No entanto, parecia preocupado. Não tive certeza se a preocupação resultava de amor ou da noção de responsabilidade. Ou se queria se proteger, evitar ser incriminado se o questionassem no futuro. Sugeriu que eu fizesse uma terapia.

Saí de casa novamente algumas semanas depois. Dessa vez para sempre. Quando meu primo Agha Jan e meu irmão me levaram de carro para pegar minhas coisas no apartamento, Agha Jan repassou comigo as regras.

— Lembre-se — disse ele —, você precisa ter certeza. Não pense que agora vai poder sair por aí fazendo o que bem entender. Talvez queira sair com suas amigas, seus amigos, mas terá responsabilidades. Isso não significa liberdade.

Concordei com a cabeça, mas revirava os olhos de impaciência.

Resolvi abandonar o casamento e me tornar uma mulher porque não me restou nenhuma alternativa. Eu havia tentado todas as outras. Também descobri que ser casada não significa ser adulta. Ser adulta é tomar as próprias decisões e arcar com as conseqüências.

Eu me ressentia do que não podia fazer. Achei que fosse aproveitar a juventude e a cultura americana *com* meu marido. Havia a idéia implícita de que tudo que lhe proíbem fazer na casa dos pais é permitido na casa do marido. Uma parenta afegã me disse uma vez que quando não é o pai que nos controla, é o esposo. Percebi que meu marido não queria que eu vivenciasse a cultura americana do jeito que eu desejava. Eu queria ir a concertos, pintar meu cabelo de louro, assistir à ópera, a balés, ir à praia e jantar fora com ele.

Também queria ter amigas americanas, mas nenhuma americana da minha idade era casada. A maioria namorava ou saía para dançar à noite, coisas que, para mim, não eram apropriadas. Me sentia muito sozinha. O círculo social do meu marido era pequeno e composto de gente mais velha, por volta dos 45 anos, em média.

Ao mesmo tempo, Nadir não queria que eu fosse afegã. Dizia que as afegãs só sabem fofocar o tempo todo. Quando eu resolvia ir ao cabeleireiro porque tinha um casamento para ir, ele insistia que eu me penteasse sozinha.

— As afegãs sempre vão ao salão — queixava-se —, preocupam-se demais com a própria aparência.

Nadir preferia que não nos relacionássemos com afegãos, por causa do jeito ignorante e ultrapassado deles.

Eu sabia que tinha mais valor do que sentia ter. Havia emagrecido, preparava ótimos jantares, recebia visitas e tirava notas excelentes na faculdade depois que voltei a estudar. Eu era tudo que esperavam que eu fosse e não recebi do meu marido o que queria. Tudo que tentei, coisas que me disseram que funcionariam — ficar bonita, ser doce, aprender a cozinhar e a arrumar a casa —, não me fez conseguir o que eu queria, o amor do meu marido. Por causa disso, eu nem sequer amava a mim mesma.

Foi a época mais intensa, de maior busca interior, que já vivi e provavelmente viverei. Eu questionava tudo — desde o relacionamento com meus pais ao meu desejo de ser mãe, passando pela religião, pela sexualidade, pelos meus temores e pela minha noção de certo e errado. Meu dilema: seria melhor correr atrás da liberdade individual à custa de abalar um compromisso para toda a vida e afligir não só a minha família, mas toda a comunidade?

Eu gostava da segurança do casamento, mas odiava a sensação de sufocamento.

Meu marido e eu éramos meio afegãos, meio americanos. Ambos queríamos preservar os melhores princípios e tradições que as duas culturas tinham a oferecer. Ele me queria subserviente como uma esposa afegã, mas isolada da minha comunidade como se fosse uma americana. Eu queria vivenciar a independência de uma americana, mas ligada à família e à comunidade como uma afegã muçulmana. Como se misturasse as flores de dois buquês, ele escolheu as que desejava que eu fosse, mas eu queria ser as que ele rejeitara.

QUATRO

A GAROTINHA MASUDA

Toda criança nasce muçulmana.
Dito atribuído ao profeta Maomé
(que a paz esteja com Ele)

QUANDO VOLTEI A MORAR COM MEUS PAIS, depois da separação, a expectativa de ambos era que eu voltasse também a ser a Masuda de antes do casamento. Uma noite, enquanto eu lia na cama, Moor chegou mesmo a me cobrir com meu velho edredom forrado de um tecido de flores cor-de-rosa sobre um fundo branco. Ela me disse:

— Você é aquela Masuda de novo. Minha garotinha Masuda. Como quando você tinha 16 anos.

Era óbvio que, de forma fantasiosa — desesperada —, ela esperava que as velhas regras da adolescência fossem aplicáveis. Estava insegura quanto à maneira de navegar nessas águas em que estávamos agora.

Moor tinha boas razões para ficar nervosa. Sabia também que uma vez que um jovem vivencie um relacionamento teoricamente romântico, quer ele dê certo ou não, liga-se um botão quase impossível de desligar. Um dito do profeta Maomé alerta os muçulmanos contra permanecerem solteiros e os aconselha a casar para evitar a tentação. Com efeito, tenho observado que os jovens nos Estados Unidos quase nunca param de namorar depois que começam, não importa se aos 12, 15 ou 18 anos. Embora eu não tivesse vontade alguma de entrar num relacionamento àquela altura, ou, como pensava então, talvez nunca mais, no fundo eu sabia que isso também passaria e que a vida começaria de novo — como começou, lentamente, após meses de sono e repouso. Parti para conseguir um diploma em economia e administração, arrumei um emprego e comecei a fazer amizades. O início da minha nova vida coincidiu com a primavera, e, vinte anos depois de nascer, senti como se estivesse começando a crescer de novo.

Moor tinha esperança de que eu me casasse outra vez — e rápido. Nenhum de nossos parentes jamais tivera que lidar com uma divorciada. No Afeganistão, é raro os homens se divorciarem de suas mulheres. O mais comum é pararem, de certa forma, de se relacionar com elas, que continuam a morar na casa dos sogros, principalmente quando há filhos. Voltar para a "casa do pai" representa uma vergonha para a mulher, para a família dela e a do marido. Simplesmente não acontece, pois contraria a cultura. É melhor viver infeliz com os sogros do que ser vista como uma mulher rejeitada ou, pior, como uma mulher que fugiu às próprias obrigações de esposa. As mulheres no Afeganistão não costumavam conseguir divórcios, ao menos não na época do Talibã, e mesmo agora isso é extremamente difícil. Um policial afegão contou a um repórter americano em 2002 que as mulheres afegãs que fogem de casamentos forçados

MINHA GUERRA PARTICULAR 65

celebrados durante o regime talibã ainda vão para a cadeia em vez de conseguir o divórcio desejado.[1]

Uma manhã, achei ter ouvido um passarinho cantando a marcha nupcial ocidental no quintal dos fundos da nossa casa em Flushing. *Trá-lá-lálá. Trá-lá-lálá.* Fiquei pensando se era um recado para mim. Será que eu casaria logo? Será que Deus estava tentando me dizer alguma coisa através desses passarinhos? Sempre me perguntei se Deus estaria falando comigo através do que eu lia nos jornais, nos letreiros de lojas e de outros símbolos em que se esbarra no dia-a-dia. Sempre procurei me manter alerta, ouvir, e não descartar coisa alguma. Essa minha abertura a Deus criava às vezes uma irremediável confusão para mim mesma. Como quando me vi decidindo se largava ou não o meu marido. Esbarrei em muitos "avisos", todos eles conflitantes. Quanta frustração. Por que Deus não podia ser direto comigo? No final obtive a minha resposta, mas ela veio de dentro de mim e não por qualquer outra via.

A garotinha que Moor queria de volta era a perfeita muçulmana pashtun que ria discretamente, falava mais baixo ainda e em geral acatava as opiniões dos pais em lugar de ter as próprias. Moor passou a maior parte da minha vida me preparando para um dia ser a boa esposa de alguém. Uma boa garota, logo, uma boa esposa, não reclamava nem criava problemas, era capaz de resistir à tentação e às más influências e de agüentar um fardo pesado de tarefas e responsabilidades familiares sem queixas ou sequer um suspiro mais audível. Ela e meu pai queriam que eu fosse, em primeiro lugar e acima de tudo, uma boa muçulmana, e depois uma boa cozinheira e arrumadeira, com o talento para a costura e o bordado como requisitos complementares.

Meus pais queriam que meu irmão mais velho e eu crescêssemos como bons muçulmanos na terra dos infiéis, e para isso nos puseram numa *madrassa* — uma escola religiosa — de fim de semana, no Brooklyn. O problema é que não havia uma comunidade de afegãos, e o que mais se aproximava disso era uma atividade informal dirigida por paquistaneses, descoberta por meus pais através dos vizinhos do Paquistão, cujos filhos também estudavam lá.

Todo sábado e domingo, éramos obrigados a acordar cedo, deixar de assistir aos desenhos na tevê e de brincar com Joon e Jeannie, os irmãos coreanos que eram nossos vizinhos, para caminhar com um grupo de crianças paquistanesas até um prédio residencial a algumas quadras de distância. Lá, nos sentávamos com as pernas cruzadas sobre enormes tapetes e ouvíamos palestras em urdu, e embora eles relutantemente concordassem, para o meu bem e o do meu irmão, em falar inglês, no final acabavam voltando para o urdu por se sentirem mais à vontade e, provavelmente, por considerarem mais importante falar urdu do que inglês. Essas aulas de religião me pareciam mais uma fala incompreensível, já que eu ficava perdida entre o urdu e o árabe, nunca traduzidos para nós. Para meus pais, porém, era vital que os filhos recebessem uma doutrinação islâmica digna. Às vezes cediam às nossas queixas e pediam aos vizinhos que dissessem ao professor para dar as explicações em inglês. O professor, contudo, só explicava trechos da aula e mesmo assim quando ela já estava bem à frente.

Talvez o idioma falado não fizesse diferença. A maior parte do tempo usava-se o árabe, e aprendíamos a ler o Corão e a recitá-lo de cor. O curioso é que, por mais que o Corão fosse admirado e sua importância enfatizada, jamais nos aconselharam a ler uma tradução de forma a entender seu *significado*. Mais tarde freqüentei uma *madrassa* mais progressista, numa mesquita em que o Corão era citado em inglês e os alunos recebiam um livro de histórias sobre os profetas. Mas mesmo os professores progressistas nunca, sequer uma vez, nos deram, ou nos encorajaram a ler, o livro de Deus numa língua que pudéssemos entender.

Na *madrassa* havia regras rígidas para tudo, desde a aparência e o vestuário até o comportamento. Éramos obrigadas a usar o *hijab*, o véu islâmico, na aula. Eu me vestia em geral com o *shalwar kameez* à moda paquistanesa, o que equivale a uma túnica sobre uma calça comprida, roupas folgadas que me cobriam até os pulsos e calcanhares. Eu não costumava usar o *hijab* regularmente, mas sempre estava com ele quando uma família conservadora visitava a casa dos meus pais, e quando ia à mesquita e comparecia a enterros. O *hijab* também deveria ser usado durante a leitura do Corão ou na hora das preces.

Na *madrassa*, não se freqüentava as aulas usando anéis ou esmalte nas unhas. Sabendo que isso era visto com reprovação, e querendo ser uma boa aluna, vira e mexe eu me enchia de vergonha e desapontamento quando olhava para as unhas dos pés e percebia que tinha esquecido de tirar o esmalte. Ficava torcendo para que ninguém percebesse, mas sempre notavam e me entregavam acetona e algodão para que eu fosse ao banheiro e resolvesse o assunto. Segundo a maioria dos muçulmanos, os rituais de purificação exigidos como preparação para as preces envolvem a lavagem das mãos e das unhas; se suas unhas estiverem pintadas, você não terá como lavá-las e por isso permanecerá impura demais para se aproximar de Deus na prece.

Nunca entendi, e continuo a não entender, por que uma unha pintada significa não estar limpa o bastante para rezar, principalmente em se tratando de um Deus onisciente, mas questionar o islã sem dúvida não era algo que nos encorajassem a fazer. Meus questionamentos constantes dirigidos a meu pai ou a meus professores elucidaram minhas dúvidas apenas até certo ponto. Quando eu tinha uns 10 ou 11 anos, vivia perguntando por quê, depois de aprender que o destino de todos é decidido por Deus, também diziam que os que não seguissem os Seus mandamentos iriam para o inferno.

— Se Deus quer mesmo que um homem seja um bom muçulmano, por que ele já não o criou assim?

Outra pergunta que eu costumava fazer era:

— Por que precisamos nos curvar e ficar em tantas posições diferentes quando rezamos?

Mais tarde, quando eu soube que havia uma discussão na mídia entre os acadêmicos islâmicos sobre se o Corão realmente exigia que as mulheres usassem véus, questionei meus pais a respeito. Exatamente como das outras vezes, ouvi:

— Esses não são muçulmanos de verdade.

A maioria sabe a verdade, acreditavam meus parentes. A maioria dos muçulmanos é conservadora, sobretudo para os padrões ocidentais, razão pela qual me considerava republicana até bem pouco tempo atrás. Os valores familiares conservadores dos republicanos agradam à natureza política muçulmana, como acontece com os cristãos conservadores. Cheguei mesmo a votar no presidente Bush.

Na nova *madrassa*, eu sempre ouvia em silêncio e atentamente, sem fazer muitas perguntas, a ponto de ser chamada de puxa-saco pelas outras crianças afegãs. Um dia, já no final do ano, nosso professor disse que havia na turma um aluno excepcional. Todos espicharam o pescoço, achando que o melhor aluno acabaria se traindo. Mas o professor esticou o braço, passeou o dedo em torno da sala e parou com ele apontado para mim. Eu virara a melhor aluna da minha classe, e estava aprendendo a ler e recitar o Corão em árabe muito mais rápido que antes.

Meu florescente talento para recitar o Corão em árabe encheu Agha de orgulho, porque ele é reconhecido na comuni-

MINHA GUERRA PARTICULAR   69

dade afegã como um *Qari*, ou recitador do Corão nos eventos comunitários como noivados, reuniões na mesquita e enterros. Ele chegou mesmo a fazer a leitura de abertura do Corão quando a comunidade afegã-americana se reuniu na Universidade do Queens para recepcionar o presidente Karzai em sua viagem a Nova York. Embora costumasse trabalhar sete dias por semana na época, Agha passou muitas tardes de domingo me ensinando a recitar o Corão em árabe. Nessas ocasiões, as cordas vocais de Agha se exauriam, e seu rosto enrubescia de amor por Deus e pelo Corão. Recitava tão alto que minha mãe não conseguia falar ao telefone em lugar algum do apartamento, e seus olhos se enchiam de lágrimas de tanto segurar na garganta o "heeeeem" de *Bismillah-ir-Rahman-ir-Raheem* (Em nome de Alá, O Mais Generoso, O Mais Misericordioso). Depois de segurar a nota por tanto tempo, a ponto de eu me perguntar se estávamos lá para eu aprender ou para ele praticar, papai se virava para mim e me mandava repetir. Essa era a hora em que eu mais me esforçava para impressioná-lo, mas sentia vergonha de recitar tão passionalmente quanto ele. Respirava fundo e começava, nunca conseguindo o tom perfeito.

Não me dei conta do tamanho do orgulho de Agha por mim até nos mudarmos para o Queens e os vizinhos afegãos do andar de baixo lhe dizerem como era maravilhoso ouvir a recitação do Corão que se derramava da nossa janela, ao vivo, no verão. Papai respondeu:

— Se Masuda entrar num concurso com quinhentas meninas, não, quinhentas meninas *e* meninos, ela ganha de todos.

Enquanto outras famílias ensinavam seus filhos, quase sempre os filhos homens, a lerem o Corão, Agha me ensinava a recitá-lo em voz alta. Apesar de não recitar o Corão há muitos anos, ainda sonho recitá-lo um dia do jeito que papai faz. No momento suas esperanças residem na minha irmã caçula,

Aziza, que há pouco tempo terminou de ler o Corão inteiro em árabe, tarefa nada fácil, como podem atestar mais de um bilhão de muçulmanos.

RECITAR O CORÃO COM AGHA era uma forma de lembrar de Deus. Ao longo de toda a minha profunda depressão, no período em que busquei a minha alma, e mesmo quando pensava em pedir o divórcio, constantemente invoquei Deus. Enquanto decidia o que fazer quanto ao meu casamento, falei com Ele muitas vezes, pedindo um sinal, um conselho qualquer que Ele pudesse me dar. Rezei e prometi a Deus que sacrificaria muitas ovelhas e vacas se Ele me ajudasse a ficar mais próxima do meu marido. "Faça acontecer", eu implorava.

Eu me voltara para o islamismo no momento de maior necessidade, e apesar de algumas vezes chegar a amaldiçoar Deus por não ser receptivo, acabei por Lhe implorar ajuda e, no final, Ele me ajudou. Embora tenha me cabido a maior parte do esforço, Deus providenciou para que fosse recompensado. Olhando para trás, percebo que minhas preces sempre foram ouvidas. Levava algum tempo, e quase sempre eu sofria enquanto isso, mas de alguma forma, mais cedo ou mais tarde, os meus pedidos nunca deixaram de ser atendidos. Uma vez, frustrada ao estudar na véspera das provas finais da faculdade, dei um longo suspiro, como se estivesse no piloto automático, e disse baixinho: "Meu Deus, o Senhor sabe o que faz", em pashtu. Eu nunca havia dito essas palavras e fiquei chocada assim que elas saíram da minha boca, porque esta era uma frase típica dos mais velhos. Muitas vezes eu a ouvira de Moor e devo tê-la registrado em minha mente. Lembrar de Deus era um dever islâmico que meus pais cumpriam mais que o normal. Era uma espécie de vitamina C do islã — nunca é demais. Segundo o Corão, o coração do homem encontra satisfação na lembrança de Deus, e Deus se lembra dos que se lembram Dele.

Na infância e adolescência, ouvi bastante sobre a importância de lembrar-se de Deus. Quando levei um tombo no nosso quintal em Flatbush, no Brooklyn — onde moramos quando eu era pequena, antes de nos mudarmos para o Queens —, e ralei o joelho no cimento irregular, Moor disse que Deus faria o joelho sarar. Quando ela e meu pai brigavam, ela dizia que Deus sabe o que faz, e quando ouvia falar de uma crise na família que morava no Afeganistão, repetia que só Deus sabia o que o destino lhes reservava.

— Que Deus lhes proteja — era o seu comentário.

Rezar cinco vezes por dia era uma outra maneira de lembrar-se de Deus. Embora a maioria dos muçulmanos acredite ser obrigatório rezar cinco vezes por dia olhando para Meca e recitando certos versos do Corão, eu não rezava. Meus pais sempre insistiram conosco para rezarmos com regularidade e nos elogiavam quando seguíamos seu conselho.

Meus pais ficaram mais religiosos com o passar dos anos. Moor costuma dizer que "quanto mais os velhos se aproximam da morte, mais se voltam para Deus". E quanto mais religiosa a família fica, mais a comunidade a respeita. Quando Moor, minha irmã Sara e meu irmão foram a Meca numa peregrinação chamada, em árabe, *Hajj*, os membros da comunidade ficaram, nitidamente, encantados. "Que maravilha", foi o comentário, "que até Sara se tornasse uma *Hajjana*, na flor de seus 18 anos". Entre os afegãos, uma *Hajjana* — mulher que já realizou a *Hajj* — costuma ser uma idosa, que prepara seu encontro com Deus no dia do Juízo Final, visitando os locais sagrados do Corão. Logo após voltar da peregrinação, Sara recebeu várias propostas de casamento de famílias que agora a viam como a pretendente mais recomendável a seus filhos. Sem dúvida, essa era uma outra forma da comunidade avaliar sua pureza e inocência, ajudando a neutralizar, a seus olhos, parte da má influência que minha vida exercia sobre minhas irmãs mais novas. Depois do meu divórcio, meus pais — meu pai, sobretudo — temeram que eu me tornasse uma influência negativa para elas. Por trabalhar e ser independente, eu as levaria a querer fazer o mesmo, o que as desviaria dos casamentos arranjados. E o pior: a comunidade se basearia nas minhas ações para julgar minhas irmãs. A melhor indicação do caráter de uma moça é o comportamento da sua família — a mãe e as irmãs em particular. Moor teve medo de que Sara recebesse menos propostas de casamento, mas ela se saiu muito bem, principalmente porque manteve sua imagem na comunidade e agora é respeitada por sua devoção religiosa e familiar.

A experiência de realizar a *Hajj*, como Sara me explicou, não foi nem de longe tão inspiradora, ou mesmo tão espiritual, como eu esperava. Boa parte dela envolve viagens noturnas de ônibus, enfrentar filas intermináveis e multidões gigantescas, e cumprir os rituais exigidos de forma apressada para poder sair correndo para a próxima maratona. É uma viagem fisicamente cansativa, marcada por movimento, suor e desconforto. Os peregrinos dormem em tendas, fazem refeições em conjunto e vivem em meio a centenas de milhares de outros que cumprem os mesmos rituais durante o mesmo número de dias. De certa forma, é uma espécie de Woodstock islâmico, multidões de indivíduos em sintonia mental unidos para celebrar o que realmente consideram importante. Descobri que não posso esperar que uma viagem, seja de que tipo for, ao Afeganistão ou a Meca, me oriente sobre o caminho a seguir na vida. Em vez disso, sinto que preciso estar pronta a observar, a adquirir uma perspectiva e a me surpreender e decepcionar o tempo todo. Espero ansiosa o dia de me juntar à *umma* — ou comunidade — islâmica, em minha peregrinação a Meca, mas sei que tenho que estar preparada para isso. A preparação — de mente e alma — para essa viagem única na vida será, em si mesma, transformadora. Também sei que ela talvez não me traga as respostas que espero. A essas respostas, ou ao menos à minha versão delas, preciso chegar por mim mesma — com a ajuda de Deus.

Sobre a peregrinação a Meca, o Corão diz que os homens virão "a pé e montados em todo tipo de camelos", em "jornadas através de estradas que atravessam montanhas e vales distantes". Papai conta a história da *Hajj* do meu avô, feita a cavalo, a partir do Afeganistão. Ele levou dois anos para voltar para casa, a milhares de quilômetros de distância. Supostamente, passou semanas ou meses em cidades e povoados ao longo do caminho, inclusive Herat, lugar de origem de sua primeira esposa e onde minha família ainda é proprietária de uma casa de 11 quartos. Sara e eu sonhamos voltar lá um dia, passar um tempo na lendária Herat, fazer piqueniques e procurar tapetes persas no bazar. Os afegãos que lá estiveram falam com veneração da magnífica mesquita de quase quinhentos anos de Herat, decorada com brilhantes azulejos azuis que formam magníficos desenhos geométricos e que já foi considerada um dos mais belos exemplos da arquitetura islâmica no mundo. A praça-forte da cidade, com seus setecentos anos, possui 18 torres de vigia e dizem que foi construída sobre as fundações de uma fortaleza ainda mais antiga, erguida por Alexandre, o Grande, durante sua campanha no Afeganistão antes do nascimento de Jesus. Um dia, Sara e eu esperamos vê-la.

Meu avô também ia a cavalo, com sua caravana, até a União Soviética, onde vendia frutas secas e nozes. Suas viagens eram regulares, até que numa delas ele gastou a maior parte da sua fortuna em mercadorias e partiu com a maior caravana que já montara para descobrir, ao chegar, que os preços haviam despencado, o que o fez perder boa parte do seu patrimônio nesta transação. Meu pai se recorda de que o período foi muito duro para a família, o que o influenciou muito, fazendo-o temer que qualquer dia poderia perder tudo que se acumulou com o trabalho de anos.

Quando era mais nova, sempre me interessava pelo que meu pai e os outros homens diziam nas reuniões familiares. Enquanto as mulheres falavam de roupas e da família, fofocando sobre fulano e beltrano, os homens elevavam a voz, discorrendo sobre as notícias e ponderando se os últimos acontecimentos seriam positivos para o Afeganistão. Minha vontade era me juntar a eles e lhes mostrar como eram válidos ou idiotas alguns de seus argumentos. No entanto, de maneira geral, tal comportamento era impróprio. Conversar de maneira demasiado aberta com homens, mesmo no ambiente doméstico, é considerado flerte. Certa vez, entrei numa conversa de homens achando que a presença do meu pai e do meu marido me confeririam proteção suficiente. Nadir, porém, me disse, meses depois, que o meu comportamento havia sido muito impróprio para uma mulher. Além disso, em eventos mistos, os homens quase sempre se sentavam no extremo oposto do aposento em relação às mulheres, às vezes até numa sala separada, de modo que eu entreouvia sua conversa apenas quando passava pela porta ou conseguia me abstrair do papo feminino. Só que não podia fazer isso ostensivamente, sob pena de as mulheres me taxarem de arrogante caso não desse atenção a elas.

Nunca entendi, e continuo sem entender, por que as mulheres não abordavam essas questões. Quando o faziam, sua visão da política e dos acontecimentos atuais era muito pragmática, sendo em geral a opinião de que os homens fazem o que querem, não importa o que aconteça, de que a guerra destrói a todos, principalmente as mulheres, e de que as mulheres têm que cuidar dos homens, que são freqüentemente guiados por orgulho ou ingenuidade, como se eles fossem crianças que se empolgam demais e se deixam levar pelas emoções. Segundo elas, os homens começavam as guerras porque não sabiam se portar de outra forma, e não porque defendiam uma causa justa ou possuíam um plano inteligente. As palavras dessas mulheres me vieram à mente quando li reportagens contando que as setenta virgens que os homens-bomba suicidas e os seqüestradores do 11 de Setembro supunham ser a sua recompensa no Paraíso talvez fossem setenta *passas*, dependendo da tradução escolhida para a palavra árabe *houri*. Alguma coisa em mim quer acreditar que todas as catástrofes islâmicas talvez resultem de um equívoco insignificante quanto a uma palavra, equívoco este que cresceu qual uma bola de neve para se transformar em ódio, conspiração e morte. Mas sei que mais que uma palavra foi responsável pelos problemas e divisões do mundo.

As mulheres afegãs que conheci costumam falar com profunda sabedoria sobre o caos da época em que viveram. Muitas dizem ter visto o mundo "de pernas para o ar". Como comentou certa vez minha mãe:

— Veja, fulano e beltrana eram tão ricos e sofisticados, mas agora, nos Estados Unidos, são quase mortos de fome. Em compensação, olha esta outra família, que era tão pobre no Afeganistão e agora tem um belo apartamento e dois carros.

Para muitos afegãos que planejaram viver e morrer num país muçulmano, só morar na terra de infiéis já era privação suficiente. A mulher do meu tio, que veio para cá com mais de setenta anos, tinha mania de julgar a sociedade americana. Chamava os americanos de infiéis e me dizia para jamais andar com eles. Sempre me perguntei por que os muçulmanos conservadores se deram ao trabalho de vir para os Estados Unidos, se odiavam tanto o estilo de vida dos americanos. Por um lado, é ótimo que encarem este lugar como receptivo a todo tipo de gente, e isso me lembra os primeiros colonizadores que vieram para cá praticar sua religião a salvo de perseguições. Mas me revolta o fato de ver os idosos reclamando do quanto esta sociedade é livre, tentando "proteger" suas famílias dela, repetindo como é horrível ver gente seminua na televisão. Eu realmente gostaria de perguntar à minha tia por que ela mora nos Estados Unidos, se tem tanto ódio do povo americano. Nunca tive coragem para tanto, e ela morreu apenas dois anos depois de se mudar para cá. Acho que provavelmente teria respondido como a maioria dos velhos afegãos que conheço, ou seja, que está aqui por causa dos filhos. *Mas e os filhos, por que estão aqui?*

Nas escolas públicas de Nova York, o desafio não era o árabe nem o Corão, mas o inglês dos livros didáticos. Vim para os Estados Unidos quando tinha cinco anos, sem saber uma palavra de inglês. Lembro, como se fosse ontem, do meu primeiro dia de aula em uma escola, no Brooklyn. Eu estava superanimada, porque via meu irmão mais velho transitar num mundo diferente, com uma mochila e deveres importantes. Ele trazia para casa notícias desse lugar fantástico, fazia amigos, e ficou sabido o bastante para zombar da pronúncia do inglês dos meus pais. Até então, sempre havíamos brincado juntos, mas agora ele tinha sido convocado para um trabalho sério. Se ao menos me permitissem entrar no prédio da escola com ele e me dessem um lugar para sentar, ele veria do que eu era capaz. Quando meu primeiro dia de aula chegou, Moor me deixou em frente à escola, mandou que eu entrasse na fila com as outras

MINHA GUERRA PARTICULAR

crianças e disse que viria me buscar mais tarde. Esperei, esperei, e vez por outra um aluno me dizia alguma coisa, mas eu não entendia e apenas balançava a cabeça como que respondendo "não". Finalmente surgiu a nossa professora, uma elegante senhora branca com o cabelo alourado grisalho que sorria e parecia ser um amor. "Miss-is Druck-er", eu ficava repetindo sem parar em casa, a fim de aprender a pronúncia correta. Foi a coisa mais importante em inglês que já decorei na vida, mas eu viria a aprender muito mais no jardim-de-infância. Em menos de dois anos, me tornei uma das melhores alunas da sala.

Embora tenha aprendido inglês rapidamente, durante muitos anos algumas expressões me escapavam. Quando assistia a desenhos na tevê nas manhãs de sábado, tinha a impressão de ouvir meu nome. No final de cada bloco, havia uma musiquinha: "Estaremos de volta após essas 'masudays'. É claro que a palavra era "messages"* e não "masudays", o plural do meu nome em pashtu. Durante muitos anos também pensei que o *jingle* dos anúncios do Kentucky Fried Chicken fosse "fazemos arroz com galinha!". Arroz com galinha talvez fosse o prato mais freqüente em nossa casa. No inverno, depois de driblar a neve derretida de Nova York, o aroma da galinha com cebola refogada e molho encorpado de tomate, ou *khourma*, de Moor, era uma garantia de que tudo tinha solução.

O erro mais constrangedor, porém, envolvia palavras muito importantes, *prostituta* e *protestante*. Para mim, ambas eram uma só, embora eu não soubesse o seu significado. Eu já tinha ouvido várias pessoas dizerem que eram protestantes, mas nunca esbocei qualquer reação porque não sabia o que isso queria dizer, e jamais me dei ao trabalho de perguntar, pois se supunha que eu soubesse o que era. Um dia, adolescente,

---

* Em português, "mensagens [comerciais]" (N.T.).

finalmente perguntei a meu pai o que era uma prostituta, depois de assistir a um bloco do telejornal noturno.

— Que você jamais precise saber o que é isso — respondeu ele.

Fiquei confusa. Eu conhecia pessoas que me diziam com enorme orgulho serem prostitutas. Na primeira vez que vi um cartaz na rua com a palavra *protestante*, passei direto, com vergonha de saber algo a respeito. Levei alguns anos para perceber meu erro.

Quanto mais eu conhecia Mrs. Drucker, mais a admirava e sempre sentia que ocupava um lugar especial em seu coração. Essa crença foi confirmada quando, na 3ª série, tendo como professora a sua filha, cheguei para a aula com um corte de cabelo muito curto e muito feio, "crime" perpetrado por Moor com uma velha tesoura afegã. Entrei na sala com o capuz do meu casaco cobrindo a cabeça, decidida a não tirá-lo, mesmo quando os colegas à minha volta quiseram saber a razão e insistiram para que eu mostrasse a cabeça. Finalmente, a professora mandou que eu tirasse o casaco — e o *capuz* —, o que fez com que os outros alunos desatassem a rir e me chamassem de menino, exatamente o que eu temia que acontecesse. Chorei o dia todo. No dia seguinte, me disseram que uma visita me esperava no corredor. Era Mrs. Drucker! Ela me entregou uma cestinha vermelha com uma amostrinha de xampu com cheiro de morango e um condicionador, explicando que era um presente especial e que eu devia lavar a cabeça com os dois para o meu cabelo crescer.

Mrs. Drucker veria a menina tímida se candidatar a representante de turma na 5ª série. Minha plataforma de campanha era uma droga — prometia trazer de volta o coral —, e perdi para um garoto cujo projeto era mais bacana. Depois que vi meu concorrente colar cartazes com sua foto nos corredores, mandei meu coordenador de campanha fazer o mesmo, mas já era tarde demais — pareceu que estávamos "copiando" Dexter.

Percebi que teria problemas quando, no dia da votação, sentei de frente para Samantha, a garota bacana que usava minissaias, e a vi circular o meu nome com a caneta e em seguida olhar para mim, conferindo se eu estava prestando atenção, e fazer um "V" ao lado do nome do meu adversário. Mais tarde, quando fomos chamados à sala do diretor para saber o resultado, ela apertou minha mão, me cumprimentou pelo meu ótimo trabalho, mas me informou que eu não havia sido eleita. Tenho certeza que fiquei vermelha, porque a vergonha de perder foi terrível. Eu não era popular, e minha campanha patética não ajudaria em nada a minha imagem.

Por um monte de razões, eu não era considerada legal na adolescência. Meus pais tinham um radar para o que podia ser bacana, só que a reação deles era evitar tudo que pudesse nos fazer parecer assim. A idéia era essa. Temiam, acima de tudo, que se nos preocupássemos em ter uma determinada aparência nos distrairíamos dos estudos. Ao mesmo tempo, sua experiência lhes dizia que alunos bacanas costumavam ser mais populares, e alunos populares não se saíam bem na escola. O objetivo deles era impedir que adquiríssemos confiança demais, ou despertássemos simpatia demais, e sabiam direitinho como conseguir isso.

Tive que me vestir de forma conservadora durante todo o primeiro grau, o que com certeza não me fez ganhar pontos no quesito "legal". Como nenhuma das lojas que freqüentávamos vendia vestidos adequadamente fechados, os meus eram feitos em casa, por parentas afegãs. As mangas em geral eram curtas, o que era permitido, mas o comprimento ficava abaixo do joelho, mais próximo do tornozelo. As saias tinham três camadas, e o tecido era florido, comprado dos vendedores paquistaneses com quem Moor pechinchava para conseguir um preço melhor.

Eu odiava minhas roupas. Tinha vergonha delas. Uma vez, usei um destes vestidos para ir à aula no dia de tirar a foto para o anuário escolar, e uma colega me disse que eu parecia a avó dela. Que vergonha! A ironia é que eu aplicava a situações que envolviam ocidentais o mesmo conceito de vergonha com o qual havia sido criada, um item do Pashtunwali, o código de conduta implícito seguido pelos pashtuns. Minha vergonha era tão profunda que costumava me impedir de falar, caso achasse que havia a mínima chance de desagradar a meu interlocutor. Mesmo assim, eu imaginava a sensação de usar roupas da moda e ser avaliada com base nas minhas palavras e ações e não nas minhas roupas de velha.

Na formatura de primeiro grau, usei um vestido de renda vermelha um pouquinho melhor, mas quando cheguei à escola ninguém estava vestindo nada semelhante, em particular de cor vermelha. Uma das professoras me chamou de "dama de vermelho", mas não entendi a alusão, achando que ela queria dizer que eu parecia mais velha, como uma velha dama, no meu vestido vermelho. Ao menos isso era melhor do que a "avó" da última vez. Haviam me pedido para fazer um discurso, e fiz, até consegui provocar o riso da platéia algumas vezes. Investi um bocado de esforço naquela fala, porque sabia que não estaria bonita. Pelo menos, esperava obter alguma simpatia por fazer um belo discurso. Somente anos depois descobri por que haviam me pedido para discursar. Eu era a oradora da minha turma na formatura de primeiro grau! Nem desconfiei disso na época. Devo à Mrs. Drucker, bem como às outras ótimas professoras que prestaram atenção em mim no Brooklyn, ter me convertido de alguém que não falava uma palavra de inglês em oradora da turma.

MINHA GUERRA PARTICULAR 81

Durante anos, Moor se recusou a permitir que eu usasse calça *jeans*, o símbolo do legal por excelência. Era como se calças *jeans* fossem algo proibido e usá-las significaria que eu virara americana e jamais voltaria a ser a mesma. Foi mais ou menos isso que aconteceu quando ganhei o meu primeiro *jeans*. Cursava a 7ª série, e estávamos na Virginia visitando um casal de afegãos mais velhos, antigos vizinhos nossos no Brooklyn. Fomos ao *shopping*, e a mulher, Spoozhmai, que estava experimentando um *jeans*, perguntou a Moor se ela também ia querer um. Quase engasguei. Moor? Usando *jeans*? Ha-ha! Acho, porém, que foi então que Moor percebeu como era ridículo que uma mulher afegã mais velha pudesse usá-los e eu não. Consegui que Spoozhmai sugerisse que eu experimentasse um, e saí da loja com um *jeans* novinho. Adorei vestir aquela calça que tinha detalhe atrás, de onde saía um fecho ecler que descia até embaixo. Eu me achava a garota mais legal da cidade, toda vez que vestia aquele *jeans*. Eu me sentia poderosa.

Quando finalmente pus os pés no templo da moda adolescente americana, a Gap, fiquei extasiada. No primeiro ano do segundo grau, quase todo mundo parecia igual, e todo mundo comprava na Gap — menos eu. Nunca usei nada que estivesse sequer remotamente na moda. Uma vez, quase compramos uma roupa lá, quando consegui arrastar meus pais para a filial do Kings Plaza Mall, no Brooklyn. Eles saíram correndo, boquiabertos diante dos preços. Só no primeiro ano do segundo grau, quando nos mudamos para Flushing e descobrimos a ponta-de-estoque Gapwear, tive a chance de comprar minha primeira camiseta Gap.

Nada que eu venha a comprar, por mais caro ou na moda que seja, fará com que eu me sinta tão bem como quando consegui meu primeiro *jeans* e a minha primeira camiseta Gap. Estes eram os passaportes para a sociedade americana e para a aceitação. Não que eu tenha crescido querendo ser americana. Tudo que eu queria era parecer americana, ser aceita pelos americanos.

Muitos afegãos achavam que eu já parecia bastante americana. Ao contrário da típica imagem que se tem de uma mulher afegã, tenho a pele bem clara e cabelos castanhos, que nas fotos do colégio pareciam ter umas luzes naturais na frente. Meu cabelo não é tão grosso quanto o da maioria das afegãs, nem tenho sobrancelhas tão grossas nem pêlos na face como elas. Resumindo, não possuo aquele toque glamouroso e obscuro comum a tantas afegãs, a imagem que, para mim, sempre foi maravilhosa. Quando era menina, as afegãs costumavam dizer a Moor que eu parecia uma pequena americana, o que fazia com que eu me sentisse especial e orgulhosa. Quando fui à minha primeira assembléia da Associação dos Alunos Afegãos na Flushing High School, os outros participantes não conseguiam entender o que eu fazia ali. Sentindo o seu constrangimento, percebi que eles não sabiam que eu era afegã e por isso me identifiquei. Ninguém acreditou. Garanti que sabia falar pashtu, e eles me pediram para dizer algumas palavras. Quando fiz isso, seus rostos se iluminaram, surpresos. Até minha própria gente não acreditava que eu fosse um dos seus.

Só quando viajei para o Afeganistão foi que descobri que muitas outras mulheres se pareciam comigo. Muitas pashtuns, principalmente do interior, têm cabelo claro e até olhos verdes. A mulher ideal na sociedade afegã tem olhos grandes, nariz "alto" e boca pequena. Tem pele clara e é gordinha, um sinal de boa saúde. Algumas afegãs me disseram que os pashtuns de cabelo claro e olhos azuis da zona rural descendem de povos que vão desde os exércitos europeus de Alexandre, o Grande, até os antigos arianos que invadiram as terras dos nativos afegãos de cabelo escuro. A maioria dos afegãos que emigraram para os

Estados Unidos vem de centros urbanos, onde os indivíduos, em geral, têm pele mais escura e cabelos e olhos negros.

Minha pele clara seria uma vantagem nos anos futuros, facilitando meu trânsito na sociedade americana, sem que ninguém me considerasse uma forasteira. Também me abriu portas no Afeganistão pós-Talibã, onde ser uma estrangeira significa poder entrar nos gabinetes de ministros sem ser questionada, enquanto as afegãs, principalmente as que parecem nativas, são paradas à porta. Logo após o 11 de Setembro, descobri como a minha aparência era capaz de me proteger da reação antimuçulmana e fazer com que os outros ocidentais me vissem como um deles. Alguns dias depois do ataque, eu estava na fila de uma loja de conveniência, atrás de uma dupla de operários brancos, quando um deles apontou para a capa da *Newsweek*, que trazia a manchete "Por que eles nos odeiam" (referindo-se aos muçulmanos), e disse:

— Esses sacanas. Temos que jogar uma bomba neles. Simplesmente acabar com todos, antes que a próxima geração cresça.

Fiquei enojada e vi que eles não sabiam quem eu era. Não seriam capazes de adivinhar nem se dependessem disso para não morrer. Eu quis dizer alguma coisa, quis dizer-lhes que existem muçulmanos de diversas aparências, de diversas naturezas. Eu queria chocá-los. Mas quando caí em mim, os dois já haviam ido embora.

O ISLÃ NORTEAVA PRATICAMENTE todas as facetas da minha vida familiar, embora à medida que ficava mais velha eu me perguntasse qual seria o peso da cultura na maneira como levávamos a nossa vida. Seja como for, a minha impressão era a de que entre as duas culturas havia mais colaboração do que confronto. Mais tarde, passei a questionar o antiislamismo nas práticas culturais, e apesar de meus argumentos serem em geral ouvidos, recebiam pouca atenção. Comecei a perceber o islã como uma via legítima e aceitável para neutralizar tradições perniciosas. Quando arranjaram um casamento de um parente com uma afegã residente na Califórnia, perguntei à noiva se seus pais haviam pedido a sua permissão. Ela me respondeu que nada lhe havia sido perguntado, apenas fora notificada de que tinha sido prometida em casamento. O *wakil*, seu representante, acabara lhe indagando no *nikkah* quanto à sua concordância, mas àquela altura as famílias dos dois já se achavam reunidas, e a pressão para concordar talvez seja a maior que qualquer garota muçulmana enfrenta em toda a vida. Algumas são prometidas a homens mais velhos numa idade bem precoce, às vezes quando nascem. Considera-se um sinal de grande amizade entre os homens prometer seus filhos em casamento um ao outro. Uma mulher que conheci no Afeganistão fora prometida ao nascer a um homem vários anos mais velho, mas recusou-se a casar com ele quando atingiu a maioridade, notificando os pais que escolhera um marido ela própria, um homem que ela conhecera na universidade em Cabul. Tornou-se vice-ministra no Afeganistão, no novo governo do presidente Karzai que sucedeu à queda do regime talibã. Se tivesse obedecido aos pais, muito provavelmente seria uma dona-de-casa. Algumas afegãs me contam não terem sido consultadas ou terem até sido obrigadas a concordar com a escolha do marido pela família. Várias outras afegãs que conheço, é claro, casaram-se com a pessoa escolhida pelos pais e estão felizes com tal escolha.

Enquanto eu crescia, nunca tive nada contra os casamentos arranjados. Eles haviam funcionado com minhas tias, primas e até com minha mãe. Tudo no casamento de mamãe foi tradicional — ela era uma mulher tradicional. Jamais lhe permitiram freqüentar a escola, e ela usou burca a vida inteira. A única foto dela anterior ao casamento foi tirada quando ela entrou escondida num estúdio fotográfico com uma criada e um punhado de outros membros da família. Conheceu meu pai na noite do casamento, ocasião em que nenhuma foto foi batida. Moor reconhece que teve a sorte de ser entregue a um homem direito, bem educado e trabalhador. Meu pai não bebe nem fuma e é respeitado pela família e pelos membros da comunidade devido ao envolvimento em suas vidas, sobretudo pela disponibilidade para recitar o Corão em eventos comunitários. Talvez o mais surpreendente a respeito do meu pai é que ele costuma lavar a louça e às vezes ajuda mamãe a cozinhar. As mulheres da minha família paterna nunca deixam de observar que estes são atributos positivos que qualquer mulher gostaria que o próprio marido tivesse.

Concordo que Moor teve sorte. Agha era um homem diferente que ajudava na cozinha. Seu talento especial residia na limpeza e no preparo de carne crua. No auge do seu perfeccionismo, Agha era capaz de ficar horas de pé diante da pia retirando cada pedacinho de gordura dos peitos de frango que comprava e congelava para a família. Era um trabalho desagradável, que ninguém mais se oferecia para fazer. Em conseqüência, embora tenha adquirido problemas na cervical e na lombar por executar tal tarefa, ele se tornou um especialista no assunto. Agha demonstrava sua dedicação à família de um jeito pouco usual.

Agha também teve sorte. Moor acredita que era seu destino casar-se com ele. O destino é um elemento importante tanto na cultura islâmica quanto na afegã. O Corão diz que Deus, que criou e equilibrou todas as coisas, há muito determinou nosso fardo e nos guia na direção do nosso destino. Nada nos acontece que não tenha sido planejado por Ele. Os muçulmanos costumam comentar que não se pode alterar o que Deus determinou. Embora eu concorde que a vontade de Deus supere a minha, também acho que a resignação feminina em relação ao destino tornou-se uma desculpa para a complacência. Talvez seja uma maneira de lidar com a impotência. Um dito menos citado do profeta aconselha: "Amarre seu camelo e *depois* deixe o resto com Deus."

As afegãs muitas vezes me dizem que eu estava destinada a me casar com Nadir, que meus pais acharam que ele fosse a melhor escolha para mim, para realizar o meu destino. Tudo, com efeito, foi predestinado. Sei que me consideram mais americana devido à minha crença no poder do indivíduo de determinar seu próprio destino. Acredito mais ainda nisso desde o meu divórcio. Até então, eu me perguntava por que Deus havia me reservado um destino tão infeliz. Achava que poderia ter tido tudo, um marido médico, filhos inteligentes, uma casa confortável, uma vida boa, mas, por dentro, me sentindo infeliz. No entanto, percebi que Deus não me condenara. Ele me munira de vontade. Ele me dera uma chance. Eu precisava aproveitá-la. Do contrário, estaria condenando a mim mesma. Também me ajudou o fato de ter estudado existencialismo na faculdade, que talvez exagerasse na ênfase sobre o papel do indivíduo. No entanto, mais tarde eu conheceria no Afeganistão uma prima, Suraya, que jamais freqüentou a escola e era analfabeta, mas que acreditava piamente na vontade do indivíduo mesmo diante da oposição unânime do restante da sua família.

CINCO

UM PAR
ADEQUADO

*Se você não se casar com uma mulher mansa, ela
não lhe dará um filho manso.*

Provérbio pashtu

QUANDO UMA MOÇA MUÇULMANA numa sociedade conservadora
atinge a puberdade, os parentes e os membros da comunidade
começam a prestar atenção nela. Uma garota ideal é bonita,
tímida, educada com os mais velhos e sabe cozinhar e costurar.
Muitas já sabem cuidar de uma casa aos 14 ou 15 anos, tendo
praticamente criado os irmãos menores e ajudado a mãe em
suas tarefas. As moças mais disputadas são as que efetivamente
assumiram a direção do lar, pois isso demonstra uma disposi-
ção para o trabalho. Embora nos Estados Unidos essas moças
também freqüentem a escola, é um pressuposto claro que a vida
familiar tem prioridade, e que os estudos um dia chegarão ao
fim, mas a família não. Espera-se que estejam em casa sempre

que não estiverem na escola e raramente se permite que tenham uma vida extra-escolar. Além do fato das famílias desejarem que suas filhas fiquem "sob a sua vigilância", existe a ameaça adicional de que não-muçulmanos exponham estas meninas inocentes a influências maléficas, como o álcool, as drogas e o sexo. Uma menina aprende que a meta de um homem é levá-la para a cama, não importa o que pareça.

Não se reconhece o amor como justificativa válida para o sexo pré-marital. Em alguns lares muito conservadores, também não se reconhece o amor como justificativa válida para o casamento. As jovens podem se apaixonar por um rapaz por ele ser bonito ou charmoso, mas o fato é encarado como paixonite juvenil. O amor maduro virá com um marido que se revele um provedor e um protetor. Com o passar dos anos e o fortalecimento do amor do casal, a mulher será grata pelo homem que escolheram para ela.

Primeiro o casamento, depois o amor. Mesmo com minha experiência, não me oponho à idéia, desde que a moça conheça o tipo de homem com quem está se casando, e desde que concorde genuinamente com a idéia. Essa é a parte difícil, pois o que é de fato concordância? Muitas famílias talvez aleguem que a filha concordou, mas quando perguntada em particular, ela costuma confessar que não queria fazê-lo. Parte do problema reside no fato de que nas sociedades tribais, como acontece com a maioria das sociedades muçulmanas, uma mulher raramente conhece outros homens que não o pai, os irmãos e os primos. Mesmo nos Estados Unidos, onde existe um bocado de exposição a potenciais pretendentes, espera-se que uma mulher permaneça leal aos desejos dos pais e não escolha uma dentre as várias possibilidades a seu alcance.

Por volta dos 16 anos, aumenta bastante a romaria de famílias à casa de uma moça, pois ela se tornou madura. Em geral, as mulheres da família do candidato a noivo visitam a família da moça. A parenta mais velha tem o papel de destaque, seguida pelas irmãs do noivo e as cunhadas deste. As crianças raramente participam dessas visitas, e as mulheres cuidam especialmente da aparência e do guarda-roupa nessas ocasiões. Tais visitas acontecem na hora do chá da tarde, e a primeira é considerada uma apresentação, mesmo que as famílias já se conheçam. Esta é provavelmente a equipe de vendas mais sofisticada que existe, em que o charme das decanas funciona como o combustível das negociações. A família do noivo elogia a moça cuja mão foi pedir da maneira mais veemente, bem como supervaloriza as virtudes do noivo. As visitas se sucedem, e dependendo da receptividade da família da moça, podem se tornar freqüentes. Se o lado do noivo percebe que existe interesse, o *lobby* prossegue, insistente, com a adesão dos demais parentes e amigos, que garantem as qualidades da família. Às vezes os parentes da moça esperam que os do noivo os visitem durante vários meses antes de aceitarem o pedido de casamento. Uma moça cujos sogros despendam muito tempo e energia nesse processo é vista como valiosa, enquanto outra que seja dada pelos pais sem mais delongas será lembrada pela família do marido, caso se comporte mal, do seu *status* inferior em sua própria família.

Uma vez satisfeita com a escolha, a família da moça se dirige à filha. É aí que as coisas ficam interessantes. Se ela concorda, diz que a decisão é dos pais, ou não expressa opinião alguma, considera-se que a idéia foi aceita. Quando a moça diz não, fica sujeita a um interrogatório, em geral intenso. Perguntam-lhe se ela tem um namorado com quem pretenda se casar ou se está interessada em alguém. Se tiver um namorado, cabe à família aceitá-lo ou não. Caso não tenha, será forçada a dar motivos para recusar a escolha dos pais. Ela pode argumentar que o noivo é velho demais ou simplesmente que não pretende se casar ainda. Vai ouvir que logo será velha demais, rejeitada, tornando-se uma solteirona como outras da comunidade, cuja sina será depender de terceiros e ficar à mercê dos irmãos e das cunhadas — que a tratarão mal —, quando os pais partirem desta vida. Vai ouvir que todas as outras escolhas possíveis já foram ponderadas pela família e descartadas, seja devido ao histórico tribal, ao histórico familiar ou aos próprios defeitos do homem. Os pais passam em revista uma lista de opções disponíveis, eliminando-as uma a uma. Todas essas opções, naturalmente, incluem homens que sejam muçulmanos e partilhem a mesma etnia e idioma. A moça acaba cedendo diante da certeza de que os pais não aceitarão nenhum outro indivíduo escolhido por ela, sob pena de ser deserdada. A menos que esteja muito apaixonada por outro, é neste ponto que ela capitula.

Costumo pensar nesse processo de levar uma moça muçulmana a concordar com um casamento arranjado como uma espécie de interrogatório. O objetivo dos interrogadores é arrancar uma confissão, quase a qualquer preço. Eles usam persuasão, ameaça, intimidação, presentes ou acordos para obter a concordância da moça. Esta, sob a pressão daqueles cujo papel sempre foi o de protegê-la, concorda em se casar. Voltar atrás após o ritual que se segue é altamente improvável. A família do noivo é avisada, e mais uma visita é feita à família da moça, a fim de oficializar a aceitação do pedido. Nessa ocasião, a família da noiva oferece doces, chocolates e amêndoas glacês em grandes bandejas com decorações luxuosas em verde e dourado. A moça em geral não aparece diante da família do noivo, permanecendo numa sala separada e recebendo a visita apenas dos membros da própria família.

A comemoração conjunta posterior é o *nikkah*, a cerimônia que vivenciei em Flushing. Em geral, um mulá local oficia o casamento, embora no islamismo qualquer pessoa possa fazê-lo. Em seguida, de acordo com o islã, o casal tem permissão para morar junto, ter filhos etc. Segundo muitas culturas, porém, é preciso que haja uma cerimônia de casamento antes disso, e é no período entre o *nikkah* e a tal cerimônia que as famílias passam a se conhecer melhor. Presentes, frutas e doces são enviados à noiva e à sua família no Eid, a festa muçulmana que ocorre duas vezes por ano. Após o casamento, a noiva é levada para o seu novo lar, que em geral é a casa dos sogros, e durante vários dias seus parentes visitam sua nova casa. Alguns dias depois do casamento, às vezes no sétimo, a noiva é conduzida à cozinha para desempenhar um punhado de tarefas simbólicas. Retira de um grande saco de estopa cheio de arroz basmati uma xícara de grãos e os despeja numa travessa, corta o pão afegão para o almoço e guarnece algum prato com sal. Isso marca o início da sua vida de mulher, a primeira de milhares de vezes em que ela vai pegar arroz do saco, preparar refeições para uma família que aumenta, até que tenha filhas com idade suficiente para ajudá-la. A decana idosa, cansada, finalmente é liberada no sétimo dia após o casamento do filho, quando o processo é vivenciado pela sua nova nora e ela é capaz, afinal, de reivindicar um papel de autoridade na própria casa.

Os casamentos arranjados são particularmente imprevisíveis porque a noiva é obrigada a morar não apenas com um homem que mal conhece, como também, em geral, com toda a sua família. As sogras esperam que as noras ajam como criadas para seu filho e seus parentes. O papel da decana cresce em importância quando seus filhos se casam e novamente quando nascem seus netos. Em vez de fazer mais, a idéia é que os mais velhos façam menos. Só então uma mulher finalmente adquire algum poder no lar, e nessa altura seu marido já morreu ou há muito ultrapassou o auge da juventude. Um número altíssimo de recém-casadas carrega o ônus de liberar suas sogras do trabalho, em vez de aproveitar a própria juventude.

Para as jovens, os casamentos arranjados competem com os casamentos por amor provavelmente em todos os países do mundo. Hoje eles são mais comuns na África e na Ásia, mas milhares deles ainda acontecem todo ano na Europa e nos Estados Unidos. O governo britânico chegou mesmo a criar uma força-tarefa para estudar o problema após receber centenas de relatórios de violência doméstica contra mulheres jovens vindas da Índia, do Paquistão e de outros países, mulheres que resistiram às tentativas dos pais de forçá-las a se casar com estranhos. O islã abordou o problema do casamento forçado declarando que um casamento sem o consentimento da mulher é nulo. Mas a tradição e a importância cultural dos casamentos arranjados, e o desejo dos jovens de se casar por amor, significam que a pressão sobre as moças para aceitá-los tende a continuar.

Para os muçulmanos nos Estados Unidos, tudo está mudando. Para alguns, como os da geração dos meus pais, são mudanças demais, rápidas demais. Eles vêem o desejo de integração dos filhos como um repúdio à sua cultura e ao islã. O que não conseguem perceber, porém, é a mudança neles mesmos, ainda que lenta. Talvez a sintam, e por isso comecem a se apegar com mais força à própria cultura e religião. Para os meus pais, parte da resistência à integração se deve ao fato de eles serem muito mais valorizados no velho estilo de vida. A comunidade afegã reconhece e respeita meu pai e outros homens como ele como devotos e líderes. Na sociedade americana, eles são anônimos e, pior, forasteiros de terras atrasadas.

O islã exerce hoje, na minha família e em outras, um papel mais importante do que jamais exerceu. Tornou-se a maneira mais confortável de manter um senso de comunidade. Os muçulmanos têm medo de ser ignorados, negligenciados, mas também temem se destacar.

Para os muçulmanos mais jovens, as mudanças costumam não ser suficientemente rápidas. Os Estados Unidos têm sido um país bom para nós, e a qualidade de vida aqui, baseada nos princípios de liberdade e democracia (que naturalmente nem sempre são respeitados), é bem melhor que na nossa terra natal. A minha geração vê a terra dos pais como Estados efetivamente falidos. Nossos pais não estariam aqui se não tivessem fracassado de alguma forma no lugar em que nasceram — devido à falta de oportunidade econômica, à tirania política ou à devastação da guerra. Muitos refugiados muçulmanos nos Estados Unidos fugiram da guerra, da revolução, da pobreza — seja no Irã, no Iraque, no Líbano, na Palestina, no Paquistão ou no Afeganistão. Também sabemos que o islamismo aprendido por nossos pais em seu país não é uma versão única e definitiva — nos Estados Unidos podemos questionar muitas verdades aceitas no mundo islâmico. No entanto, quando o fazemos, somos chamados de desrespeitosos, acusados de desgraçar nosso povo e, pior, de despertar a ira de Deus. Quando dizemos que existem outras interpretações do Corão, nos lembram da incapacidade dos ocidentais de entender o islã, bem como das tentativas por parte dos ocidentais e dos muçulmanos hereges de distorcer a palavra de Deus. Quando os pais — e não os especialistas, que discutem e esmiuçam os textos, questionando e aprendendo com isso — são os professores de religião, quase sempre passando adiante a tradição oral do islã, sabemos que haverá problemas. A própria idéia do questionamento costuma ser considerada inaceitável nessa situação, embora algumas vezes possa escapar.

— O islã é simples, é um modo de vida — dizia, com freqüência, o meu professor na *madrassa*. Tão simples, que bastava que eu fizesse o que mandavam para ganhar uma chance verdadeira de ir para o Céu. Aparentemente, ele considerava os mulás que ensinavam nas aldeias as maiores autoridades do pensamento religioso. Decorar o Corão em árabe tem muito mais valor do que lê-lo em inglês, diziam. As "autoridades" sabem, você não. Você não sabe nada. Você é uma garotinha tola. Cuidado para que ninguém convença você a fazer sexo. É nisso que as meninas muçulmanas aprendem a acreditar. Proteja sua castidade, sua honra, sua família. Mas não espere que sua família a proteja, a menos que você obedeça às suas regras.

Seguir as regras começou a me cansar depois do meu divórcio. Eu havia feito isso a vida toda, e seguir as regras foi, para começar, exatamente o que me levou a sofrer. Comecei a investigar como as moças que não seguiam as regras viviam. O que descobri foi que os pais muçulmanos haviam obrigado os filhos a cair na mentira, a se sentirem péssimos, culpados, confusos, e a levar uma vida dupla. As histórias de algumas amigas que relato a seguir não se limitam àquelas que as vivenciaram; repetem-se mil e uma vezes nas comunidades islâmicas nos Estados Unidos e talvez em todo o mundo.

Um homem árabe, que chamaremos de Hussein, namorava uma colombiana contra a vontade da sua família. Conheci a moça, e quando ela soube que eu era muçulmana me puxou para um canto, durante uma festa, ansiosa para discutir seu dilema. Como muitos muçulmanos, ele a namorava para experimentar a vida "do lado de fora", achando que talvez fizesse um casamento arranjado mais tarde, mas, no momento, considerava esse namoro divertido. Ele jamais aprovaria um namoro das irmãs, ainda por cima com um colombiano sem fé. Hussein apaixonou-se pela mulher, engravidou-a acidentalmente, mas teve medo de contar à família. Mesmo dispondo no islã do direito de se casar com ela, Hussein temia o julgamento de sua família tribal, que desaprovaria seu caso extramarital. Sabia, porém, que precisava lhes contar, porque queria que eles presenciassem sua união com a amante. Continuou a adiar o momento de lhes revelar a verdade, enquanto a barriga da colombiana crescia. Finalmente ela deu à luz um menino, e eles não se casaram nem moram junto, sendo que a mãe dele não sabe que é avó. Hussein não lhe contou até hoje, embora tenha saído de casa e alegue estar morando com amigos.

Doonya tem 18 anos, cursa o primeiro ano da faculdade e mora com os pais. Embora não descarte um casamento arranjado, sua família lhe deu a opção de conhecer um bom rapaz muçulmano na universidade e casar-se com ele depois de formada. Espera-se que continue morando com a família até o casamento e compareça aos eventos familiares e religiosos. Espera-se que ela reze cinco vezes por dia, vista-se com recato, mas não que use o *hijab*. Doonya faz parte da Associação de Alunos Muçulmanos de sua universidade. Só que Doonya tem uma outra vida. Quando diz aos pais que vai passar a noite no quarto de uma amiga para estudar, na verdade fica com o novo namorado. Freqüenta festas na faculdade, bebe e curte uma típica vida universitária americana. Doonya me contou que "deseja mudar", mas não tem certeza sequer de querer ser muçulmana. Sempre se sentiu oprimida, e em lugar de abandonar a religião, optou por permanecer muçulmana para agradar à família. Além disso, não pretende se converter a nenhuma outra religião. Antes acreditava no islamismo e talvez um dia volte a praticá-lo.

Talvez os muçulmanos tribais tenham razão quando vêem na universidade, ou na instrução em geral, uma ameaça ao seu poder. Algumas moças são tiradas da escola quando atingem a puberdade, mesmo nos Estados Unidos, onde isso é ilegal. Conheço alguns casos em que as meninas que foram tiradas da escola se casaram mais tarde com homens que os pais importaram da terra natal. Chamo esses homens de "importações baratas". São considerados mais puros porque não tiveram experiências "americanas" com mulheres. Antigamente as mulheres é que eram importadas devido à sua pureza, mas agora, para as afegãs residentes nos Estados Unidos, é difícil encontrar maridos, pois os afegãos as consideram demasiado "esclarecidas". Elas então descobriram ser possível importar maridos do exterior, desesperados não apenas por uma esposa, mas pela vida nos Estados Unidos.

Os pais acreditam que na escola suas filhas terão "liberdade demais" e serão convencidas pelos rapazes a fazer coisas feias. Só falar com eles já é ruim o bastante. No segundo grau, meninas afegãs se afastam dos rapazes assim que deixam o prédio da escola. Eu ficava histérica quando um colega que morava no meu prédio puxava conversa enquanto esperávamos o elevador. Se um afegão passava por nós, eu tinha de fingir que não me sentia bem e me curvar apertando a barriga, esperando que o espanto calasse o rapaz até o afegão ir embora. O simples fato de ser vista na companhia dele levantaria suspeitas nos meus vizinhos afegãos, que talvez pensassem se tratar de um namorado. Foi quando morávamos naquele edifício, e eu era adolescente, que a minha mãe me aconselhou a usar a blusa para fora da calça, de modo que ela cobrisse a minha bunda. Às vezes, eu a punha de novo para dentro da calça já na hora de sair, escondida na escada do nosso prédio, torcendo para não topar com um eventual apressadinho que não pôde aguardar o elevador. Depois, corria para a porta e dobrava o quarteirão, fugindo da rua principal.

Esperavam também que eu não usasse maquiagem alguma, dever que cumpri até o meu *nikkah*. Fui estimulada pelas garotas que já se maquiavam a fazer o mesmo. Afinal, tecnicamente casada, eu era uma adulta. Assim, comecei a levar meu lápis labial para a sala de aula e a me maquiar toda manhã no vestiário do ginásio. Fazer o contorno dos lábios e preenchê-lo com o brilho amarronzado me dava a sensação de ser linda. Moor, porém, não me deixava pintar os lábios na frente dela. Dizia que as moças não deviam usar maquiagem até estarem morando com seus maridos. Quando a aula acabava, eu ia para o banheiro e limpava o rosto com um lenço de papel umedecido.

Todas essas coisas, a maquiagem secreta, mudar a aparência a caminho da escola e esconder as minhas conversas com rapazes, por mais inocentes que fossem, alimentaram o mito da "minha pequenina Masuda". De vez em quando eu me pegava pensando no absurdo de tantas "mentirinhas", mas me habituei a elas como um modo de vida. Quando tentei ser honesta e explicar à minha mãe que eu precisava me maquiar porque meninas da minha idade simplesmente tinham que fazer isso para não parecerem pálidas, não consegui convencê-la. Havia pouco espaço para a persuasão, de modo que aprendi a não pedir permissão, mas, sim, perdão, caso fosse pega.

CRESCI ACHANDO QUE O AMOR era a pior coisa que poderia me acontecer. Ele me faria criar laços, logo, perder o pique em outras áreas, e arruinaria a minha chance de perseguir os meus sonhos. O amor era, em geral, o que levava as boas moças a abrirem mão da virgindade. A virgindade é altamente louvada, tanto no Corão como na Bíblia. O Corão diz que Maria, a mãe de Jesus, foi "escolhida acima das mulheres de todas as nações", porque "guardava sua castidade". Por ser recatada, Deus "fez dela e de seu filho um Sinal para todos os povos". Talvez meu objetivo principal enquanto crescia tenha sido proteger a minha virgindade, e assim, a minha pureza. Tirar boas notas, cumprir minhas obrigações, rezar, obedecer aos meus pais — todas essas eram metas válidas, mas pouco sentido fariam se eu não fosse pura. Ainda assim, às vezes eu achava que poderia engravidar mesmo sendo virgem. Ou seja, já acontecera, não? Por que não aconteceria de novo? Era totalmente possível. Morando no Brooklyn e no Queens, a ameaça de estupro me assombrava. Eu preferia morrer a ser estuprada. E se algum dia fosse violentada, eu achava que cometeria suicídio. A idéia de perder a minha virgindade para um amante antes de me casar estava fora de cogitação. Eu jamais permitiria. Na verdade, nem conseguia imaginar uma situação em que amasse tanto um homem a ponto de permitir que ele fizesse isso comigo. A idéia de uma garota consentir em fazer sexo antes do casamento significava ter sido enganada. E se deixar tapear significava ser burra. Segundo o estereótipo vigente entre os afegãos, "suas" moças normalmente não eram tapeadas, mas as "brancas", sim, com freqüência. Isso porque a sua estrutura familiar em geral não era forte o bastante para lhes ensinar a serem "espertas". Na verdade, suas famílias também eram "burras", quanto se tratava desse assunto.

De modo geral, a idéia do sexo me era bastante repulsi-va, mesmo na adolescência. Parecia primitiva e animalesca demais. Meu primeiro contato com o sexo foi sob um ponto de vista científico, em fotos e vídeos mostrados na escola e na tevê pública, a que eu assistia escondida quando não havia ninguém em casa. Aprendi sobre — e vi — esperma, óvulos e todo o processo reprodutivo, desde os ovários e o escroto até o desenvolvimento do embrião.

Uma vez, na aula de Ciências, na oitava série, nos mostraram um vídeo do interior do canal vaginal e, em câmera lenta, vi a ejaculação masculina dentro de uma mulher. Era um pornô científico. Lembro de cada detalhe. Em não mais que quatro segundos de câmera lenta, mudei para sempre. Eu havia testemunhado uma relação sexual a partir da perspectiva mais íntima: de dentro da vagina de uma mulher! Fiquei hipnotizada. Estava pensando em como gostaria de ver de novo, quando o professor disse:

— Vamos ver outra vez!

Ele rebobinou a fita e assisti novamente, dessa vez gravando tudo na cabeça, de modo a poder rever quantas vezes quisesse. Ela estava sendo furada. Só a idéia me deu arrepios. Dali em diante, eu reveria mentalmente esses quatro segundos toda vez que me sentisse de saco cheio, no casamento ou cumprindo alguma tarefa.

EMBORA EU NÃO CONCORDASSE necessariamente com muitos pais e mães afegãos quanto à total diferença entre o desejo juvenil e o amor no casamento, acredito que os rapazes muçulmanos muitas vezes confundem paixonite e desejo com amor, porque a experiência que têm não basta para que tirem conclusões. Mais vezes do que muitos acreditariam, ouvi muçulmanos proclamarem seu "amor" por mim, mesmo quando me conheciam há poucos minutos.

Aconteceu em Paris. Fiquei surpresa ao ver o *jalebi* cor de laranja, estriado de fios de caramelo, na vitrine de uma loja próxima ao meu hotel, que também servia *panini* e comida grega. Seduzida pela familiar visão alaranjada brilhante, típica das lojas indianas e paquistanesas de Nova York, entrei para comprar alguns. Perguntei ao balconista se ele era muçulmano e quando ele respondeu que sim, confessei que também era.

— Muçulmana dos Estados Unidos! — exclamou ele. — É a primeira vez que conheço uma.

Imediatamente foi até os fundos da loja e pegou um lenço branco novinho, que me deu, pedindo que eu voltasse no dia seguinte para pegar um exemplar em inglês do Corão. Encantada com a sua gentileza, sentei-me para almoçar enquanto seu amigo egípcio espreitava a presa. O amigo se sentou em frente a mim, um quarentão com uma barriga respeitável. Enquanto eu comia, perguntou-me de onde eu era, onde morava a minha família.

— E se nos casássemos? — perguntou, abrindo um sorriso que revelou dentes manchados de nicotina.

— Não, acho que não — respondi, nervosa.

— Por quê? Eu te amo — argumentou, sugerindo que sua afeição por mim significaria que o nosso casamento seria considerado uma união de amor.

— Lamento, não dá. Eu nem o conheço.

— Mas pode vir a conhecer, pode passar algum tempo comigo. Eu lhe mostro Paris e depois nos casamos.

— Não. Preciso voltar para a casa dos meus pais.

— Podemos visitar seus pais, sem problema.

— Acho que não sou a pessoa ideal para você.

— Por quê? Você é linda! As afegãs são tão lindas...

— Você não seria feliz comigo. Não sou muito legal.

— Por quê? Por quê? — insistiu, preocupado com a minha baixa auto-estima.

— Adoro festas.

— Eu também adoro festas!

Não havia escapatória. Nada que eu dissesse iria fazê-lo entender. Repeti que não era uma boa pessoa, uma boa muçulmana, que tinha medo de lhe causar vergonha. Acabei meu sanduíche, e ele insistiu para que eu anotasse seu telefone enquanto me acompanhava até a porta. Eu viria a ter experiências similares com vários afegãos e paquistaneses.

Curiosamente, embora eu fantasiasse me casar com um afegão, jamais encontrei um que me satisfizesse. Havia sempre uma tensão conservadora em todos eles.

Tomando chá preto com cardamomo num restaurante iraniano, eu e algumas amigas afegãs recordamos nossos antigos desacertos com rapazes afegãos.

— Namorei um durante quatro anos — disse Farishta, virando-se para Meena, que me fitava, querendo ver a minha reação.

— Ao menos você namorou alguém — comentei sorrindo para deixar Farishta à vontade.

Nunca namorei um afegão, embora tenha sido casada com um durante quase quatro anos. Todas prenderam a respiração por um segundo e a soltaram em uníssono depois que sorri novamente e levei a xícara aos lábios. Farishta prosseguiu dizendo que tinha muitos amigos afegãos, homens educados, modernos e bonitos.

— Mas não me vejo mais namorando um deles.

Pensei nos rapazes afegãos que conheci em vários eventos comunitários, casamentos, jantares e na escola. Alguns eram mesmo umas gracinhas, mas nunca ousei me abrir demais a eles. Nós nos conhecíamos, mas havia uma barreira invisível de respeito que nenhum de nós jamais cruzou.

Certa vez, no segundo grau, conheci irmãos gêmeos, filhos de um importante diplomata afegão cujo avião foi alvejado no Afeganistão quando ele visitava o país durante o regime talibã. Carmen, minha amiga colombiana, me contou que estava a fim de um garoto. Na hora do almoço, apontou para alguém no refeitório, e segui com os olhos a linha imaginária traçada pelo seu dedo, que ia dar num dos irmãos.

Na mesma hora senti ciúmes. Era como se eu tivesse alguma chance com um deles porque eram afegãos. Nunca disse nada a Carmen, mas acreditava sinceramente que ela não tinha direito àqueles homens. Não, eles estavam reservados apenas para boas afegãs.

Nunca paquerei nenhum dos garotos afegãos que conheci na escola. Era muito tímida para isso e também tinha medo de ser pega. Uma vez, vi um dos irmãos no corredor com um livro azul de matemática na mão. O meu já era mais adiantado — vermelho —, e disse a mim mesma que nenhum dos irmãos servia para mim por serem menos inteligentes que eu. Eu queria um cara inteligente, viajado, que soubesse mais matemática que eu. Mas continuei louca de curiosidade a respeito dos gêmeos. Queria saber onde moravam, se a mãe era elegante, instruída, e se eles sabiam realmente quem eu era. Mas nunca troquei uma palavra com eles no segundo grau. Só viria a encontrá-los novamente no aeroporto em Cabul, sete anos mais tarde, quando fomos atraídos para lá pela força de nossas raízes.

Meena, dissimuladamente calada, entrou afinal na conversa.

— Namorei um rapaz durante alguns anos também. Mas não deu certo. Ele era muito possessivo.

Todas concordamos que existe algo em todos os afegãos que praticamente impossibilita um relacionamento romântico.

— Será que todos eles são tão possessivos assim? — pensei em voz alta.

Embora muitos talvez fossem, não conseguíamos definir o que os tornava "não-namoráveis". Mesmo os muçulmanos jovens e instruídos que poderiam se adequar ao meu estilo de vida sempre pareciam emitir algum sinal de alerta.

Antes eu acreditava que havia me tornado "cabeça fechada" e adepta do provérbio afegão que diz: "Depois de se queimar com leite (quente), você sopra iogurte." Descobri, porém, que muitas muçulmanas tiveram problemas com os muçulmanos que namoraram. Na verdade, até as não-muçulmanas que namoraram muçulmanos enfrentaram a questão da possessividade e do controle em seus relacionamentos. Claro que existem exceções, mas por que os homens são assim? Esta é uma pergunta que ainda não consegui responder. Talvez seja uma característica de determinadas personalidades. Mesmo assim, creio que essa característica é mais comum entre os homens muçulmanos.

Uma explicação é que os homens muçulmanos que conheci vêm de culturas em que as mulheres ainda são vistas como donas de um papel doméstico específico e restrito, em que a honra é altamente valorizada pela família e pela comunidade e onde há pouca diversidade, tornando a maioria das mulheres injustamente uniforme na cabeça masculina. Vergonha e honra talvez sejam os dois valores que praticamente aniquilaram a capacidade das mulheres de agir como cidadãs plenas em muitas comunidades muçulmanas. Em pequenas doses, esses valores promovem a moralidade e a ordem, mas levados ao extremo, como geralmente acontece, arruínam a vida das mulheres. Tudo, desde a aparência física e a maneira de vestir até o contato com outros se transforma na essência da identidade para uma família. Talvez o maior temor de pais e mães muçulmanos seja que os homens possam "convencer" a filha a abrir mão de sua virgindade, algo que não apenas irá macular a honra da família, mas também fará da moça um bem defeituoso que eles terão dificuldade para casar. As moças em geral são vistas como um risco, ou um risco potencial. Assim, como bombas-relógio prestes a explodir e lançar a vergonha sobre suas famílias, elas são rapidamente casadas.

Outro importante rito de passagem para mim e minhas irmãs, no processo de crescimento, foi assistir a funerais islâmicos. A primeira vez que me lembro de ter visto meu pai chorar foi quando recebeu a carta que o informou da morte da mãe, o terceiro dia mais importante da vida da minha avó. Ele chorou como uma criança, e desejei ser *eu* a mãe dele. Embora nutrisse esperanças de trazê-la para os Estados Unidos para morar conosco e receber atendimento médico, ele ficou aliviado por ela ter morrido em um país islâmico e ter sido enterrada em solo islâmico. Os muçulmanos acreditam firmemente na importância de ser enterrado em terra islâmica, de preferência na que nasceram. Se não for possível morrer nesses lugares, esperam ao menos ser enterrados lá. Sempre achei fascinante lutar tanto para ser enterrado em um determinado local. Quando se está morto, que diferença isso faz? Além do mais, fica mais difícil para os entes queridos visitar seu túmulo quando se está enterrado tão longe. Eu gostaria que a minha família se lembrasse de mim visitando minha sepultura.

A melhor maneira de partir é em Meca, na peregrinação. Uma afegã idosa, que morava em Nova York com o filho deficiente mental, morreu no dia em que chegou a Meca. Foi considerada uma mulher de sorte, recompensada pelos sofrimentos que enfrentou na vida e já a meio caminho do Céu. A morte de alguém costuma acarretar uma forte reação emocional, principalmente nas mulheres que são parentas próximas. Mesmo numa cultura que se orgulha da honra e do recato de suas mulheres, elas têm permissão (e até mesmo incentivo) para fazer coisas meio reprováveis, como gritar, berrar, bater em si mesmas e rasgar as próprias vestes. Isso é sinal de uma angústia extrema, e uma forte reação emocional indica um alto grau de amor e dor. Além disso, perpetua a idéia de vitimização.

No entanto, as mulheres mais reservadas e discretas ainda são consideradas muito fortes. A notícia da morte se espalha depressa, e espera-se que todos os mais velhos façam visitas. Os funerais são famosos pelo alto custo, não os custos do enterro propriamente dito, como no Ocidente, mas os de receber um grande número de visitas durante três dias de luto. Quando a mãe de Moor, ou a "outra mãe", como eu a chamava, morreu, a tradição impôs que as jovens da família cozinhassem e servissem os convidados. Algumas vezes, estes também ajudavam, e mesmo depois dos três dias de luto, amigos e parentes continuaram mandando refeições lá para casa, para poupar mamãe de cozinhar. A maioria dos nossos parentes morreu no Afeganistão ou no Paquistão, o que significa que cumprimos o ritual do funeral lendo o Corão e celebrando o luto com a parte da família residente nos Estados Unidos, mas só quando a mulher do meu tio, Khanum Jana, morreu, nos coube a responsabilidade de providenciar todo o necessário para um enterro muçulmano nos Estados Unidos.

Khanum Jana era uma muçulmana convicta. Havia passado maus pedaços na vida, e o islamismo a conservara forte. Sua vida fora destroçada na idade adulta durante a guerra afegã-soviética, tendo perdido dois filhos na luta pela independência do Afeganistão. Restando-lhe apenas um filho homem, ela fugiu para os Estados Unidos. Uma das filhas enviuvou jovem e, juntamente com os filhos pequenos — um menino e duas meninas —, foi morar com a mãe. As duas meninas estavam na flor da adolescência quando me ajudaram nos preparativos para o meu casamento no Paquistão. Elogiaram o meu perfume, disseram como era bom ter uma prima como eu e ganharam de mim, escondido, esmaltes e prendedores de cabelo que faziam parte da coleção que meus sogros me haviam dado. Uma delas vivia se queixando de dor de cabeça, sentada no quarto apertando a cabeça com as mãos. Achei que fossem enxaquecas, mas provavelmente eram sintomas de algo mais sério, porque descobri que ela morreu pouco depois que deixamos o Paquistão. De início, Moor escondeu a notícia de mim, como costumam fazer as famílias quando podem evitar contar. Mas não foi possível levar muito longe a omissão, pois eu quis falar com as minhas primas no telefone. Khanum Jana vira a neta morrer diante dela. Os médicos consultados disseram nada poder fazer para aliviar aquela dor extrema.

Khanum Jana morreu apenas dois anos depois de chegar aos Estados Unidos, tendo se recusado durante muito tempo a morar na terra de infiéis. Permaneceu o máximo que suportou no Afeganistão, a pátria pela qual seus filhos haviam morrido. No entanto, não pôde agüentar as cruéis condições de vida e não lhe restava qualquer membro masculino da família no Paquistão, pois os Estados Unidos haviam sido o país onde o filho remanescente começara a vida, casando-se com uma noiva arranjada por Moor que lhe deu quatro filhos. Khamum Jana rezava cinco vezes por dia, recusava-se a ver televisão e desviava os olhos quando os netos se divertiam com os "infiéis na caixa". Era obcecada por infiéis, com os quais praticamente não tinha contato já que pouco saía de casa. Dizia aos netos para se manterem longe deles, como se fossem sujos; isso me irritava, mas Khanum Jana já passara da idade da razão. Os netos já reviravam os olhos em zombaria enquanto concordavam com a cabeça.

O marido de Khanum Jana, Gran Agha, irmão muitos anos mais velho de meu pai, também era muito conservador. Devido à grande diferença de idade e ao fato de serem ambos filhos da mesma mãe (meu avô teve duas esposas), Gran Agha foi um pai para o meu pai. Papai conta que ele lhe dava broncas tão sérias enquanto lhe ensinava a ler o Corão, que meu avô, depois de repreender Gran Agha, começou ele mesmo a ensinar o Corão ao meu pai. Moramos com Khanum Jana e Gran Agha em Kandahar quando eu era pequena. Moor fala da severidade do cunhado e do medo que ela e Khanum Jana tinham dele. Até hoje uso o *hijab* em sua presença, ainda que ele saiba que normalmente não me cubro. Acho que gosta de me ver usá-lo quando está por perto, como se ainda exercesse alguma influência sobre os seus parentes, influência que diminuiu muito após a morte de Khanum Jana.

Meus pais sentiam que Gran Agha já se suavizara, e a morte de Khanum Jana lhe trouxe uma grande humildade. Gran Agha ficou muito fragilizado depois de levar uma surra a caminho de uma mesquita afegã em Flushing numa manhã antes do nascer do sol. Voltou para casa com sua alva camisa comprida ensangüentada devido a um soco no nariz. Não tinha dinheiro algum com ele e como não falava inglês, não foi possível saber com certeza o objetivo dos covardes que o agrediram. A polícia não conseguiu localizar os culpados, mas para Gran Agha aquilo equivaleu a uma mensagem de que gente como ele não era bem-vinda na vizinhança, e passou vários meses sem ir à mesquita. Foi uma das poucas vezes na vida em que me deu vontade de entrar para a polícia nova-iorquina. Eu queria proteger de alguma forma as pessoas que amava.

Khanum Jana morreu de infarto, e embora tenha sido levada para uma casa funerária, o local seria apenas uma escala, e a família se encarregaria de preparar seu corpo para o sepultamento. Moor ligou para as mulheres mais velhas da comunidade, capazes de orientar o processo e ajudar a realizá-lo. Para elas, essa ajuda era vista como um dever, tarefa a ser premiada por Deus. Embora a nora de Khanun Jana tenha desmaiado ao ver o corpo, Moor achou que eu devia aprender a executar os preparativos para um enterro muçulmano, e me levou com ela para a sala onde o corpo jazia sobre uma mesa. Segundo me disse, todo indivíduo precisa lavar três corpos na vida para cumprir seu dever. Perguntei a mim mesma se Moor queria me preparar para o dia em que tivesse que fazer isso por ela. Moor pensava assim. Chegou a chamar Sara também, mas minha irmã tinha apenas 16 anos na época. Na sala já se encontravam duas mulheres afegãs mais velhas, e Khanum Jana jazia ali, descoberta, com a pele meio amarelada, o corpo rígido. Não senti emoção alguma diante daquele corpo. Talvez eu tenha sido capaz de lidar com ele porque o imaginei como parte do cenário de um filme. Debatemos rapidamente a estratégia da lavagem, depois despejamos sobre o corpo água vinda da mangueirinha opaca que havia na pia, esfregando a pele, que era lisinha e parecia muito jovem, ainda que Khanum Jana já tivesse setenta e muitos anos. Anotei mentalmente o lembrete de jamais fazer uma tatuagem, porque, por mais legal e discreta que fosse, quando morta, meus entes queridos mais próximos a veriam.

Por ser jovem e forte, recebi o encargo de segurá-la de lado enquanto as mulheres mais velhas lhe lavavam as costas. Envolvi o cadáver rígido com meus braços enquanto as outras, sem saber manejar direito a mangueira, espirraram a água que lavava o corpo morto em cima de mim. O saco plástico que eu estava usando para me proteger não me cobria inteiramente. Tive vontade de tomar imediatamente um banho, de tirar da pele a água da morte. Menos um. Ainda faltavam dois, antes que a morte se instalasse definitivamente na minha pele.

SEIS

UMA KANDAHARIANA PURA

A sorte é como um oleiro — molda e quebra;
Muitos, como você e eu, ela criou e destruiu.

Abdur Rahman, poeta afegão

SOB A PESADA BURCA, sentia um calor infernal, sentada no banco de trás do táxi trepidante. Eu não tinha certeza se estava ou não gostando do vento que entrava no carro, pois ele trazia consigo partículas de pó que tinham cheiro e gosto de cimento. Era a primeira vez que eu pensava em poeira como algo limpo. Totalmente estéril, mas ainda assim parte da paisagem natural. No entanto, a música afegã tradicional que tocava no táxi me animava. Era como uma mistura festiva de acordeão e *tablas* — ou tambores de pele — em que os homens batucam com o lado da mão e as pontas dos dedos.

Nossa viagem de Quetta, no Paquistão, até a fronteira do Afeganistão havia começado ao amanhecer. Estávamos no final de julho de 2001, algumas semanas antes do atentado terrorista nos Estados Unidos. O Afeganistão ainda era um país esquecido. Escondida sob vestimentas que me ocultavam, fazendo-me passar por qualquer outra afegã, eu entraria, furtivamente, na minha cidade natal, Kandahar, pela primeira vez desde que minha família fugira da invasão soviética quando eu tinha quatro anos.

Poucos meses antes, meu tio Jan Agha decidira levar a mulher, Lailuma, e os três filhos homens para visitar o irmão e outros parentes em Kandahar. Tia Lailuma era a irmã caçula de Moor, uma segunda mãe para mim. Por estar muito satisfeita com a minha mãe, a família do meu pai resolveu colher na mesma árvore quando arrumaram um casamento para Jan Agha. Em pashtu, Jan Agha significa "querido pai". Este não era o seu verdadeiro nome. Afegãos mais velhos costumam ser chamados de "pai" até mesmo pelos filhos de outros homens, com o acréscimo, em geral, de um termo afetuoso, como "querido", "flor", "doce" ou "pequeno".

Lailuma comparecera ao meu casamento em Karachi, passando dias e noites conosco em nosso apartamento alugado. Na época, ela morava no Paquistão com os pais de Jan Agha. De todas as parentas que passaram aquele período lá em casa, ela foi a mais prestativa, a mais carinhosa. Cozinhou, faxinou e serviu o restante da família, mesmo quando todos estavam cansados e fugiam das tarefas que precisavam ser cumpridas. Moor e eu passávamos a maior parte do tempo fazendo compras para o casamento, enquanto tia Lailuma cuidava das minhas irmãs menores e da casa. No dia do casamento, todo mundo foi ao cabeleireiro, mas tia Lailuma não, a fim de assegurar que nada me faltasse naquele dia. Moor disse que quando finalmente partimos de Karachi, deixamos tia Lailuma com olheiras fundas e escuras, devido ao cansaço e à falta de sono. Eu me sentiria bem viajando com tia Lailuma e Jan Agha. Como uma mãe, Lailuma me protegeria.

A decisão de visitar o Afeganistão controlado pelo Talibã, mesmo com Lailuma e Jan Agha, não fora fácil. Apenas algumas semanas antes, eu me achava nas areias muito mais convidativas da praia de Malibu, vislumbrando um futuro bem diferente. Tinha pedido inscrição na faculdade de Direito Pepperdine no inverno anterior e fora aceita. Visitei seu *campus* no alto de uma colina, de onde se tinha uma vista fantástica do sol, da areia e da límpida água azul do mar do sul da Califórnia. Na minha cabeça, Pepperdine era o portão de entrada para uma magnífica carreira no mundo do Direito do entretenimento e comercial. No entanto, quando ouvi falar da viagem de Jan Agha para visitar a família em Kandahar, não consegui mais parar de pensar como seria enfrentar minhas raízes e, quem sabe até, investigar a vida em Kandahar e descobrir uma forma, qualquer que fosse, de ajudar as pessoas dali, cuja contínua agonia eu descobrira através da minha família e dos jornais. Isso era algo que ultimamente não me saía da cabeça, e troquei Los Angeles pelo Afeganistão.

Desde que me entendo por gente, ouvia meus pais falarem de Kandahar como um lugar tranqüilo, com primaveras verdejantes e poucos problemas — uma utopia simples. Kandahar é famosa por seus suculentos damascos, melões, figos e romãs. Afegãos de outras cidades costumam comentar sobre as fantásticas romãs que provaram em Kandahar, dizendo que comê-las é como morder uma bola cor de rubi. Lá eu veria mães darem a seus filhos aquelas romãs rubras, apertando-as até estourá-las nas boquinhas das crianças, espalhando o sumo vermelho-escuro por suas papilas gustativas. Para mim, as romãs são o símbolo da vida boa em Kandahar. Nos nossos primeiros anos no Brooklyn, era difícil encontrá-las para comprar, mas quando meu pai certa vez descobriu-as em Chinatown, foi como reencontrar um tesouro perdido. Foi para mim uma surpresa ver o suco de romã se tornar popular em Manhattan em 2004, quando as *delicatessens* e armazéns locais ficaram abarrotados de uma famosa marca de suco dessa fruta.

Meus pais falavam dos passeios da família a uma fazenda-pomar que o meu avô tinha. Lá, colhiam maçãs e laranjas com um perfume tão intenso e uma cor tão fulgurante que arrebatavam qualquer um, como se fossem drogas. Eles falavam de como era picante o sabor das laranjas quando se punha um naco delas na boca, e como aquele néctar doce escorria pelos espaços entre os dedos molhando entre as juntas e descendo pelas costas da mão.

No calor do verão de Kandahar, meu pai chegava para almoçar vindo da escola feminina local, onde ensinava química. Moor lhe preparava uma boa refeição, arrematada por uma bebida afegã feita de iogurte liquefeito, menta e cubos de pepino. Este suco meio amargo é uma das especialidades para aliviar o calor, mas também tem a fama de pôr quem o toma para dormir. Assim, após o almoço, todos dormíamos, ali mesmo na sala, com os pratos ainda na mesa. Aquilo, sim, é que era bom. Os americanos às vezes torcem o nariz para a idéia de comer uma boa refeição e dormir em seguida, mas no Afeganistão isso é parte do estilo de vida.

Na memória da nossa família, a vida ali era perfeita. Agora, quase vinte anos depois, eu veria com meus próprios olhos. Estava ansiosa para almoçar à moda afegã.

Enquanto inspirava a poeira que o vento levantava da estrada esburacada, tentei imaginar a nossa casa na antiga cidade de Kandahar. Tinha uma vívida lembrança de andar em círculos no quintal, na garupa do triciclo do meu irmão. Estava ansiosa para visitar novamente aquele que fora o meu lar. Ali poderia sentir melhor que em qualquer outro lugar o gosto da vida de meus pais. Queria ver de novo a cozinha, de modo a poder imaginar mamãe como uma jovem de vinte e poucos anos, exatamente como eu era agora, as pálpebras dos seus olhos lisinhas, sem o sombreado marrom-claro que atualmente tingia as rugas.

EU ME LEMBRO DE ACORDAR cedo uma manhã — dizem que eu tinha dois ou três anos — e descobrir que Moor já não estava mais ao meu lado. Fiquei de pé à porta do nosso quarto e olhei para o outro lado do quintal, vendo a fumaça subir da cozinha. Nossa cozinha tinha o formato de uma casquinha de sorvete de cabeça para baixo, com a parte superior cortada para permitir que a fumaça saísse e pairasse sobre a terra. As paredes pareciam massa passada na farinha. Dava para sentir o cheiro do pão. Moor estava na cozinha fazendo pão ao nascer do sol, como muitas vezes acontecia. Apertava a massa na palma de uma das mãos, depois na outra. A massa virava um círculo maior e mais fino. Quando atingia a espessura ideal, ela a jogava no *tandoor*, um forno de ferro aquecido a carvão.

Meu pijama tinha o mesmo estilo das roupas que eu usava o resto do tempo. Como qualquer mulher, sob o vestido eu usava uma *kootana*, uma calça folgada branquíssima. Por cima, vinha uma saia rodada que chegava quase aos joelhos, como a de uma princesa. O tecido era da cor do leite em pó que Moor preparava para mim. Havia flores salpicadas por todo aquele oceano de pano branco de que era feito o meu vestido, algumas sisudas florezinhas amarelas do tamanho da unha do meu dedão do pé, e outras marrons, que me davam uma aparência sensata. Mulheres mais velhas que a minha mãe, que já haviam chegado à idade em que podiam se permitir abandonar a maquiagem e os sutiãs, só usavam vestidos de determinadas cores, as que lhes fossem adequadas. Nada forte como vermelho, verde ou cor-de-rosa. Apenas azul-marinho, preto, branco ou marrom, como as minhas flores. Estas eram as mulheres sensatas. Todos as ouviam. Moor me mandava calar a boca quando elas falavam.

Quando avancei para ir ao encontro da minha mãe, pisei na pontinha do tapete, e senti o chão rispidamente frio contra a sola do pé. A sola dos pés de mamãe eram secas e rachadas. Quando criança, nos Estados Unidos, eu ficava olhando as rachaduras ressecadas no calcanhar e na sola dos pés dela, imaginando o que deviam ter enfrentado. Moor sobrevivera. Chegara longe. Por isso tinha rachaduras nos pés. Quando a sola do meu pé encostou no chão, o frio da pedra foi como uma queimadura, como um choque elétrico que subiu pelo meu corpo. Moor sempre dizia "ei", para me impedir de tocar em alguma coisa. Certa vez, eu encostei o dedo no ferro quente, fazendo brotar uma pequena e dolorosa bolha. Na hora, soltei um "ei" e gritei "Moooor!". Pelo que me lembro, esperei um tempão até que ela atendesse ao meu pedido de atenção.

Enquanto seguíamos pelo lado direito da única estrada que passava pelo lendário Passo Khojak do Paquistão, serpentando uma cadeia de montanhas que chegam a dois mil metros de altura, lembrei-me de ter passado por ali na direção oposta, aos quatro anos de idade, quando fugimos de Kandahar para o Paquistão. Para os afegãos, a palavra *khojak* significa "trapaceiro" em pashtu. Milhões de afegãos como nós, inclusive vários parentes, fizeram essa rota perigosa para o Paquistão a fim de escapar do Exército Vermelho. No mês em que nasci, abril de 1978, houve uma revolução que matou cerca de duas mil pessoas, liderada por comunistas afegãos que usaram tanques e bombardeiros de fabricação soviética. Depois que os rebeldes afegãos baseados no Paquistão começaram a retomar as terras dos comunistas, a União Soviética mandou milhares de homens, tanques e bombardeiros para atacá-los. Os invasores soviéticos e a força aérea afegã comunista bombardearam pesadamente Kandahar antes de partirmos, e os *mujahidin*, ou "guerreiros sagrados", assumiram várias vezes o controle da cidade. Em 1983, dois terços da população já fugiram ou foram mortos, e nesse ano chegamos aos Estados Unidos.[1] Muitos dos prédios não eram mais habitáveis.[2]

Nos meses que antecederam a nossa partida, era comum eu encontrar marcas de balas no muro do quintal ao acordar. Todas as casas em Kandahar, e é bem possível que em todo o Afeganistão, têm buracos de bala em seus muros. Lembro-me de ouvir o tiroteio à noite e ter a sensação de que a nossa casa encolheria sobre nós de tanto medo das balas. Uma vez, ao chegar em casa com Moor, vimos soldados soviéticos esmurrando a porta. Estavam lá para revistar a casa, procurando homens para se alistarem no exército do governo comunista afegão. Minha avó, que estava sentada numa esteira no quintal quando eles chegaram, lhes disse que não podia se levantar por causa da artrite nas pernas. Eles revistaram a casa e foram embora. A história se tornou uma lenda familiar: como vovó pôs para correr os soldados com suas queixas de velha. Outra vez, Moor estava dando banho no meu irmão mais velho numa banheira colocada no meio do quintal, quando de repente ouviu um zumbido estridente cortar o ar e o ronco de jatos soviéticos se aproximando. Desatou a correr e entrou na casa. O choque foi tão grande que só quando parou para tomar fôlego ela se lembrou de ter esquecido meu irmão dentro da banheira no meio do quintal! Àquela altura os jatos já haviam passado, mas Agha até hoje se diverte implicando com ela sobre o incidente.

Eu estava ansiosa. Meus pais não pensavam em voltar porque sentiam que o país ainda era perigoso demais. Na verdade, o Afeganistão era agora mais seguro do que em qualquer outro momento desde que nasci. Após expulsarem os soviéticos, os *mujahidin* entraram em guerra uns contra os outros, matando centenas de milhares de pessoas. A chegada do Talibã, embora lamentável devido às suas atrocidades, bem como ao seu apoio ao terrorismo, tornara o país relativamente seguro ao pôr fim à boa parte das lutas e impor leis severas. Esta era a primeira vez que eu ouvia falar de afegãos da diáspora voltando para visitar a família. E embora não tivessem vindo, meus pais sentiram que era um risco calculado para mim. Desde que eu obedecesse às regras, escaparia ilesa. Também tinham a esperança de que, visitando a família, eu me tornasse mais humilde e menos interessada na cultura americana, ou, no final das contas, uma muçulmana melhor. Temiam que minha experiência negativa com um casamento arranjado fizesse com que eu me distanciasse da cultura afegã e, por isso, viam com bons olhos qualquer contato com ela.

Embora tivesse mão dupla, em certos pontos a estrada estreita e cheia de curvas que atravessava a montanha permitia a passagem de apenas um veículo. Ainda me lembrava de olhar pela janela do táxi quando criança e ver, à distância, a vastidão da terra sob nossos pés. Foi a primeira vez que olhei para baixo do alto de uma montanha. O tempo todo achei que cairíamos no precipício. Mais tarde soube que meus medos não eram infundados. Todo ano morre gente em quedas de carros daquela estrada — já se perdeu a conta das vítimas. Descobri que as nevascas de inverno deixam a pista escorregadia, tornando suicida o ato de viajar numa noite em que esteja nevando.

Agora, atravessando o Passo, me senti novamente uma menininha. Eu sabia que o Afeganistão era a parte de mim que ainda não entendia direito. Era como ser uma peça solta de um quebra-cabeça; se eu conseguisse me juntar às peças maiores, talvez entendesse melhor onde pertencia.

Quando uma prima cobriu pela primeira vez o meu rosto com a burca, o poliéster brilhante fez um barulho parecido com unhas raspando um guarda-chuva aberto. As dobras azulceleste cobriam meu corpo da cabeça aos pés. O "capuz" da burca era de uma tela fina azul, através da qual, meio sufocada, eu podia vislumbrar o mundo ao meu redor. Ao vestir esse pedaço da minha identidade, dessa história da qual escapara, me senti, de repente, muito próxima da minha mãe, da mãe dela e da mãe de sua mãe. Embora às vezes a burca simbolize as restrições impostas às mulheres, eu queria vê-la como Moor a teria visto — uma vestimenta protetora, uma vestimenta que dá conforto à mulher por evitar que ela se preocupe que seu corpo seja visto pelos homens. Vestir a burca também representava deixar para trás a mulher nova-iorquina recém-formada com louvor em Economia e me tornar uma afegã nativa, orgânica, a pessoa que eu teria sido.

Olhei com atenção do alto do Passo Khojak, procurando encontrar a mesma vista que tivera quando criança, esperando registrá-la para sempre com a minha câmera de vídeo escondida. Eu queria me sentir novamente com quatro anos de idade. De repente, ouvi um grito agudo. Quando fizemos uma curva fechada na estradinha estreita que contornava a montanha, um enorme caminhão em alta velocidade surgiu diante de nós. Nosso motorista imediatamente freou e derrapou, aproximando-nos da beira do precipício. Quase na mesma hora em que paramos, ele pisou de novo no acelerador e voltou à pista. Chegar ao Afeganistão devia ser tão perigoso quanto permanecer lá.

Aquele era o mesmo tipo de caminhão que eu vira no Paquistão. Ao contrário dos caminhões americanos, seu formato era o de uma longa caixa retangular, sem grande diferença entre a cabine e o compartimento de carga. Tinha cerca de quatro metros de comprimento e era decorado com desenhos vistosos, em vermelho, amarelo e verde. Parecia pertencer a um circo. Também ostentava correntes de metal entrelaçadas que pendiam da frente sem pára-choque do veículo, que soavam como os sinos do trenó do Papai Noel. Quando se ouvia o barulho ritmado das correntes, sabia-se que um caminhão se aproximava e que era preciso abrir caminho.

Poucos dias antes, um deles quase me atropelara. Eu saíra do bazar, onde dera uma olhada em CDs piratas de Christina Aguilera e do Office da Microsoft, e estava tentando atravessar uma movimentada rua em Quetta onde não havia sinal luminoso nem faixa de pedestres. Minhas primas conseguiram atravessar correndo, mas o tráfego nunca me parecia diminuir o bastante para me permitir fazer o mesmo. Finalmente, cansei de esperar e resolvi me aventurar. Ouvi o barulho de uma buzina escandalosa e, quando olhei, estava cara a cara com o pára-choque de um caminhão paquistanês quase em cima de mim. Gritei, dei um salto e corri para a outra calçada. Chegando ao outro lado, olhei para trás e o motorista estava rindo. Minhas primas também. Estavam se esbaldando de ver uma americana se adaptando às péssimas ruas de Quetta.

E o que me esperava em Kandahar? Eu tinha medo de enfrentar os que ficaram para trás no Afeganistão por todos esses anos. Conhecera os nossos parentes que moravam no Paquistão quando lá estive para meu casamento, mas ainda não conhecia Khala Sherina, a irmã de mamãe, ou seus filhos, residentes em Kandahar. Sabia que eles ficariam felizes de me ver porque para eles Kandahar era o meu lugar, junto à família. Para os muçulmanos, o mais importante é manter as famílias unidas. Mesmo nos Estados Unidos, se uma parenta encontrasse uma boa oportunidade de emprego longe dos pais e dos parentes, ela não a aproveitaria. Só se deixava a família no auge do desespero. Eu pensava angustiada em como os parentes de Kandahar realmente haviam se sentido quando a minha família os largara sozinhos durante a guerra russa. Isso me fazia sentir culpada. Será que meu pai foi covarde por partir? Será que deveria ter ficado?

O fato de minha família imediata ter sido bem-sucedida não significava que meu lugar fosse nos Estados Unidos. Afinal, talvez eu devesse ter ficado no Afeganistão — cumprindo o destino traçado para mim. Talvez eu descobrisse, vindo ao Afeganistão, que destino era esse.

Meus pais me explicaram uma vez como fora difícil deixar o nosso país. Na época, morávamos com a minha avó, mãe do meu pai. O plano original era que papai fugiria e, caso conseguisse chegar aos Estados Unidos, trabalharia duro por alguns anos e mais tarde solicitaria asilo para o restante de nós. Mas Moor não concordou. Ela me disse mais tarde que não quis separar a família nuclear, temendo que se passassem muitos anos antes que nos juntássemos a papai, anos de guerra, em que tudo podia nos acontecer. Meu pai sempre fez questão de me lembrar que o profeta Maomé ensinava que um homem deve consultar a esposa antes de tomar decisões que envolvam a família. A insistência para permanecermos todos juntos foi uma das melhores decisões já tomadas por Moor. Ela disse mais tarde ter feito isso para o bem da família, não dela. Iríamos todos ou nenhum.

A mãe do meu pai, porém, estava debilitada demais para empreender a viagem e tinha outros filhos com quem ficar no Afeganistão. Voltaríamos assim que houvesse paz novamente, ou ela poderia se juntar a nós nos Estados Unidos. Não sabíamos quanto tempo ficaríamos fora, mas todos sabiam que havia uma grande possibilidade de não nos vermos durante um bom tempo ou, quem sabe, nunca mais. Moor me contou como a mãe dela, que eu e meu irmão costumávamos chamar de "segunda mãe", chorou sem parar na última vez que nos vimos, passando a mão na minha cabeça, me beijando e repetindo quanta saudade sentiria de mim. Ela tinha esperança de ir ao nosso encontro nos Estados Unidos, mas só pôde fazer isso dez anos depois, porque dois de seus filhos foram convocados para lutar na guerra entre os comunistas e os *mujahidin*. Durante mais de três anos, minha mãe e minha avó não tiveram qualquer contato, e nenhuma das duas teve notícias dos meus tios que foram arrastados para a guerra. Minha avó acabou conseguindo asilo político, o que lhe permitiu reencontrar a filha nos Estados Unidos. Não consegui pregar o olho na noite em que descobri que em breve ela chegaria. Estava ansiosa para ter alguém por perto que aliviasse a pressão da minha mãe para que eu fosse boa na cozinha, na limpeza e no bordado. Sabia que minha avó me amaria e me defenderia, e Moor teria que ouvi-la. Resolvi que também cuidaria dela. As mulheres mais velhas usavam lenços brancos de crepe que precisavam ser constantemente passados a ferro. Eu os passaria para a minha nova avó de modo que os seus fossem os lenços de crepe mais engomados já vistos. Fiquei fantasiando sobre a sua aparência, seu cheiro e, também, se ela despertaria em mim antigas lembranças. Mais de um ano depois, nos preparamos para sua chegada a Nova York, providenciando um novo colchão forrado de veludo vermelho, contando os minutos que nos separavam de novamente ter uma avó. Horas antes de seu avião decolar, contudo, ela teve um infarto e morreu no Paquistão. Nunca chegou a pôr os pés no avião que a traria e morreu bem ali no aeroporto. Dizem que ela teve sorte porque foi capaz de se despedir de todos os parentes antes de morrer, algo que a maioria dos afegãos mortos na guerra não teve a chance de fazer. Embora visitasse o médico com freqüência, ninguém sabia que ela tinha problemas cardíacos. Pensamos às vezes que, se tivesse conseguido pegar o vôo, chegar aos Estados Unidos e consultar um médico americano, talvez estivesse viva até hoje. Cheguei a imaginar que, se ela tivesse pegado o avião na véspera, se a concessão de asilo houvesse saído alguns dias antes, eu poderia ter uma avó. Resolvi encontrar uma avó nos Estados Unidos. Levei alguns anos procurando até encontrá-la.

Depois do Passo de Khojak, atravessamos várias aldeias, erguidas à margem da estrada principal. Havia os mesmos tipos de lojas em todas elas. Lojas de peças de veículos com pneus pendurados no interior, lojas de tecidos, vendedores de frutas e verduras e mercearias de gêneros essenciais, como arroz, óleo e açúcar. Aproximávamo-nos de uma pilha de melões cantalupo nativos, grandes e verde amarelados, do tipo que trava o maxilar à primeira dentada, arrumados na frente de uma loja. Do tamanho de melancias, tinham o formato de enormes bolas de futebol. Fiquei com água na boca. Eu não tinha uma faca, de modo que não parava de pensar em partir um deles jogando-o no chão para devorar, arrancando com as mãos suas tenras e carnudas entranhas.

Quanto mais nos aproximávamos do Afeganistão, mais os casebres à margem da estrada pareciam miseráveis. As mercadorias à venda iam ficando menos atraentes, os invólucros, mais empoeirados. A única coisa que melhorava era a qualidade dos cantalupos e das outras frutas.

Finalmente estávamos chegando à fronteira. Eu soube disso porque o motorista tirou do toca-fitas o cassete de música que tocara várias vezes durante a viagem. Em seguida, puxou um botão no meio do painel, entre o assento do carona e o do motorista, revelando um compartimento secreto onde escondeu o cassete, e rapidamente recobriu o compartimento com a tampa de plástico. O Talibã proibia todo tipo de música, salvo os cânticos religiosos sem instrumentos. As canções ouvidas pelo motorista falavam de terra, de amor e de belas mulheres, tudo certamente ilícito.

Apertei contra mim, sob a burca, a bolsa de couro que continha minha câmera de vídeo. Também constituía um crime entrar no país com câmeras, mas eu precisava gravar em vídeo os meus parentes. Essas fitas talvez fossem a única lembrança que eu poderia guardar deles. Suas vidas não seriam esquecidas, ainda que só viessem a ser lembradas por mim e pela minha família.

Esse também seria o meu primeiro encontro com o Talibã. O domínio do regime talibã era forte. A Associação Revolucionária das Mulheres do Afeganistão (RAWA) registrou em vídeo o fuzilamento de uma mulher acusada de adultério no estádio de Cabul. Uma mulher sem a burca ou encontrada usando esmalte e batom poderia ser surrada até ficar inconsciente pela polícia religiosa talibã, o infame Departamento para a Prevenção do Vício e Promoção da Virtude. Um ano antes, uma prima do Paquistão em visita a Kandahar saiu com o véu à moda saudita que usava no Paquistão, que era preto e lhe cobria o rosto, mas revelava os olhos. Como só iria até a casa do vizinho, achou que não seria necessário vestir a tradicional burca, cujo capuz cobre os olhos. Naquela hora, contudo, a polícia religiosa talibã vinha passando numa de suas ostensivas caminhonetes pretas com as janelas também pintadas de preto.

Um talibã desceu do veículo e começou a bater com um chicote nas pernas e calcanhares da minha prima, o tempo todo gritando: "Por que você está vestindo isto?"

Minha prima exclamou:

— Você não tem vergonha de bater numa mulher?

O preço dessa observação foi uma nova saraivada de golpes.

Pelas normas do Talibã, uma mulher pode ser presa por calçar sapatos que façam o mínimo barulho. Mesmo os passos femininos precisam ser silenciados. Será que eu, uma americana sincera, conseguiria me manter calada? Desde a nossa partida de Quetta, eu não parava de lembrar a mim mesma de não pronunciar uma única palavra em inglês. Achava que desde que seguisse as normas e negasse minha identidade americana, estaria segura. Eu seria uma kandahariana pura.

Meu maior medo era que um talibã descobrisse que eu era americana, descobrisse minha câmera escondida, concluísse que eu devia ser uma espiã americana e tentasse me deter e interrogar — ou pior. Eu tinha que parecer nativa.

Embora minha família não estivesse preparada para a possibilidade e eu não quisesse alarmá-la, eu viajara para o Afeganistão nutrindo secretamente a idéia de trabalhar um ano em defesa das mulheres num órgão de assistência na cidade de Kandahar. Chegara ao país pensando que poderia ficar empolgada a ponto de permanecer por lá, morando com parentes afegãos na condição de americana; descobriria uma forma sem risco de me tornar algo que lhes fosse aceitável para deixar que vissem que mulheres ocidentais não oferecem perigo à sociedade. Eu seria a emissária e a ponte entre meus dois países.

Fantasiei que me casaria com o líder do Afeganistão controlado pelo Talibã, o mulá Omar, tornando-me sua quarta esposa, e o convenceria, mostrando-lhe quem eu era, de que as mulheres mereciam ter mais direitos nessa sociedade. Acreditava ser capaz de fazer qualquer um gostar de mim se me esforçasse para tanto, inclusive o mulá Omar, e isso se converteria em melhores condições para as mulheres do meu país. Jamais ousei verbalizar tal idéia, por medo de ser considerada louca ou uma espiã americana. A última possibilidade me preocupava mais. Por outro lado, uma parte de mim secretamente se sentia atraída pelos riscos. Uma parte de mim desejava ser capturada, viver uma aventura. Eu ouvira dizer que os talibãs tratavam respeitosamente as mulheres na prisão. Pensei que, se o pior acontecesse e eu fosse presa, eles me alimentariam e me tratariam bem.

No momento eu estava segura. Por lei era obrigada a viajar no Afeganistão controlado pelo Talibã acompanhada de um parente do sexo masculino, e Jan Agha estava comigo como meu *mahran*, o termo árabe empregado no islã para designar o guardião masculino de uma mulher.

Na fronteira, vi três homens vestidos à maneira tradicional afegã, de azul-claro, com barbas negras cerradas. Jan Agha também deixara crescer a barba como preparativo para a viagem, como faria qualquer homem que pretendesse entrar no país. Mais tarde, imaginei se havia ali na fronteira uma oportunidade de negócios — a venda de falsas barbas. Os talibãs também traziam turbantes negros enrolados em torno da cabeça, e seus dedos se apoiavam no gatilho dos fuzis Kalashnikov que lhes pendiam dos ombros. Pensei que aquelas calças largas e turbantes negros os faziam parecer assassinos de épocas passadas, treinados desde o nascimento para enfrentar os cruzados. Nosso motorista virou-se para Jan Agha e disse:

— Sabe que preciso pagar uma taxa aqui.

Ele falou em pashtu. Nem ele podia saber de onde vínhamos. Quando, umas duas horas após começarmos a viagem, perguntou se éramos dos Estados Unidos, Jan Agha respondeu que vínhamos de Karachi, no Paquistão. Não se podia confiar em ninguém.

Depois de pagar a propina, trocamos de motorista e avançamos pela estrada poeirenta em direção a Kandahar. Tentei me acomodar no assento, me apoiando em parte da bagagem arrumada no espaço para malas entre o carona e o motorista. Esse trecho da viagem seria especialmente incômodo. A estrada de terra não passava de uma trilha de pedras cinza-claras e cor de areia que nos conduziria através da terra crestada e desbotada pelo sol que nos cercava. Do meu lugar, tentei vislumbrar o rosto do motorista no retrovisor. Como seria a sua vida? Há quanto tempo dirigia? Quem já teria transportado? Criminosos? Talibãs? Drogas? Todo tipo de coisa atravessava a fronteira.

O novo motorista perguntou de onde éramos. Dessa vez, Jan Agha admitiu que vínhamos dos Estados Unidos. Senti a confiança dele neste motorista, o que me tranqüilizou.

— E dá para viver bem por lá? — perguntou o motorista.

— Dá, mas o trabalho de fritar galinha é duro.

Jan Agha trabalhava numa Kennedy Fried Chicken — uma das muitas lanchonetes da rede com esse nome. Como os imigrantes coreanos que aparentemente monopolizavam as mercearias de bairro de Manhattan, para os afegãos o sucesso se traduzia na propriedade de lanchonetes cujo produto principal era galinha frita. Esses estabelecimentos quase sempre se situam em bairros de baixa renda e correm o risco de sofrer assaltos à mão armada. O funcionário que recebe os pedidos fica atrás de um balcão fechado com vidro à prova de bala. Costuma ser o que melhor fala inglês, de modo a poder entender tanto os pedidos de comida quanto as ordens dos assaltantes. É capaz de entender frases do tipo "deita no chão", ou "vou trancar você no frigorífico". Uma comunicação deficiente devido à falta de um inglês básico representava um perigo adicional num momento de pânico. O atendente fala através dos buraquinhos abertos no vidro acima da bandeja de segurança, na qual o cliente coloca o dinheiro em troca dos sacos de papel branco que empacotam a galinha frita. O dinheiro vem primeiro. A bandeja roda, entregando ao cliente a galinha frita e seu troco.

Quando se chega aos Estados Unidos, primeiro se faz um estágio de cerca de duas semanas num desses restaurantes para obter permissão para trabalhar nos fundos, onde a comida é preparada. Uma promoção significa que seu inglês é bom o bastante para trabalhar no atendimento. Meu pai conseguiu melhorar de vida passando pelo negócio de galinha frita, começando nos fundos, sendo promovido para o balcão e finalmente comprando participações cada vez maiores nas franquias em que trabalhou. Foi funcionário da Texas Fried Chicken do Brooklyn, situada perto da estação final do metrô, ou seja, um lugar movimentado. Certa vez, à noite, precisou sair do guichê à prova de bala para limpar o chão da parte onde ficavam as mesas, missão altamente perigosa. Enquanto a realizava, um grandalhão entrou na lanchonete e na mesma hora investiu contra ele. Conta a história que meu pai conseguiu tirar do bolso a faca que carregava consigo e ameaçar o homem com ela. Imagino que a expressão nos olhos pequenos e amedrontados do meu pai provavelmente tenha sido suficiente para espantar o homem. Funcionou.

O motorista olhou para Jan Agha.

— É, mas você pode se dar bem no negócio de galinha frita. O trabalho aqui não nos dá dinheiro algum.

A passagem sobre as pedras levantava a poeira, que enchia o carro. Não seguíamos em linha reta, mas ziguezagueando, às vezes subindo na beirada pedregosa da estrada e voltando a descer. Algumas vezes, a poeira de um veículo na contramão impedia de ver o caminho. Nesses momentos eu tinha medo que o mesmo acontecesse com o carro que vinha na direção contrária e batêssemos de frente um no outro. O motorista não piscava os olhos.

Ao meio-dia, o sol criara uma camada invisível de calor tão intensa que já era desumana.

Calada no banco traseiro e refletindo sobre a vida da minha prima Suraya, senti saudade do ar fresco do Paquistão. Suraya casara-se havia pouco e estava grávida do primeiro filho, mas largou o marido e voltou para a família, depois de tentativas frustradas tanto de suicídio quanto de aborto. Suraya se recusou a servir de escrava para os sogros, mas sua família ainda tinha esperanças de convencê-la a voltar para o marido. Embora estivesse apenas no quarto mês de gravidez, já vinha sentindo dores estranhas. Imaginei se ela teria o mesmo destino da mãe. A irmã mais velha de mamãe morrera de repente durante a gravidez do quinto filho. Nunca se soube direito o que deu errado, mas morrer durante a gravidez ou o parto não era um final de vida raro para uma mulher.

O Afeganistão ostentava o mais alto índice desse tipo de morte no mundo, com uma proporção de apenas uma clínica para cada quarenta mil pessoas. A estatística, combinada com a da mortalidade de uma em cada quatro crianças antes dos cinco anos, significava que a mera sobrevivência da minha família já era um grande feito. Quando nasci, os índices eram ainda piores, com a morte de uma em cada duas crianças até a idade que eu tinha quando deixei o Afeganistão.[3] Devo ter sobrevivido por estar fadada a fazer algo a esse respeito. Mas não podia ajudar minha própria prima. O que eu, uma jovem americana, teria condições de fazer?

De volta à estrada para Kandahar, apreciei a paisagem do deserto. Passamos por uma trilha vazia, sem encontrar coisa alguma salvo um ou outro homem ou rapaz agachado à margem da estrada. Não passamos por nenhuma aldeia. Não passamos por nenhum casebre. De onde teriam vindo aqueles homens que vimos agachados? A curiosidade ficava ainda maior porque, com tamanho calor, a idéia de percorrer a pé uma distância longa parecia impossível. Aquela gente era forte.

Jan Agha também era forte. Não reclamava do calor, da poeira, de fome nem sede. Parecia um objeto destituído de necessidades. Endurecera de alguma maneira, embora eu nunca tenha sabido qual. Moor costumava dizer que o lado paterno da família era assim; eles jamais admitiam sentir dor, característica que ela atribuía à tribo Popalzai sobre a qual refleti ao longo do meu próprio sofrimento em meus anos de casada. Eu queria ser uma Popalzai durona. Certa vez, Jan Agha me contou que não sentia frio, nem mesmo durante o recorde em temperaturas baixas que congelou Nova York em 1996.

Algumas vezes cruzamos com homens fazendo o trabalho pesado de trazer com pás as pedras da beirada da estrada para o centro. Parecia uma tarefa arriscada. Quando nos aproximávamos, eles reduziam o ritmo do trabalho e tentavam estabelecer contato visual conosco.

— O que eles estão fazendo? — perguntei, olhando para Jan Agha.

Após uma pausa, o motorista virou-se para ele e respondeu:

— Nada de útil. Apenas torcem para que a gente lhes dê gorjeta por fingir que estão conservando a estrada.

O grau de desespero era assustador. Detestei pensar que os afegãos precisavam esmolar, que estivessem se tornando uma nação de mendigos. Ainda assim, uma das minhas fantasias era voltar para casa e dar dinheiro ao povo. Há muito meu sonho era visitar as casas dos meus parentes e as aldeias de gente desconhecida e lhes dar tudo o que quisessem — como uma chuva de coisas boas caídas do céu. E desde que chegara, não fora capaz de parar. Continuava a dar dinheiro a todo mundo. Queria me sentir pessoalmente capaz de lhes trazer conforto e vê-los aproveitar e ter satisfação. Assim se sentiriam amados. E eu me sentiria menos culpada por possuir tanto.

Finalmente chegamos a um grande portão de metal enferrujado com uma abertura que deixava passar apenas dois veículos. Era malfeito, estava inacabado, como se tivesse sido arrancado de algo maior. Suspirei. Quando chegaríamos?

Minha tia inclinou-se para mim:

— Esta é a entrada de Kandahar.

Lentamente passamos por ela e logo nos deparamos com o que me pareceu ser os arredores da cidade. Fomos recebidos por uma fileira de luzes amarelas penduradas em casebres enfileirados. Aqui os homens andavam de moto. Alguns estavam a pé, outros de bicicleta, outros em carroças puxadas a cavalo. Não havia sinal de ordem, somente o caos fluindo na mesma direção, numa única pista da via.

Vi casebres que pareciam prestes a desabar e esfarelar. Imaginei se não se desmanchavam quando chovia. Eram como brinquedos.

Minha tia apontou para um deles, plantado numa encruzilhada.

— O armazém geral. É ali que os ricos fazem compras.

Olhei bem. Não só estava deserto, mas tudo o que eu podia ver na vitrine eram uns pacotes verdes empoeirados de chiclete de menta.

Passamos por mais alguns casebres e viramos uma esquina onde uma moto nos ultrapassou ruidosamente, levantando poeira atrás de si. A buzina dos carros misturava-se ao barulho dos pneus das bicicletas em atrito com os pára-lamas. Uma lambreta passou roncando — um raio de energia, fortuito, independente, deixando seu som no ar.

Continuamos seguindo em frente e, após uma curva fechada à direita, paramos. Dava para eu ver as tradicionais camisas masculinas compridas, penduradas num varal acima de um muro que havia sido alvejado. Com certeza estávamos enganados. Devíamos ter parado para pedir informações. A casa toda parecia feita de paredes de adobe bege em ruínas. Não, esta não podia ser a casa do irmão mais velho de Jan Agha, meu primo-irmão.

Então era este o lugar lendário sobre o qual meus pais falavam sem parar? Tínhamos agüentado toda essa viagem cheia de perigos para chegar a este lugar abandonado numa cidadezinha no meio do deserto? Atravessando as ruas de Kandahar, senti como se, num labirinto, tivesse encontrado a saída, e era como se, de repente, tivéssemos chegado ao fim do mundo.

Então me entrou pelas narinas o mesmo cheiro de quando Moor fazia pão afegão lá no Brooklyn. Também me lembrei do cheiro da minha infância. Era o cheiro de casa.

Quando pequena, eu ficava imaginando onde a terra acabava. Sem dúvida deveria haver um lugar onde ela parava. Aqui tive a sensação de estar no ponto mais distante possível dos Estados Unidos. Era o canto extremo do mundo no qual ninguém se aventurara antes. O lugar onde nasci e onde a maior parte da minha família residia. O lugar a que voltei para descobrir a mim mesma.

Isso era Kandahar.

SETE

UMA VISITA
DE HOLLYWOOD

Até Deus é um refugiado do Afeganistão.
Refugiado afegão residente nos Estados Unidos

No início, Mamoon me lembrou um camundongo. Sua cabeça era ligeiramente grande para o corpinho franzino de seis anos, e os olhos pareciam estar sempre à procura de algo com que brincar, pulando de um objeto a outro, como um ratinho em disparada pra lá e pra cá. O caçula de seis irmãos, Mamoon corria pela casa da minha tia, cutucando as outras crianças ao mesmo tempo que olhava para mim, aparentemente para chamar a atenção e ver se eu punha um fim às suas provocações. Brincando, também lhe dei uma cutucada em vez de uma bronca, e seus intensos olhos castanhos se esbugalharam, chocados, por um breve instante, iluminando-se logo em seguida, quando ele desatou a rir, revelando um vasto sorriso de minúsculos dentinhos. Mamoon se deu conta de que eu estava disposta a entrar no seu jogo.

Era o final de julho de 2001, e minha estadia já durava duas semanas. Eu partira de Kandahar quase com a mesma idade de Mamoon. Tinha agora 23 anos, a mesma idade da guerra. Faltavam várias semanas para a queda das Torres, e Kandahar e o Afeganistão ainda eram ignorados pelo mundo. A cidade ganhara seu nome muito tempo antes, mas ninguém parecia conhecer sua origem. Ao que tudo indica, trata-se de uma corruptela de Iskandar, o nome persa de Alexandre, o Grande, que, para alguns, foi quem a construiu dois mil anos atrás. A história registra que o sucessor de Alexandre vendeu o "oásis" de Kandahar ao imperador da Índia em troca de quinhentos elefantes de guerra.[1] Outros atribuem o nome à antiga cidade indiana de Gandhara. Há ainda quem afirme que os indianos que colonizaram a região de Kandahar trouxeram consigo um grande vasilhame de pedra, hoje conservado na mesquita da cidade, que supostamente era o pote usado por Buda para esmolar. Todos concordam que Kandahar gravou seu nome na história como um portão de entrada para a Grécia e a Pérsia, a oeste, a Índia a leste, e a Rússia e a Ásia Central ao norte. Em conseqüência, foi a fronteira de grandes religiões, o lugar em que o budismo se mesclou à mitologia grega e ao zoroastrismo. Um visitante chinês nos idos de 630 d.C. ali encontrara templos hindus, mas, nas montanhas, os cavaleiros também cultuavam deuses e lhes ofertavam ouro, bem como sacrificavam animais em sua honra. Parecia-me trágico que uma cidade cuja história congregou tantas religiões importantes e tamanha diversidade cultural e religiosa tivesse sido reduzida por um pequeno grupo de homens tacanhos a seu próprio projeto de teologia caseira.

Um historiador árabe descreveu Kandahar no século XIX como uma grande cidade próxima ao mar. Um escritor do

MINHA GUERRA PARTICULAR 133

século XVI chegou a chamá-la de "porto marítimo", embora o canal tenha me parecido uma grande vala seca em todas as vezes que passamos por ele de carro. A cidade inteira se desidratara, e os afegãos com condições para tal perfuravam o lençol freático para bombear água. Os afegãos que imigraram pagavam a abertura de poços para suas famílias no Afeganistão, e o mulá da mesquita de Nova York chegou mesmo a estimular, como obra de caridade, a criação de um fundo destinado a financiar a construção de poços. Em julho de 2001, o Afeganistão já enfrentara três anos da pior seca de que se tinha lembrança na atual geração. A seca de Kandahar era a mais longa, e os especialistas dizem agora que está transformando a cidade num deserto. Há muito as Nações Unidas declararam a água da cidade de Kandahar imprópria para beber. Apenas um em cada quatro afegãos tem acesso à água comprovadamente potável. O povo vive desesperado por água, mas, à medida que mais poços são perfurados, mais o lençol freático afunda na terra, obrigando a se perfurar cada vez mais profundamente. Os afegãos afirmam que, às vezes, nem a cem metros de profundidade encontram água; antigamente a encontravam a cinco.

A mãe de Mamoon é Khala Sherina, a irmã da minha mãe. Khala Sherina quer dizer "tia doce" em pashtu. O nome dela é Spoozhmai, uma etérea palavra pashtu que significa "lua". Vinte e cinco anos atrás, Khala Sherina se casou e se mudou para a mesma casa em que agora me hospedava em Kandahar. Desde então, sua única viagem foi ao Paquistão, para visitar as sobrinhas e sobrinhos, depois que sua irmã, minha outra tia, faleceu repentinamente durante a gravidez do quinto filho, devido a um tombo bobo enquanto limpava a casa. Se não estivesse vivendo como uma pobre refugiada no Paquistão, é bem provável que sobrevivesse. Nos hospitais paquistaneses montes de afegãos em busca de assistência médica são impedidos de entrar a golpes de cassetete. A morte durante a gravidez ou o parto não é um fim de vida incomum para uma afegã refugiada.

Depois de descobrir em mim uma companheira disposta a brincar, Mamoon me cutucou de volta, fazendo com que Khala Sherina lhe lançasse um severo olhar de reprovação materna. Mamoon congelou onde estava e baixou os braços. A inocência logo substituiu a malícia em seus olhinhos escuros, que também se encheram de uma profunda ânsia de perdão. Logo, contudo, voltaram a ostentar um brilho travesso, quando olhou para mim para ver se eu o defenderia e continuaria o jogo.

Khala Sherina me abraçou e se virou para Mamoon:

— Você sabe o que é um hóspede precioso?

Olhei para ela e seu sorriso terno. Na juventude devia ter sido deslumbrante. Mesmo agora, em seu vestido bege clarinho estampado de flores outonais, Khala Sherina quase passava por uma garotinha. Apenas as rugas em torno dos olhos e dos lábios denunciavam-lhe a idade. O cabelo negro azeviche, enfeitado por um único grampo, fora tingido recentemente como preparativo para a chegada dos hóspedes. Ela o usava curto, corte que nos Estados Unidos chamaríamos de um "chanel" da moda. Para Khala Sherina, era o penteado de uma vida inteira. A minha chegada a surpreendera. Ela esperava apenas a visita da irmã caçula, Lailuma, não a minha, a filha de Runa, a segunda irmã mais moça.

Enquanto Khala Sherina explicava quem eu era, Mamoon sentou-se em um dos colchonetes de veludo vermelho espalhados pelo chão. Rolou no colchonete, entediado. Khala Sherina explicou o quanto me considerava importante por ser sua sobrinha e que não me via desde os meus quatro anos. Acrescentou ainda que eu viera de muito longe para visitá-los.

Mamoon sabia que eu tinha vindo dos Estados Unidos, mas lhe interessava mais o fato de ter alguém novo em quem concentrar sua curiosidade aparentemente insaciável. Os jovens e os idosos eram os mais fascinados por eu ter me tornado americana.

Para Khala Sherina, meu primeiro retorno representava muito. Era tamanho o respeito — quase veneração — com que me olhavam, que, na verdade, me senti constrangida. O mero fato de vir dos Estados Unidos não me tornava melhor que os meus parentes, embora me tratassem como se assim fosse. Insistiam em me dar o melhor lugar no chão na hora das refeições e para que eu me servisse antes das crianças. Não me deixavam lavar pratos nem ajudar em qualquer outra tarefa doméstica. Queriam até lavar minhas roupas.

Na casa de Khala Sherina, distribuí presentes. Estávamos todos sentados no quarto de hóspedes sobre os colchonetes de veludo vermelho. Quando chegou a hora de abrir os presentes, Mamoon e eu já éramos amigos, e eu me sentia muito próxima desse mininho de sorriso largo, dentinhos minúsculos e expressivos olhos escuros. Mamoon sentou-se ao meu lado para ajudar a dar os presentes. Esperou paciente e educadamente pelo seu, enquanto os demais eram entregues. Olhei para ele, o indefectível topete se movendo para frente e para trás quando ele mexia a cabeça. Tive a sensação de afundar na terra e cair num buraco. Eu não trouxera presente para Mamoon.

Quando todos os presentes já haviam sido entregues e ele se deu conta de que não receberia nada, virou-se para mim, não com raiva, mas com uma expressão de tristeza e desapontamento intrigado. Lá estava eu, que podia ter lhe trazido algo do meu mundo — e falhei. Só descobri que Mamoon existia quando cheguei, razão pela qual não levei nada para o meu primo-irmão de seis anos. Pensei em como não se pode fazer nada por alguém cuja existência se desconhece. Para a maior parte do mundo, pensei, este Afeganistão esquecido também não existia realmente. Mamoon era uma criança desconhecida numa terra esquecida. Precisei viajar milhares de quilômetros, sem saber o que me esperava, para encontrar esse menininho, que era meu parente e por quem me apaixonei.

Na manhã seguinte prometi levá-lo ao mercado e lhe comprar o que quer que ele quisesse, independente do preço. Khala Sherina me achou uma tola. Preocupada com a minha segurança, não estava a fim de me deixar ir sozinha ao mercado com uma criança pequena. No entanto, eu estava decidida a fazer aquela excursão especial com Mamoon.

O mercado era um bazar que parecia saído das *Mil e uma noites*. Por todo lado, os ambulantes apregoavam suas mercadorias, convidando aos gritos os fregueses a vê-las para depois negociar com os que se aventuravam a aceitar o chamado. Fomos empurrados de lá para cá naquela confusão, ouvindo gritos de todas as direções. Eu usava a minha burca, que em muito me dificultava a visão. Disse a Mamoon para ficar de mão dada comigo porque eu não sabia o caminho, mas ele continuou a correr à minha frente, excitadíssimo, e tive medo de que me abandonasse naquele mundo que eu não entendia direito. Via-me agora altamente dependente desse ratinho de seis anos.

Não tardei a parar e gritar para ele:

— Mamoon, volte aqui e me dê a mão!

Avisei que não continuaria ali se ele não me guiasse. Ele se virou para trás e balançou a cabeça, seu topetinho balançando pra lá e pra cá. Aproximou-se, pegou a minha mão, e disse:

— Tudo bem. Não preste atenção ao pessoal gritando. Venha atrás de mim.

Comecei a perceber o lado mais maduro dessa criança pequena. Ele sabia exatamente aonde queria ir, e logo chegamos a um certo ambulante que vendia caminhões e outros veículos de plástico. Os caminhões talvez fossem os brinquedos mais vagabundos e malfeitos que já vi. Mamoon pegou um carrinho minúsculo. Pensei comigo: "Só?" Eu havia lhe dito que podia ganhar o que quisesse, e ele escolheu um artigo extremamente modesto de uma coleção extremamente modesta. Fiquei desapontada com tal escolha, pois esperava que ele fosse querer algo mais imponente. O brinquedo custou apenas algumas moedas.

Perguntei-lhe se era isso mesmo que ele queria. Relutante, quase com vergonha, ele apontou para o maior caminhão do ambulante e disse:

— Eu queria mesmo era aquele.

Eu lhe disse para pegar o caminhão, além de outros brinquedos para os irmãos. Acabamos comprando uma sacola de veículos de plástico. Quando chegou a hora de pagar, Mamoon se pôs no papel de meu protetor, como se temesse que eu fosse incapaz de lidar com a transação. Tirei o dinheiro, sem saber direito quanto havia ali, e lhe entreguei. Depois de conversar com o ambulante, Mamoon contou cuidadosamente as notas.

Minha família demonstrou curiosidade quando voltei. Acharam que o ambulante provavelmente nos explorara. Não barganhei com ele de propósito. Esperava ser um pouco explorada. Foi a primeira vez na vida em que não me importei com que me extorquissem algum dinheiro. Foi a primeira vez que precisei lidar com um comerciante na minha terra natal e, para mim, havia algo de profundamente belo nisso — ser capaz de falar com ele no meu pashtu nativo, de comprar aquelas mercadorias no bazar. Se ele quisesse me roubar alguns trocados, estes seriam a sua recompensa pela experiência que me proporcionou. Expliquei tudo isso à família e todos riram de mim.

Eu adorava contemplar o deleite de Mamoon quando brincava com seus caminhões novos. Percebi mais tarde que ele não tinha muito mais o que fazer. Não havia escola, apenas seus irmãos e um ou outro primo pestinha para brincar. Ficava confinado em casa — o que provavelmente era bom por enquanto. Ainda era pequeno o bastante para que a casa lhe parecesse enorme, e o que ela continha era suficiente para que ele se divertisse explorando e descobrindo. No entanto, eu sabia que essa fase logo seria superada, e ele se tornaria inquieto.

Embora Mamoon ainda tivesse curiosidade pelas coisas que podia encontrar no quintal da família, seus outros irmãos eram um pouco apáticos, resultado do tédio e do confinamento a eles impostos pelos insensíveis governantes de um país dilacerado e estéril. Lembrei-me das vezes em que precisei ficar em casa — quando era só um pouquinho mais velha que Mamoon. Sem nada para fazer, o dia parecia interminável. Lembro-me de como as horas se arrastavam, como os dias se prolongavam e se tornavam uma eternidade. E se todos os dias fossem longos assim, todos os 365 dias do ano? Assim era a vida para os irmãos de Mamoon. Logo também seria para ele.

Havia todo um mundo a ser descoberto por Mamoon, mas não havia escolas para lhe ensinar isso. Ele poderia freqüentar uma *madrassa*, mas a família se recusava a mandá-lo, pois o Talibã lhe ensinaria violência e talvez o treinasse para lutar guerras santas em prol do movimento. Embora tivesse tanto para ver e aprender, ele provavelmente passaria a vida toda naquela casa e naquele bairro. Sua pequena mente podia ser despertada, estimulada e expandida de muitas maneiras diferentes, mas, ali, isso provavelmente jamais aconteceria.

O irmão mais velho de Mamoon, Qais, tinha 12 anos e sorte bastante para freqüentar uma escola dirigida por turcos para crianças bem dotadas. A instrução era de má qualidade, porque a escola era constantemente fechada pelo Talibã, mas a dedicação do menino jamais se abatia. Toda noite, na casa de Khala Sherina, a luz em seu quarto ficava acesa até muito depois de adormecermos no quintal. Qais era o último a dormir e o primeiro a acordar, pulando imediatamente em sua bicicleta para fazer o percurso até a escola pelas ruas esburacadas. Tinha um livro escolar em que aprendia inglês, sua única ferramenta para acessar o idioma que um dia o conectaria ao resto do mundo. Logo terminaria o livro, e eu esperava poder contrabandear mais livros de inglês para ele por intermédio de parentes, de modo a lhe permitir continuar os estudos. Seus irmãos mais velhos, embora não tão estudiosos, estavam aprendendo a usar o Windows 98, o Word e até o Excel, mas era pouco provável que fossem pôr em prática tais conhecimentos sob o regime de ferro do Talibã.

De tão antiga, ninguém saberia dizer a idade da casa de Khala Sherina. Como a maioria das moradias em Kandahar, ela era "muçulmanamente correta", pois possuía muros altos à volta para que ninguém visse as mulheres lá dentro, e um grande pátio em torno do qual ergueu-se a casa. Pelos padrões americanos, era apertada. Abrigava quatro famílias, incluindo a sogra de Khala Sherina, sua cunhada ainda solteira e os dois cunhados casados, com as mulheres e filhos. Cada família dispunha de um cômodo e havia também um quarto de hóspedes, além de um porão partilhado por todos nos dias mais quentes do verão.

Embora todas as famílias dormissem ao ar livre no quintal, praticamente não tínhamos contato algum e nunca falei com os cunhados de Khala Sherina, mesmo sendo hóspede na casa.

Considerava-se impróprio que confraternizássemos, e não era meu desejo perturbar o relacionamento da família. Os galos da casa anunciavam o amanhecer com seus cocoricós, tal qual despertadores naturais que acordam para a vida e seguem em frente. Os moradores, a essa altura, já haviam cumprido seu ritual de orações, e quando o sol inundava a terra com sua luz, deslocavam os colchões para dentro de casa e davam início ao dia. Enquanto isso, em geral, eu continuava a dormir. Quase metade da casa, toda a ala esquerda, era inabitável, irremediavelmente deteriorada. Olhando para o outro lado do pátio, por baixo das arcadas, dava para ver as teias de aranha e os pedaços de madeira podre. O banheiro ficava nessa ala. Era preciso passar por uma galeria coberta, onde havia uma velha cadeira de rodas enferrujada, e subir alguns degraus irregulares, para chegar a um buraco tosco aberto no chão de tijolo cru, que parecia ter sido feito por alguém com uma picareta. Como o banheiro não tinha porta, quem se aproximava tossia, de modo a se assegurar de que ninguém o estivesse usando. Outra tosse em resposta era o sinal para aguardar do lado de fora.

Meu maior medo era ir ao banheiro à noite, quando ficava imaginando esqueletos sentados na cadeira de rodas e morcegos espreitando do teto da galeria coberta. Felizmente, eu havia levado uma lanterna, o que provocara a gozação de todos — a americana preparada, com um artefato próprio para qualquer eventualidade, como se fosse enfrentar a selva intocada. Para a maioria da família, eu era uma jovem kandahariana de volta ao lar. Não devia temer ir ao banheiro no escuro e, segundo eles, devia beber a mesma água que bebiam, pois nascera ali e fora criada com aquela água.

COM A CASA DE KHALA SHERINA como base de operações, fiz várias viagens para visitar outros parentes, todas sob a proteção da burca. Todo tempo precisava ter a companhia de um parente do sexo masculino, embora habitualmente esta fosse o irmão de Mamoon, Raoul, que mal tinha completado nove anos. Sempre que eu voltava, encontrava Mamoon correndo pela casa, envolvido em suas travessuras. Em geral eu conversava e brincava com ele no quarto de hóspedes, o equivalente a uma sala de estar no Ocidente. Khala Sherina abria este aposento, normalmente trancado, para receber convidados. O quarto, à semelhança do restante da casa, era feito de barro cozido, tipo adobe. Não tinha janelas e suas paredes eram caiadas. Vários colchonetes de veludo vermelho, recheados com uma mistura de espuma e plumas, se espalhavam pelo chão, servindo de assento.

No quarto de hóspedes ficavam os bens mais preciosos da família, como a geladeira, lá trancada, do outro lado do pátio, bem distante da cozinha. Não havia qualquer mobília, afora os colchonetes, embora as paredes abrigassem nichos com prateleiras sobre as quais se encontravam os tesouros familiares. Cada nicho, ou *tagcha*, era quadrado na base e em forma de arco no topo como se apontasse para o céu. Em uma *tagcha*, um conjunto de copinhos circundava uma jarra d'água verde-limão de um litro. Acima, enquadrada numa moldura dourada, numa elegante caligrafia em vermelho e preto, havia a transcrição de uma oração. O talentoso artista responsável por sua escrita foi o irmão mais velho de Mamoon, Homayoon, aprendiz de calígrafo.

Nitidamente, um dos mais cultuados tesouros expostos era um troféu de futebol de plástico. O troféu, em si, nada tinha de especial. A base plástica imitava madeira. O boneco sobre a mesma era pintado de modo a refletir a luz num dourado opaco. Olhando o troféu, por um instante senti como se estivesse em qualquer sala de estar de uma residência norte-americana.

Como a prática de esportes era desencorajada, quando não proibida pelo Talibã, o objeto me intrigou. O troféu havia sido conferido a Najib, irmão de Mamoon. Najib parecia uma versão mais velha do irmãozinho, a não ser pelo fato de que o tamanho de sua cabeça combinava com o corpo. Esbelto em seu um metro e sessenta de altura, era educado e afável, embora suas grandes narinas tremessem quando ele falava comigo.

Alguns dias depois, Najib me contou a história do seu troféu de futebol. Passávamos pelas estradas pedregosas sob um calor de quarenta graus a caminho da casa de parentes. Naquele dia, Najib era o meu *mahram*, ou guardião masculino. Embora pela lei talibã os primos não pudessem servir de acompanhantes, ambos estávamos prontos a mentir e dizer que ele era meu irmão, caso fôssemos pegos. Ele me pareceu prestes a se abrir quando nos sentamos no banco traseiro do balouçante jinriquixá motorizado. Começou a falar em seu tom calmo. Eu observava a paisagem árida que passava diante de nós. As várias tonalidades de marrom da terra e pedras descoradas pelo sol adquiriam uma coloração azul, vistas através do crochê da minha burca. Apoiei-me na barra metálica de proteção para ouvi-lo.

Najib demonstrava nervosismo ao falar, fazendo pequenas pausas rápidas para respirar entre as frases. Contou-me que era um bom jogador de futebol. Acreditava que se tivesse ao menos podido prová-lo, o talento futebolístico teria sido sua chave para o sucesso. Em nada diferia de milhares de garotos americanos que sonham jogar beisebol ou basquete profissionalmente. Suas aspirações eram bem mais modestas. Para ele, não se tratava de ascender a um grande time, mas de conseguir chegar aos Estados Unidos. No Afeganistão, os Estados Unidos eram a primeira divisão.

Najib sabia que eu já trabalhara para a Concacaf, o órgão internacional da Fifa que organiza o futebol profissional na América do Norte e Central e no Caribe. Najib queria que eu usasse meus contatos no futebol para levá-lo para os Estados Unidos. Vi seu orgulho se desfazer por um instante sob o sol abrasador. O jinriquixá semi-estável nos chacoalhava sobre as pedras da estrada. Najib ia me vender seu peixe.

Ele propôs jogar futebol por um período de experiência, aceitando de bom grado não ser pago. Se ao menos pudesse mostrar seu talento para as pessoas certas, acreditava, conseguiria fazer carreira no futebol e permanecer nos Estados Unidos. O jinriquixá deu um solavanco muito forte e eu me agarrei à barra de proteção. Senti um silencioso vazio no estômago diante da esperança que o menino depositava em mim. Que responsabilidade incômoda! Ele *me* pedia para acreditar nele. Eu sabia não ter condições de realizar seu sonho. A realidade era dura como a paisagem que deixávamos para trás com cada baque e solavanco do jinriquixá.

Para os afegãos, os Estados Unidos eram um lugar quase mítico, alcançado apenas por aqueles de grande iniciativa e muita sorte. Por algum motivo, quem conseguia se fixar por lá virava membro de uma classe diferente. Isso era ainda mais válido para as mulheres. Quando elas visitavam o Afeganistão após terem se mudado para os Estados Unidos, esse retorno representava a oportunidade de serem estrelas. Eram admiradas e paparicadas, invejadas pelo fato de poderem dirigir automóveis e por causa das roupas que lhes permitiam usar. Tinham o sonhado estilo de vida americano, com máquinas de lavar e fornos de microondas. Os americanos eram os astros do mundo, e orbitar em torno deles transformava os parentes afegãos em astros também. Para um afegão, ter acesso ao território americano tem a mesma mágica e fantasia que a idéia de ir para Hollywood e virar uma celebridade contém para um americano.

Fiz o melhor que pude para minimizar meu privilégio americano. Segui o conselho da minha mãe e não vesti nada que fosse mais bonito que as roupas de meus anfitriões. Não levei minhas roupas melhores, nem, é claro, qualquer roupa ocidental, bem como não usei jóias. Aparentemente, decepcionei meus parentes, que esperavam grande ostentação. Ouvi gozações sobre meus sapatos comuns, alpargatas pretas baixinhas e confortáveis compradas no Queens a caminho do aeroporto. Ironicamente, minhas parentas afegãs andavam muito mais na moda que eu, ficando meio confusas quando a prima americana não aparecia em suas casas envolta em todos os seus enfeites.

Quando visitei Janaraa, uma das primas de mamãe, ela pegou meus sapatos e os contemplou com óbvio desagrado.

— Jamais me veriam usando um destes — gracejou.

Janaraa era quarentona, tinha um rosto envelhecido, pálpebras caídas e uma falha bastante grande entre os dois dentes da frente. Esta falha alinhava-se perfeitamente com a risca de seu cabelo grisalho, puxado para trás em um sóbrio rabo-de-cavalo. Ela não fazia qualquer segredo sobre como se sentia, sendo uma das mulheres mais expansivas que conheci no Afeganistão, chegando a dar toques de humor ao que dizia. Tinha um talento notável para usar a espirituosidade ao dizer coisas que talvez lhe causassem problemas se ditas de forma séria.

Janaraa zombou do meu figurino conservador, matronal, que consistia em uma túnica marrom ao estilo afegão e calças folgadas.

— Você deve nos achar muito por fora da moda para se vestir assim quando vem nos visitar. Se nos mandar presentes, não mande desse tipo — disse ela, apontando para os meus sapatos. Minha austeridade derivava de algo que me parecia mais importante do que a humildade. Eu tinha medo de mostrar aos meus parentes o que estavam perdendo por não morar nos Estados Unidos. Muitos afegãos que conheci nutriam uma onipresente fantasia de algum dia poderem morar lá. Quando a sós comigo, mesmo os afegãos mais orgulhosos confessavam que, se a oportunidade se apresentasse, partiriam imediatamente para os Estados Unidos. Para a maioria tal desejo jaz, silencioso, sob uma inabalável aparência severa. Quando esse forte impulso interior de partir alcança seus corações, ocasião em que são obrigados a reconhecê-lo e enfrentá-lo, suas vidas já difíceis se enchem de uma melancolia torturante. Esse desejo intenso de alguns me lembra a saudade de um amor perdido, capaz de nos levar à loucura. Eu sabia que muitos suporiam que eu teria como ajudá-los a chegar aos Estados Unidos. Minha visita era um lembrete agressivo de um mundo que os excluía. Tentei amenizar a sensação de um abismo já enorme entre o meu privilégio e a realidade deles.

Sulaiman, o marido de Janaraa, é um homem bonito, com a pele bronzeada e endurecida, um nariz redondo e olhos meigos, e tinha um jeito jovial de se expressar. Logo depois que cheguei, ele começou a pôr em prática o próprio plano para chegar aos Estados Unidos. Na minha câmera de vídeo, Sulaiman gravou uma proposta de casamento a uma prima bastante idosa na Califórnia. A princípio pensei tratar-se de uma piada. Mas, para ele, era sério. Casaria com essa prima para se mudar para os Estados Unidos e algum dia, afinal, mandaria buscar Janaraa e o restante da família. Janaraa brincava dizendo que se Sulaiman realmente fosse se casar com a prima, ela jamais lhe daria o divórcio porque queria mantê-lo todo para si.

Um dia, na casa de Khala Sherina, havíamos feito a sesta, como de hábito, mas não consegui me levantar. Meus olhos teimavam em se fechar, e quando tentei abri-los, meu corpo amoleceu.

Khala Sherina entreabriu a porta do quarto e sussurrou:

— Masuda, você pode ir dormir no outro quarto, por favor? Olhei, exausta, na direção da porta, surpresa, mas sem querer ser grosseira.

— Desculpe, mas temos visitas — insistiu ela.

Eu estava dormindo no quarto de hóspedes, por ser este o único cômodo vazio na casa. Sabia que ela estava sendo delicada ao me dizer que eu podia dormir em algum outro lugar, mas também sabia que deveria levantar e receber os convidados. Quando levantei, senti a roupa grudar no corpo e o suor escorrer pela nuca. Enchi dois baldes d'água no latão de alumínio e os levei para cima. Nunca achei que jogar água fria na cabeça fosse a maneira ideal de acordar, mas este era o costume entre eles, e eu sabia que ofereceriam algo melhor, se houvesse.

Arrumei-me e atravessei o pátio, imaginando onde estaria minha prima Ousi. Por ser a moça da casa, esperava-se que Ousi estivesse presente para servir os convidados e ajudar a mãe, Khala Sherina. Cumprimentei as visitas, beijando cada uma delas no rosto três vezes, e me sentei. Tia Lailuma lhes contou como estava sendo a viagem até ali, falando dos parentes que já havíamos encontrado, enquanto eu ajudava Khala Sherina a preparar o chá e os biscoitos. Ousi, com dor de cabeça, estava dormindo no porão, o que me tornava a única jovem disponível para fazer sala para as visitas. Preparei o chá dos convidados, que mantinham um silêncio lúgubre, estudando com cuidado os meus movimentos como se houvesse algum segredo importante sobre o meu caráter a ser revelado por eles.

MINHA GUERRA PARTICULAR 147

Finalmente, as visitas declararam o propósito da sua vinda.
— Viemos pedir a mão de Masuda — proclamou a mulher mais idosa, enquanto me olhava ansiosa.

Imediatamente voltei os olhos para o chão, não querendo fitá-la com medo de desatar a rir. Ela se virou para tia Lailuma.

— Conhecemos a família Sultan. São pessoas maravilhosas, bons pashtuns, bons muçulmanos. Meu filho também é uma ótima pessoa. O que acha?

Era como se estivesse fazendo um discurso ensaiado. Tia Lailuma sentiu-se obrigada a dizer alguma coisa:

— Vocês também são ótimas pessoas.

A mulher prosseguiu:

— Sabemos que Masuda cresceu nos Estados Unidos e provavelmente estudou por lá, mas meu filho também é instruído. Tem dez anos de estudos. Quantos anos são necessários para completar os estudos nos Estados Unidos?

Tia Lailuma sorriu e respondeu:

— Bem, os pais de Masuda não estão aqui, e acho que, sendo adulta, Masuda pode falar por si mesma. — Ao mesmo tempo, lançou-me um olhar que sugeria não lhe caber a responsabilidade por mim.

Desde os 11 anos eu recebia propostas formais de casamento e antes disso havia recebido outras, informais. No entanto, ensinaram-me a ser tímida. Lembro que na primeira vez em que um grupo de mulheres nos visitou, quase morri de nervosismo. Servi o chá, sentei-me num canto e procurei me manter ocupada na cozinha o máximo possível. Minha mãe costumava argumentar que eu era jovem demais para casar, tornando desnecessário que eu falasse muito.

Isto era uma novidade. Eu era adulta e tinha que falar em meu próprio nome. No início, fiquei quieta, supondo que alguém responderia à proposta por mim, sobretudo no Afeganistão. Um silêncio tenso encheu o aposento, enquanto internamente eu discutia o quão sumária poderia ser a minha recusa sem parecer grosseria. A reação educada teria sido providenciar uma desculpa, como me declarar jovem demais ou já prometida a outro homem. Nenhuma delas, porém, era verdadeira. Ainda assim, eu pretendia recusar a proposta da forma mais delicada possível, de modo a não ofender a família. Acima de tudo, não queria que eles pensassem que eu os considerava inferiores por serem pobres. No entanto, se não rejeitasse a proposta de imediato, correria o risco de parecer interessada no pretendente. Para preservar a própria castidade e moral, as moças afegãs devem ser muito tímidas e não demonstrar qualquer emoção quando se fala de homens ou casamento. Nossas visitas haviam infringido uma norma cultural ao me perguntar o que eu achava sobre me casar com seu filho. Normalmente, uma mulher na minha situação jamais responderia a uma proposta dessas, permanecendo em silêncio até que suas parentas falassem. Pelo fato de eu ser uma mulher instruída e divorciada, residente nos Estados Unidos, nossos convidados esperavam uma resposta direta. Cheguei a sentir orgulho por tia Lailuma me considerar apta a lidar com a delicada situação.

Decidi me apegar à diferença de instrução entre o meu pretendente e eu como fonte de incompatibilidade. De uma maneira geral, as famílias afegãs evitam buscar esposas instruídas para os filhos, pois estas serão rebeldes e cronicamente insatisfeitas.

Olhei para a mãe do meu pretendente, ainda evitando, por constrangimento, o contato visual, e respondi com grande delicadeza:

— Nos Estados Unidos, os estudos levam 12 anos, e depois vem a faculdade, que também cursei, que dura mais quatro.

— Então você é mais instruída que nosso filho. Tudo bem. Mesmo tendo sido criado no Afeganistão, os hábitos dele são os mesmos de um rapaz americano.

Fiquei sensibilizada e satisfeita por ela me achar boa o bastante para o filho. Também admirei sua ousadia de propor a uma americana instruída casar-se com o rapaz. Perguntei-me se ela sabia que eu era divorciada. O assunto não viera à tona, mas a julgar pela rapidez com que as fofocas afegãs se espalham, seria praticamente impossível que seu filho não soubesse.

Ela passou então a contar histórias sobre o filho, esclarecendo que ele era o mais bonito dos irmãos e enfatizando a doçura com que os tratava. Esse ritual era comum durante tais visitas. O grau de exagero, porém, dependia de cada família. Às vezes, as moças se casavam com homens bem menos ricos do que o comitê proponente fizera crer, e certas famílias chegavam a ser "enroladas", dando a filha em casamento a um noivo deficiente ou louco. Perguntei-me quanto daquela descrição corresponderia à realidade.

A parte de mim que se esforçava para dizer não a qualquer aventura imaginou como a minha vida mudaria num segundo se eu dissesse sim àquela mulher. A antiga Masuda poderia simplesmente sumir, e eu me tornaria uma típica afegã em Kandahar, entregue em tempo integral às tarefas domésticas, parindo um monte de filhos. Apesar de tudo que eu conseguira, de tudo que fizera para não ser essa mulher, o risco ainda permanecia iminente. Como se, dirigindo numa via expressa, eu pudesse mudar de direção repentinamente e ser aquela que podia ter sido. Ou — quem sabe? — aquela que deveria ser.

Eu não precisava viver como o povo afegão. Era rica, tinha boa saúde e acesso às melhores pessoas e lugares do mundo. Mas pouco existia para me recordar do meu cotidiano nos Estados Unidos, e eu mergulhara neste ambiente e esquecera quem era, como se essa pessoa tivesse desaparecido. Seria eu a mesma mulher que freqüentava lugares chiques em Nova York, convivendo com os ricos e jantando caríssimos filés? Será que eu era, realmente, aquela Masuda? A Masuda formada em Economia? Lembrar-me disso era como encontrar um dinheiro esquecido no bolso. Eu o pusera ali, mas esquecera dele. No entanto, nenhuma das mulheres que conheci seriam capazes de entender de verdade como era viver como eu. Não faziam idéia da complexidade dos cursos de economia que completei — dos modelos de regressão e dos modelos para avaliação de riscos. Eu sabia tudo sobre essas coisas. E aqui, elas não valiam nada. Não me permitiam sequer sair na rua, que dirá aplicar conhecimentos complexos de Economia.

— Então, Masuda, o que você acha? — perguntou a mãe do "noivo".

Todos os olhos se fixavam em mim, inclusive os das jovens que a acompanhavam. Descobri mais tarde que uma delas era a irmã do "noivo", e as outras duas, mulheres de seus irmãos.

Tive novamente vontade de rir. Não consegui me conter. Seria extremamente grosseiro, mas era tudo que eu queria fazer. Sorri, escondendo o riso, e respondi que pretendia continuar a estudar.

— Mas você já é *tão* instruída! — objetou a senhora.

— É, mas nos Estados Unidos não pensam assim. Lá é possível passar a vida toda estudando. Eu gostaria de estudar mais, antes de me casar — insisti, esperando que esta fosse a forma menos traumática de resolver a situação.

Com certeza eu não podia dizer que seu filho e eu não combinávamos. Durante um bom tempo resisti à idéia de que alguém pudesse não ser bom o bastante para mim, mas à medida que adquiri mais autoconfiança, percebi que era meu direito acreditar nisso. Sim, eu tinha certos padrões, e se alguém não os satisfizesse, eu admitiria tal fato.

— Meu filho é muito liberal. Ele lhe permitiria continuar a estudar — garantiu ela.

— Quero continuar meus estudos e depois pensar em casamento — repeti, sentindo que os argumentos começavam a me faltar.

— Podemos falar com seus pais em Nova York... — sugeriu a mãe do "noivo", achando que talvez eu precisasse da aprovação deles para aceitar a proposta.

— Sei disso, mas eles lhe dirão o mesmo — retruquei.

Elas terminaram rapidamente o chá e, enquanto pegava sua burca dentre as várias sobre o meu braço, a senhora perguntou:

— Você tem a cidadania?

Referia-se à cidadania americana.

— Tenho — respondi, me dando conta do principal motivo da proposta.

— Bem, ele tem primas em Londres que também são cidadãs inglesas. Vamos pedir a mão de uma delas — observou, nitidamente aborrecida com a minha rejeição. Embora a cidadania americana fosse especialmente valorizada, a de outros países ocidentais também era valiosa.

Tia Lailuma e eu rimos quando elas se foram.

— Não se pode culpá-la por querer uma vida melhor para o filho — comentou minha tia. Concordei.

O casamento se tornara uma via comum para chegar aos Estados Unidos, principalmente depois que o país passou a acolher cada vez menos afegãos refugiados, quando acabou a guerra soviética. A vida em Kandahar estava longe de ser a vida que esse homem poderia almejar caso eu tivesse dito sim.

UMA TARDE DURANTE O CHÁ contei mais de quarenta primos próximos só da família do meu pai. Minhas tias Lailuma e Khala Sherina me levaram para visitar mais primos do que jamais pensei ter. Descobri depois, através de uma outra tia, que eu tinha mais de cem primos. Elas me levaram à casa de Nasria para o chá da tarde, que consistia em chá, biscoitos, nozes e frutas. Uma por uma, as mulheres da família de Nasria vieram nos receber, beijando cada uma de nós três vezes no rosto e se sentando nos colchonetes arrumados no quintal. A filha magricela de Nasria, de 16 anos, Arzu, me abraçou e me apertou com força ao me beijar, dizendo que ouvira falar muito de mim na infância. Seu cabelo comprido e negro estava amarrado num rabo-de-cavalo. O penteado era arrematado na testa por uma mecha de cabelo no formato de um gancho, uma espécie de topete. Ficou sorrindo para mim, como se ansiosa para falar. No entanto não pude lhe dar muita atenção porque as mulheres mais velhas me prenderam numa conversa, enquanto Arzu se revezava entre a cozinha e o quintal. Algumas crianças pequenas engatinhavam nos tapetes sobre os quais se achavam os colchonetes, apossando-se dos biscoitos arrumados com esmero em pratinhos. Nasria, qual um falcão, agarrou dois pequerruchos antes que um deles se aproximasse de uma xícara de chá quente. A princípio, pensei que fossem filhos de Nasria, mas Lailuma me dirigiu uma expressão de espanto e sussurrou:

— Avó jovem!

A casa de Nasria era uma das mais movimentadas que eu já vira, uma parentada jovem que incluía, no mínimo, trinta mulheres e crianças, mas eu sabia que havia mais gente, já que ainda não conhecia nenhum dos homens.

Até encontrar Khala Sherina e meus outros parentes, eu nunca tinha visto gente com tão pouco dar tanto. A generosidade deles me impressionava e emocionava. Embora estivesse num lar modesto, me tratavam como rainha. Primos que nunca vi me tratavam como irmã. Todos, de Mamoon a sua mãe, me protegiam e cuidavam de mim. Ousi fez o possível para me proporcionar os luxos que supunha que eu tivesse nos Estados Unidos, dos quais ela própria não desfrutava.

Eu não sabia que pessoas que se sentem tão abandonadas são capazes de ser tão calorosas. Os afegãos se sentem descartados pelo mundo — principalmente pelos Estados Unidos. Ainda assim, a maior emoção que este país lhes desperta é a vontade de chegar lá, de ter a chance de partilhar o privilégio americano. O que mais querem dos Estados Unidos pode ser resumido numa palavra apenas: oportunidade. Najib sonhava jogar futebol, Sulaiman estava disposto a tentar a cidadania por meio da proposta de casamento, via vídeo, a uma parenta mais idosa. Inúmeros outros me confessaram ou sugeriram o desejo nostálgico de chegar aos Estados Unidos.

Vi coragem e destemor nessa gente. Vi a coragem sendo cultivada desde cedo em Mamoon, quando ele se deu conta de ter como tarefa me proteger e me guiar no mercado. Lembrei-me de vê-la nos homens do meu país, quando guiavam ousadamente suas motos pelas estradas poeirentas e pedregosas sem asfalto. Não usavam capacetes e envolviam nariz e boca com as pontas dos turbantes a fim de se proteger da poeira. Lembro de olhar para seus rostos quando passavam por nossa caminhonete e de ver uma força resoluta em seus olhos escuros, a mesma força que via nos olhos de Mamoon, só que mais amadurecida e talvez um pouquinho mais triste.

Perguntava a mim mesma no que estariam pensando naquele exato momento, navegando intrepidamente por estradas tão perigosas. O resto do mundo parecia não existir, e a única coisa que importava era aquela trilha incerta à frente. Para mim, eram mais belos que nunca nesses momentos.

Foi através das mulheres que eu soube como os homens sofriam. A dor do abandono era profunda. A determinação e a bravura solitária que vi nos homens lembrava a independência irreal que brota num adolescente que cresceu acreditando que ninguém se importa com ele. Esses homens não estavam dispostos a ser vulneráveis. Olhavam apenas para si mesmos e escondiam a dor atrás de uma fachada de pedra. Essa força estranha, misto de destemor, rebeldia masculina e independência feroz, era uma forma de lidar com a dor e a vulnerabilidade inomináveis e aterradoras.

No entanto, à medida que fui conhecendo alguns deles, descobri o lado emocional sensível desses homens sob sua aparência endurecida. Muitos que eu viria a conhecer depois gostavam mais de flores do que de armas. Adoravam ouvir música, dançavam juntos e tinham um senso de humor malicioso — com freqüência zombavam uns dos outros e contavam todo tipo de piadas autodepreciativas que nos fazem lembrar do mulá Nasrudin, um lendário piadista cujo nome é invocado tanto para contar piadas populares quanto paradoxos filosóficos de sufis eruditos. Embora tenha morrido há uns bons oitocentos anos, os afegãos costumam contar suas piadas como se o conhecessem. Sua fama se espalhou para vários outros países, do Oriente Médio à China, que com freqüência reivindica ter sido a sua pátria.

Boa parte da satisfação dos parentes em me ver vinha da constatação de que os que haviam partido para os Estados Unidos não os tinham esquecido. Isso alimentava o sonho que carregavam no coração. Se eram lembrados, então podiam acalentar a esperança de um dia se juntarem às suas famílias na América.

Custei um pouco a me habituar a usar a burca e a obedecer às regras do Talibã, mas este foi um preço baixo a pagar para ver minha família. Meus parentes riam quanto eu tropeçava, tentando não pisar na barra da burca, que era comprida demais. Optei por uma mais longa, porque as do meu tamanho deixavam a roupa por baixo à mostra quando eu andava. A burca precisa envolver a mulher, embora sem apertá-la, para não revelar o contorno do traseiro feminino. Na frente, é franzida como uma espécie de saco, para esconder o relevo dos seios. Certa vez, no bazar, abri as mãos com as quais estava prendendo a burca, o que a fez levantar e deixar à mostra a barra do meu *shilwar kamis*. Quando percebeu isso, Khala Sherina me repreendeu, mandando que eu me cobrisse rápido, já que o lugar mais íntimo do meu corpo estava exposto. Eu aceitava o fato de Kandahar cultuar o recato, embora não concordasse com a forma como ele era imposto a todos. O que descobri, porém, nos dias posteriores, projetou uma nova luz sobre essa cultura. Às vezes, andando na rua, eu via homens ajeitando as roupas. Outras, eu os via agachados diante dos esgotos estreitos a céu aberto, encarando a parede. Nunca soube ao certo o que faziam, me recusando a acreditar que fosse algo impróprio. Dei a eles um crédito exagerado.

Certa vez, observei atentamente um homem agachado do qual nos aproximamos. O primo que me acompanhava prendeu o riso, me recomendando não olhar. O homem estava de cócoras, fazendo xixi em plena rua! Quando chegamos perto, ele terminou, enfiando a mão sob a túnica para abotoar a calça. Fiquei pasma diante de diferenças tão extremas. Às mulheres não se permitia exibir uma nesga de tecido por baixo das burcas, enquanto os homens desavergonhadamente urinavam em público nos esgotos. E eu que pensava que a cultura afegã abrangesse respeito, vergonha e recato.

Aquilo era hipocrisia. Nada tinha a ver com o que meus pais descreviam quando falavam de Kandahar. Eu não tardaria a ver mais.

Ousi, a única irmã de Mamoon e a mais velha dos irmãos, quis me mostrar como era realmente a vida das mulheres em Kandahar, e me levou para tomar chá na casa de uma farmacêutica com quem trabalhava na clínica. Raoul nos acompanhou, e adorei a idéia de ir com Ousi visitar uma colega de trabalho porque isso nos permitia ser moças modernas em Kandahar. Fomos recebidas pela farmacêutica Mahbooba e a irmã adolescente, Zeiba, no quarto de hóspedes, onde nos cumprimentamos com beijos, nos sentamos e nos comportamos como senhoras afegãs. Tomamos um chá atenciosamente servido por Zeiba, uma menina decidida de 14 anos, que me fez todo tipo de pergunta sobre os Estados Unidos. Eu dirigia? Como consegui uma carteira de motorista? Eu tinha medo de bater em outros carros ou de atropelar alguém? Quanto custou o meu carro e como arrumei dinheiro para comprá-lo? Mahbooba pediu a irmã para me deixar em paz. Eu era uma visita e não devia ser interrogada de maneira tão agressiva. Mas eu me diverti com aquilo, porque o Talibã havia proibido as mulheres de dirigir e adorei contar à menina como era banal nos Estados Unidos uma mulher dirigir seu carro.

A julgar pela casa, a família de Zeiba obviamente era muito pobre. Descobri que a partilhavam com uma outra família e que não tinham nenhum parente próximo nos Estados Unidos para ajudá-los financeiramente. Haviam, inclusive, corrido o risco de perder até mesmo aquela casa e virar pedintes na rua, mas Deus os "salvou". Quando fomos embora, Ousi me contou que Zeiba fora prometida a um homem de 66 anos, o proprietário da casa. Ele morava nos Estados Unidos e vinha visitar às vezes, hospedando-se com a família, que o recebia de braços abertos, pois já não tinham mais como pagar o aluguel.

Tudo mudou no dia em que ele ameaçou despejá-los. A família apelou, implorou, pediu que se compadecesse deles.

O que podiam fazer para ficar na casa? O proprietário propôs
uma solução: se lhe dessem Zeiba em casamento, ele deixaria
que continuassem morando lá. Enquanto Ousi me contava a
história, me dei conta de que conhecia o sujeito. Ele tinha uma
família grande nos Estados Unidos, vários netos, alguns da
mesma idade de Zeiba. A esposa sofria de artrite reumatóide,
mas fazia questão de enfrentar o trabalho doméstico com seus
dedos aleijados. Eu a vira cozinhar para esse homem. Senti
muita raiva. Desejei que ele aparecesse ali, na nossa frente,
para eu poder interrogá-lo. Queria esfolá-lo com as minhas
próprias mãos. Talvez se fosse um afegão local eu sentisse raiva,
mas não tamanho horror. Como um homem que morava nos
Estados Unidos era capaz disso? Ele sabia que lá isso equivalia
a estupro. Como podia encarar a Deus? Como *Deus* podia
encarar essa menina?

Ousi me falou da freqüência com que esse tipo de coisa
acontecia no Afeganistão, de como as mulheres eram impo-
tentes. Há muito isso era praticado na sua cultura.

— Kandahar pode ser horrível — lamentou, enquanto
passávamos pelos muros de adobe das casas da cidade. Esses
muros protegiam as famílias do olhar hostil do mundo, mas
sujeitavam Zeiba e muitas outras meninas como ela a casamentos forçados e a uma vida de servidão.

OITO

A PIOR ASSISTÊNCIA MÉDICA DO MUNDO

*Vim aqui me tratar. Tinha algumas jóias que vendi
para poder vir até aqui. A maioria das mulheres
no Afeganistão não tem dinheiro, e quando adoece
como aconteceu comigo, simplesmente morre.*
Uma jovem residente no norte do Afeganistão,
sujeita ao regime talibã[1]

MINHA PRIMA OUSI foi uma mãe carinhosa para mim enquanto
me hospedei com sua família em Kandahar. Ousi era a única
filha de Khala Sherina e regulava comigo em idade. Seus olhos
cor de amêndoa eram expressivos, e seu cabelo castanho, tão
rebelde quanto ela. Seus gestos eram muito vivos e seu tom
de voz, animado; conseguia até mesmo ser mais rápida que a
mãe nos afazeres domésticos.

Ousi lavava a louça no quintal, cuidando para não usar
água demais, já que a única forma de obtê-la era perfurando
o lençol freático. Como hóspede vinda dos Estados Unidos,

não me permitiam ajudar. Seria desconfortável para mim ficar agachada para alcançar a água, e o sabão em pó ressecaria minhas mãos. Eu a observara enchendo d'água velhas latas de óleo de modo que o sol a aquecesse para que pudesse ser usada para lavar mais louças.

À noite, Ousi e eu dormíamos lado a lado em colchonetes ao ar livre no quintal, separadas apenas pelos nossos cortinados contra mosquitos. Ousi fazia questão de se assegurar de que o meu estivesse bem ajustado e a salvo de se soltar antes de se deitar ao meu lado, sempre pronta a me ajudar durante a noite, caso eu precisasse de algo, pois não havia luz elétrica. Quando eu queria tomar banho, ela enchia baldes com a água do poço artesiano e os levava para cima para mim. Obviamente, sua intenção era me poupar do excesso de dificuldades para me adaptar ao estilo de vida da família.

Em determinados momentos, o entusiasmo com que Ousi encarava sua função de guia e protetora me emocionava e, ao mesmo tempo, me dava vontade de rir. Uma noite, ela me perguntou se eu tinha medo do escuro. Lancei-lhe um olhar tranqüilizador e lhe garanti ser muito corajosa. Afinal, fui criada nos violentos bairros do Brooklyn e do Queens. Os Estados Unidos não haviam me amolecido tanto assim. Naquela noite, rimos juntas como irmãs.

Fiquei surpresa ao saber que Ousi era uma das poucas mulheres que ainda trabalhavam em Kandahar. A despeito da proibição de empregar mulheres, imposta pelo Talibã, permitia-se que algumas trabalhassem. Após ter banido inicialmente as mulheres da atividade médica e de enfermagem, o Talibã cedera e admitira o retorno de um número limitado delas para trabalhar nos setores feminino e infantil dos hospitais. Causou-me surpresa o fato de Ousi trabalhar, pois sua família parecia muito conservadora, mas descobri depois que o seu salário era a única fonte de sustento real na casa. Os irmãos, também por volta dos vinte e poucos anos, mal conseguiam trabalho. Ambos eram aprendizes, um de calígrafo e o outro de farmacêutico, e às vezes recebiam salário, mas em geral isso não acontecia.

Ousi trabalhava numa clínica particular, nos arredores da cidade, que atendia principalmente os *kuchis*, ou tribos nômades de ciganos afegãos, bem como refugiados de outras regiões do Afeganistão, o que os Estados Unidos chamam de população internamente deslocada. Toda manhã, uma *van* do patrão vinha buscá-la e a trazia de volta antes do almoço. Resolvi conhecer a clínica e, um dia, acompanhei-a ao trabalho. Como sempre, Ousi foi a primeira a ser apanhada pela *van*. O motorista usava uma barba branca e um barrete mais alvo ainda, do gênero que os muçulmanos do mundo todo usam. Depois de alguns minutos de viagem, paramos numa trilha estreita, cercada de muros cáqui de aparência tão frágil que davam a impressão de terem sido feitos com massinha.

Uma mulher coberta dos pés à cabeça por uma burca surgiu, entrou na *van* e nos cumprimentou. Segundo o costume afegão, perguntei como ela e a família iam, ouvindo dela a mesma pergunta, mas o tempo todo nenhuma de nós fazia a menor idéia da aparência da outra, embora estivéssemos sentadas frente a frente. Enquanto ela conversava com Ousi sobre o trabalho, tentei imaginar como seria, desejando poder ver seus lábios quando ela falava. Fizemos algumas outras paradas até que a *van* lotou. Agora havia muito mais burcas para atrair a minha atenção. Achei difícil acompanhar a conversa, procurando me lembrar para qual delas fizera qual comentário, porque todas eram mais ou menos iguais. Não conseguia sequer ver seus sapatos ou um pedacinho que fosse de suas roupas sob as burcas a fim de distingui-las. Me senti como uma cega, a caminho da periferia de Kandahar numa *van* cheia de mulheres envoltas em burcas.

Chegamos a um prédio de concreto, em condições lastimáveis na periferia da cidade, diante da desolação do deserto. Sobre a entrada da clínica havia um letreiro onde se lia "Clínica dr. Mia Sahib, Kandahar". Estávamos sob a sombra de uma montanha, que abrigava o histórico Chihil Zina, ou quarenta degraus, que levava a um entalhe em persa da autoria de Babur, o fundador do Império Mogol. O entalhe, de quinhentos anos de idade, proclama as muitas conquistas de Babur em toda a Ásia. Fica numa caverna próxima ao cume da montanha, cuja entrada é guardada por dois leões de pedra.

Passava um pouco das sete da manhã, e o ar na clínica ainda guardava o frescor da noite, embora o sol forçasse a sua entrada nos cômodos por algumas das janelas de madeira farpada. Dei um puxão, sob o queixo, no tecido da minha burca de modo a ajustar a tela que me cobria os olhos. Entrefechei-os, tentando descobrir se os dois homens armados de fuzis zanzando em frente à clínica eram ou não talibãs. Por todo lado se viam homens pardos armados, e quase sempre era impossível saber quando se tratava da polícia religiosa, ex-*mujahidin*s ou simplesmente civis. Ousi me garantiu que aqueles não eram talibãs, e entramos na clínica.

Ousi me levou à sala onde ela vacinava as crianças, e tiramos nossas burcas, substituindo-as por grandes lenços de algodão enrolados no corpo, da cintura para cima. Na minha família chamávamos esses enormes lenços de "lenços de oração", porque os usamos durante as rezas para cobrir a cabeça e o peito. Muitas vezes pensei que não fazia sentido usar um lenço ao falar com Deus, porque Ele tudo sabe e tudo vê, e não se importaria com a minha aparência. De certa forma, porém, o lenço se tornara um símbolo para a mulher muçulmana. Quando eu era mais moça, por exemplo, havia quem se surpreendesse ao saber que eu era muçulmana, mas não o usava. Agora os usávamos simplesmente para dispensar nossas burcas, para ser menos, e não mais, recatadas.

A sala das vacinas em que Ousi trabalhava era pequena e espartana, com duas velhas cadeiras de metal, uma mesinha bamba e um armário alto de madeira meio apodrecida com portas de vidro que servia para guardar remédios. Observei-a preparar o consultório para os pacientes, abrir o seu fichário preto e branco, arrumar as seringas sobre a mesa e retirar do armário tubos cheios de líquido claro — as vacinas. Depois, trouxe da maternidade uma cadeira e um copo de chá para mim. Ouvi vozes no corredor: a primeira paciente, uma menininha de cabelos louros e olhos verdes no colo da mãe, envolta numa burca verde-oliva. A mulher levantou a burca, revelando um rosto jovem, embora marcado pelo sol, olhos verdes e cabelos castanho-claros. Equilibrou o capuz da burca sobre a cabeça, e a franja castanha lhe desceu pela testa. Tinha o que chamaríamos nos Estados Unidos de "luzes naturais" no cabelo, algo que eu e inúmeras outras mulheres vivemos tentando reproduzir com descolorante químico.

Era a segunda vez que trazia a filha para ser vacinada. Ousi recomendou-lhe que pedisse às parentas que também trouxessem os filhos.

— Aqui é tão longe — respondeu ela. — Você sabe que não é todo mundo que acha que isso vai ajudar os filhos — acrescentou, deixando clara a postura vigente. — Além disso, dizem que se eu sobrevivi e estou bem, o mesmo vai acontecer com os meus filhos.

Havia gente ainda menos afortunada e menos consciente do que essa pobre analfabeta, que viera até uma clínica praticamente no meio do deserto. Ela olhou para mim enquanto agradecia a Ousi, e me dei conta de que nos Estados Unidos a minha presença provavelmente seria explicada à paciente, de modo a não invadir a sua privacidade.

Seguiu-se uma romaria de mulheres e crianças. Ousi saía e retornava com mais e mais grupos de pacientes. Uma mulher, à espera de seu remédio, virou-se para mim e começou a falar de seu problema:

— Tenho uma dor aqui do lado que não passa. Às vezes tomo umas ervas, mas não pára de doer. Nem o remédio que me deram funciona. Desde que essa dor começou sofro tanto, quando tento ir ao banheiro...

Antes que ela dissesse mais, eu a interrompi:

— Desculpe, Khala, mas não sou médica — disse eu, mas ela não acreditou, ainda que eu a tivesse chamado de "tia", num gesto de carinho e deferência.

— Você tem que tratar de mim — pediu.

Ousi interveio:

— Ela não é médica. Deixe-a em paz.

A mulher foi embora, aflita e provavelmente achando que havíamos mentido porque ela não tinha dinheiro para pagar o remédio. Aparentemente, já estivera na clínica, mas ninguém podia resolver de fato o problema da sua dor, apenas prescreviam analgésicos.

Algumas outras mulheres me confundiram com uma médica, segundo Ousi por causa dos óculos e da minha pele clara. Pedi desculpas a todas por não ser médica, desejando ter estudado medicina para servir para alguma coisa ali.

Uma mulher mais velha, aparentando uns quarenta e poucos anos, entrou no consultório, olhou à volta e exigiu que Ousi a vacinasse.

— Só as crianças — respondeu Ousi.

— Mas eu estou tão doente, tão cansada... Acho que vai me ajudar.

— Isto não é soro, Khala — disse Ousi, falando mais alto.

— É para proteger as crianças das doenças que elas pegam, como aquela que paralisa suas pernas.

— As minhas pernas também estão fracas. Quem sabe quando vão parar? Por favor, só uma injeção — implorou, já enrolando a manga.

Ousi olhou para mim parecendo dizer: "Está vendo o que tenho que enfrentar?"

— Khala, não posso lhe dar esta vacina. Vá falar com a enfermeira.

A mulher insistiu mais uma vez com Ousi e, finalmente, virou-se para mim. Só que eu já havia aprendido a lição. Fingi não entender pashtu, e ela bateu em retirada.

OUSI SUGERIU QUE EU FOSSE LÁ FORA dar uma olhada geral na clínica. No início eu tinha ficado nervosa, com medo de causar confusão, mas agora me sentia mais à vontade com os pacientes. No consultório da maternidade, havia uma mesa vazia, que parecia feita de aço, e alguns instrumentos arrumados sobre uma mesinha com rodinhas, além de um armário contendo algumas bandejas com medicamentos. Que eu pudesse ver, não havia médicos, nem naquela sala, nem na clínica como um todo. Talvez houvesse alguma parteira, mas não vi lençóis nem qualquer equipamento médico. Se algo desse errado num parto, a clínica pouco poderia fazer. Fiquei imaginando por que alguém viria dar à luz ali, num lugar tão mal equipado. Descobri que até mesmo isso era um luxo para as mulheres que chegavam à clínica. A privacidade de um quarto, em lugar de uma tenda, e a existência de anestésicos paquistaneses e analgésicos americanos já justificavam a tentativa de fazer o parto na clínica. Em casa, as mulheres talvez nem pudessem gritar na hora de parir, porque seria uma vergonha permitir que os homens ouvissem o que se passava.

Caminhei pelo corredor para chegar à sala de espera, próxima à entrada da clínica. Conforme me aproximava, ouvia o eco das vozes das mulheres fofocando e das crianças chorando e brincando. Ao chegar mais perto, vi que a sala estava lotada de mulheres, algumas amamentando seus bebês. Também havia algumas do lado de fora esperando sob o sol matutino, agachadas, de pé ou sentadas à moda indiana no chão duro.

Essas mulheres haviam viajado várias horas por estradas de terra e ao longo de campos minados para chegar ali. Muitas, eu tinha certeza, deviam ter discutido com os maridos e sogros sobre se seria ou não imoral deixar as tendas sem um parente homem, mesmo que fosse para ir à clínica. A maioria, sem dúvida, perdera bebês anteriormente por falta de cuidados médicos. Algumas ostentavam tumores visíveis na pele.

A maior parte não trajava burcas, apenas as roupas coloridas e enfeitadas dos nômades *kuchis* e colares de prata no pescoço. Embora as mulheres do Afeganistão fossem obrigadas a usar a burca, as *kuchis* aparentemente eram isentas de tal obrigação, sobretudo porque raramente moravam nas zonas urbanas. Na verdade, a maioria das mulheres *kuchis* jamais usava a burca, já que a polícia religiosa talibã poucas vezes se aventurava nas regiões áridas do deserto onde morava seu povo, que era tão rebelde e independente que nem o Talibã ousava tentar domá-lo.

Nunca vi hospital pior que aquele. Olhando para trás, não sei por que esperava algo melhor, dadas as condições de tudo o mais no Afeganistão. Eu achava que nos Estados Unidos os hospitais eram simples. Cresci recorrendo aos hospitais públicos de Nova York para tratar da saúde, onde existem remédios em abundância, equipamentos de ponta, *lasers*, aparelhos de tomografia, órgãos artificiais, computadores, formulários e burocracia sem fim, tevês nos quartos, lençóis limpos nas camas e máquinas de refrigerantes. Mas ali não havia nada, só quartos quase vazios, chão de cimento sujo, sem balcão de recepção, máquinas de refrigerante, roupa de cama e burocracia. Nada havia além de gente. Devia haver umas cem mulheres esperando consulta, mas apenas seis trabalhavam na clínica, a julgar pela *van* que nos trouxera.

Voltei para o consultório de Ousi, perturbada por uma idosa que chorava de angústia numa outra sala. Diminuí o passo para saber o motivo da comoção e descobri por que a mulher chorava.

— Por favor, dá pra mim. Por favor — pedia ela, parada à porta da sala de remédios.

— Não posso. Já lhe dei três de graça na semana passada. Não podemos, sabe disso — respondeu friamente a farmacêutica de dentro da sala.

— Em nome de Alá — soluçou a senhora. — O que quer que eu faça? Você é muçulmana, não é?

Fiquei ali, de pé, enquanto a mulher se afastava, ainda soluçando.

A farmacêutica olhou para mim com uma expressão cansada.

— A pobrezinha não tem dinheiro para pagar as seringas para aplicar o remédio — explicou.

— Quanto custam? — perguntei.

O medicamento era subsidiado pela clínica, mas as pacientes pagavam um preço simbólico, e a quantia que ela me informou equivalia a 55 centavos de dólar.

— Eu pago — garanti a ela, correndo com as seringas atrás da velhinha, que já havia, àquela altura, saído da clínica.

Entreguei-as a ela e lhe desejei melhoras. Enquanto me afastava rapidamente, com medo de ser pega do lado de fora sem a minha burca, ouvi-a rezando por mim, me abençoando de todas as maneiras possíveis.

— Que Alá lhe dê felicidade e saúde! Que Alá guarde para você um lugar no Céu! — gritava ela, chorando.

Me dei conta de ter conseguido fazer uma pequena diferença na vida de alguém. Apesar de todos os motivos que tinha para me sentir triste na clínica, meu coração se encheu de alegria. No final do dia, quando toda a féria da farmácia foi contada, o total foi de 14 dólares e 50 centavos. As mulheres que trabalham na clínica disseram saber que era pouco dinheiro, razão pela qual se sentem ainda pior quanto aos pacientes que não têm como pagar. Aquela quantia não é nada no Ocidente. Na verdade, já paguei almoços simples no centro da cidade em Manhattan que custaram o mesmo, se não mais. Eu podia facilmente financiar ao menos o setor de farmácia dessa clínica. Se era possível para mim, certamente várias outras pessoas poderiam fazê-lo usando recursos próprios. Poderiam financiar a clínica inteira — e outras — se quisessem. Bastava tomarem conhecimento da situação e da dura realidade que essas mulheres enfrentavam. Havia um limite para a minha ação, mas se eu motivasse outros, poderíamos realmente melhorar as condições. Mal podia esperar para contar minhas experiências aos amigos. De todos os dias que passei em Kandahar, este foi o que mais influiu na minha mudança.

NOVE

AMERICANA, AO
MEU JEITO

Estão sempre de tocaia, um para ferir o outro;
Por isso são, sempre, pela calamidade lembrados.
Khushhal Khan Khattak, poeta afegão

A VOLTA DE KANDAHAR para Quetta foi entorpecedora. Já era
quase agosto, e o sexto aniversário do meu casamento fracassado se avizinhava enquanto eu me aproximava do Paquistão,
o lugar onde me casara. Estava longe dos Estados Unidos há
menos de um mês, mas a minha vida virara do avesso, como
nunca antes. O divórcio mudou tudo, e quando foi efetivado
senti como se o meu corpo tivesse sido violentamente sacudido.
Agora, o mesmo acontecia com o meu mundo. Era como se
olhasse por um caleidoscópio: numa hora eu via todo um novo
universo, cheio de oportunidades e aventuras como americana,
mas uma virada no aparelho bastava para me mostrar outro

MINHA GUERRA PARTICULAR

totalmente diferente. Eu não voltaria para os Estados Unidos a mesma pessoa de antes. Eu sempre soube que um mundo como o Afeganistão existia, mas era uma lenda. Não me ameaçava de fato e, como uma criança que toca num ferro de passar sabendo que está quente, precisei ver de perto se o Afeganistão era real. Ao fazer isso, corrompi meus sonhos sobre essa terra, sobre o meu próprio vínculo com ela e sobre o lugar de origem da minha família. Restou-me uma sensação persistente de culpa por ter saído do Afeganistão, por ter deixado o meu marido, por ter vivido a minha vida. Por outro lado, também encontrei uma parte profunda de mim mesma, impossível de ignorar, mas não a que eu esperara descobrir ali. Eu achava que veria em mim uma genuína kandahariana que foi parar por acaso nos Estados Unidos e por isso devia voltar atrás e ser essa kandahariana. Em vez disso, descobri ter ido para os Estados Unidos por um motivo, para ter o poder de fazer algo, qualquer coisa, por aqueles que não tiveram a mesma oportunidade. Porque eu certamente *faria* alguma coisa.

Chegar a Quetta foi como chegar aos Estados Unidos. Havíamos sobrevivido e alcançado a terra dos chuveiros, da música e da luz. Imediatamente me senti livre, tão livre quanto me sentira limitada ao chegar a Quetta vindo dos Estados Unidos.

Nada havia mudado para Suraya, fora o tamanho da sua barriga. Ela brigou com tia Lailuma e comigo por causa da nossa curta estadia, acusando-nos de abandoná-los. No dia seguinte, porém, nos pusemos a caminho de Karachi, voltando por onde havíamos chegado. Em Karachi encontramos o mesmo calor pegajoso de sempre, mas um ambiente ainda mais liberal. Comprei alguns *shilwar kamis* e presentes para Moor e minhas irmãs. Parti sozinha de Karachi. Tia Lailuma, Jan Agha e a família ficariam mais tempo.

No aeroporto, um guarda paquistanês me parou para revistar minha bagagem. Encontrou um saco plástico transparente cheio de pó branco e levantou os olhos para mim, chocado por eu ser tão burra a ponto de contrabandear drogas de maneira tão óbvia. O Afeganistão produzia um bocado de ópio, 70% da produção mundial em 2000.

O tráfico de drogas no Afeganistão era vultoso, e o aeroporto de Karachi, um dos maiores portões de saída para o mercado mundial. A rede clandestina de contrabandistas abrangia, em sua maioria, afegãos e paquistaneses, e qualquer um capaz de levar um tijolinho aqui, uns saquinhos ali, podia passar da penúria à abastança em umas poucas viagens de ida e volta. Fiquei pasma ao descobrir que os muçulmanos traficavam drogas, principalmente porque haviam me dito que o islã proibia enfaticamente o consumo destas. Embora seja proibido consumir tóxicos de qualquer espécie, tecnicamente não se proíbe o cultivo ou transporte, embora muitas autoridades islâmicas e muçulmanos convictos concordem que essas sejam práticas antiislâmicas. Alguns afegãos me disseram que o lucro com o comércio de drogas é dinheiro "sujo", e que o que ele compra é impuro. O Corão chama os tóxicos de ferramentas de Satã e exorta os muçulmanos a se absterem deles. Muitos, contudo, se sentem no direito de serem mais flexíveis em relação aos tóxicos do que ao álcool, e aí incluem desde o tabagismo até o cultivo de ópio. Até mesmo a palavra usada no Corão para indicar os tóxicos algumas vezes é traduzida em inglês por "bebida forte".

Sempre que os afegãos nos Estados Unidos viajam muito para visitar parentes, suspeitamos que estejam sendo atraídos ao país natal pelo "pó". Quando eu era adolescente, um homem que conheci na infância foi preso de repente. Meus pais, de início, não me disseram por quê, mas descobri mais tarde que ele estava na cadeia acusado de tráfico de drogas. Me contaram que às vezes o traficante punha as drogas na bagagem de algum parente e ele nem sabia o que estava levando. Como depois de iniciada a guerra soviética o sistema postal deixou de ser confiável, os afegãos residentes no Paquistão e no Afeganistão mandavam cartas e presentes por amigos e parentes em visita aos Estados Unidos e à Europa. Uma afegã de quase setenta anos — vamos chamá-la de uma avó afegã — voltava para casa após visitar parentes no Paquistão quando foi presa no aeroporto de Newark. As autoridades encontraram drogas escondidas em sua bagagem. Ela alegou inocência, afirmando que não fazia idéia de que havia alguma coisa em sua mala. A filha, mulher respeitada na comunidade, comprou a briga para salvar a mãe e contratou um advogado para defendê-la. A avó afegã passou quase um ano na cadeia e acabou sendo solta. O verdadeiro criminoso era um parente do sexo masculino que voltara com ela para os Estados Unidos e que havia posto o pacote na mala da senhora sem o seu conhecimento, supondo que ela passaria facilmente pela alfândega por ser idosa, logo, imune a suspeitas. Não imaginou que ela seria presa, mas logo descobriu que nos Estados Unidos não são os velhos que mandam, mas a lei.

— O que é isso, mocinha? — perguntou o guarda, sacudindo o conteúdo do saco plástico e começando a abri-lo.

— Pó facial — expliquei — para clarear a pele.

Gesticulei enquanto falava, como se estivesse passando o pó na pele. O pó branco era *safaida*, uma antiga substância usada pelas noivas no dia do casamento para fazer a pele parecer mais clara. Costumava ser usado com exagero, dando uma aparência fantasmagórica às noivas que completavam a maquiagem com batons vermelhos e *rouge* nas bochechas. Meu irmão e eu dávamos boas risadas quando víamos fotos de casamentos no Paquistão. Quando estive lá para o meu, jurei não usá-lo no grande dia, optando por passá-lo no rosto de véspera. Lembro de ter ido ao banheiro durante a noite e ficar assustada com o que vi no espelho. *Eu* virara um fantasma, e não só na aparência.

O *safaida* foi encomenda de uma prima, que não conseguia encontrá-lo à venda nos Estados Unidos. Agora, o favor que eu havia lhe feito iria me meter em apuros. O guarda estava desconfiado. Cheirou o conteúdo do saco e chamou outro guarda.

— É para a pele — expliquei para o segundo guarda, que também ficou desconfiado.

Imaginei que os homens paquistaneses conhecessem a substância, já que na sociedade deles também reinava uma obsessão por peles claras. Os dois devem ter achado que os estava fazendo de bobos e declararam não acreditar em mim. Continuaram a checar a bagagem de outros passageiros, enquanto eu esperava, nervosa. E se, na verdade, tivessem me dado o pó ilícito em vez de *safaida*? E se *eu* estivesse sendo usada como "mula"? Era melhor ser presa no Paquistão, onde a aplicação da lei fica a critério do guarda que prende você, ou nos Estados Unidos, onde, com certeza, eu acabaria na cadeia? Como eles não falavam comigo, fiquei esperando e imaginando quem mais viria me interrogar.

Eu ia perder meu vôo, mas não queria irritar o guarda ou lhe dar motivos para me prender. Ele já estava me ignorando. Fiquei pensando se devia suborná-lo. As autoridades paquistanesas tinham fama de ser corruptas. Mas isso talvez me criasse *mais* problemas.

— O que está havendo? — perguntei finalmente.

O guarda esperou até que todos passassem pelo local da revista. Sorrindo maliciosamente, virou-se para mim e disse:

MINHA GUERRA PARTICULAR 173

— Mas para que você precisa disso? Sua pele é tão branquinha e bonita. Parece leite.

Vi logo aonde a conversa iria levar.

— Olha, é uma encomenda. Vou perder meu avião.

Se pensara em suborná-lo antes, agora a minha raiva era tão grande que não lhe daria um tostão.

— O que você está fazendo aqui? — perguntou ele.

— Pegando meu avião para ir para casa — respondi, percebendo que havia me tornado uma diversão para um grupo de seguranças do aeroporto. Peguei meu saco de *safaida* da mão do guarda, pus na mochila e a pendurei no ombro, sem olhar para ele. Saí andando em direção ao meu portão de embarque, pensando se viriam atrás de mim. Não vieram.

Quando decolamos, olhei com espanto a data num jornal paquistanês. 10 de agosto de 2001. Exatamente seis anos antes, naquele mesmo dia, eu me preparava para meu casamento em Karachi. Admirei mais uma vez a cidade lá embaixo. Com base no que vira dos afegãos, seu desespero, sua beleza persistente e suas perdas inimagináveis, eu sabia que a minha vida estava prestes a mudar de novo, de forma radical.

No avião, abri o jornal e vi uma reportagem sobre a invasão do Talibã a um órgão de assistência que pregava o cristianismo. Duas americanas foram presas sob a acusação de proselitismo junto a muçulmanos, crime punido com a morte. Pensei sobre meu desejo secreto de trabalhar para um órgão de assistência no Afeganistão. Eu pedira a Ousi para me levar à sede da Cruz Vermelha/Crescente Vermelho, mas ela teve medo de que o Talibã nos seguisse até em casa e nos castigasse por falar com estrangeiros. Se estivesse sozinha, eu teria corrido o risco, mas naquela condição poria em perigo a família toda, inclusive os

homens, que, para começar, talvez fossem punidos por deixarem as mulheres saír.

Lendo sobre a intolerância do Talibã quanto aos assistentes humanitários e conhecendo a dificuldade das afegãs para
serem ativas em público, percebi que minhas mãos estariam
atadas se eu tentasse me tornar uma prestadora de assistência
humanitária em Kandahar. Sonhei criar uma organização nos
EUA que estabelecesse uma ponte entre as duas sociedades e
combinasse a liberdade ocidental de organização com a capacidade dos refugiados afegãos de retornar à pátria natal e
destinar os donativos aos mais necessitados. Como muitos de
seus conterrâneos, a minha família acredita fortemente na caridade e regularmente envia dinheiro para os parentes afegãos
e entidades de filantropia educacional atuantes no Afeganistão
e entre os refugiados afegãos no Paquistão. Segundo o Corão,
Deus transforma qualquer ato de caridade de mera migalha
em uma montanha, enquanto os que acumulam dinheiro e
não praticam a caridade sofrem no dia do Juízo Final.

Quando voltei aos Estados Unidos em agosto de 2001, comecei
a trabalhar novamente na área de esportes, mas não conseguia
esquecer o que havia vivenciado. Meu desejo era estar no Afeganistão. Queria ser capaz de fazer alguma coisa. Ninguém
nos Estados Unidos parecia ligar para o Afeganistão. Quando
contei aos meus amigos mais próximos as histórias das pessoas
que conheci, eles também sentiram que algo precisava ser feito.
Mas como lidar com o Talibã? Nas minhas pesquisas, descobri
a RAWA, a Associação Revolucionária das Mulheres do Afeganistão. Mandei *e-mails* e liguei para eles, querendo saber
como poderia me envolver na causa em Nova York. Quando
li mais sobre a RAWA, porém, descobri que suas raízes eram
maoístas, e me disseram que os afegãos nos Estados Unidos,

MINHA GUERRA PARTICULAR

a maioria dos quais refugiados do genocídio do povo afegão proporcionado pelos soviéticos, jamais me perdoariam por me juntar a comunistas.

Refletindo a respeito da melhor maneira de ajudar as mulheres afegãs, liguei para os afegãos que conhecia em Nova York, mas eles não me deram idéia alguma. Era curioso que tantos parentes nossos, que tinham família no Afeganistão e volta e meia viajavam para lá, ainda continuassem totalmente dissociados do trabalho dos organismos internacionais de assistência e das organizações de direitos humanos que batalhavam em prol do nosso povo. Finalmente pedi ajuda a meu pai, e ele sugeriu que eu ligasse para um membro mais experiente da comunidade. Deixei o sujeito meio desconfiado, mas ele me deu alguns nomes de afegãos politicamente ativos para eu procurar.

Um desses nomes foi o de Laili Helms. Ele lhe daria o meu telefone, mas não garantia que ela fosse me ligar. Mais tarde li um artigo sobre uma mulher com esse nome no jornal *Village Voice*. Ela era porta-voz do Talibã! Não apenas achei uma ironia que o membro experiente da comunidade tivesse, talvez acidentalmente, recomendado o próprio porta-voz do Talibã a uma jovem afegã interessada em atuar na defesa dos direitos humanos, mas me perguntei como o Talibã permitia que uma afegã, de cabeça descoberta, falasse em seu nome. Fiquei ainda mais surpresa com o fato de que ela quisesse falar por eles. Ainda assim, torci para que me ligasse. Talvez soubesse de algo que eu desconhecesse sobre o Talibã. Talvez possuísse a chave para efetuar mudanças de dentro do próprio regime. A certa altura, me dei conta de que vira Laili pouco antes de viajar para o Afeganistão, numa festa em Nova Jersey, mas não a reconhecera e só vim a saber quem era depois que foi embora. Lembrei de ter me impressionado o fato de seu marido ser americano e sobrinho de um ex-diretor da CIA. Quando pesquisei sobre essa mulher mais tarde, descobri que antes do 11 de Setembro ela havia dito à CBS que o Talibã fora obrigado a criar leis rigorosas a fim de restabelecer a ordem no Afeganistão, pois antes de assumir o poder, o país era um completo caos, em que gangues armadas seqüestravam e estupravam mulheres quando bem entendessem. Segundo ela, as afegãs estavam "satisfeitas" com o Talibã, depois de tanto sofrerem sob o regime soviético e a anarquia que se seguiu à sua derrubada.

Quando assumiu o poder pela primeira vez em 1994, o Talibã foi bem recebido pelos afegãos residentes em Nova York. Até Hamid Karzai, que se tornou o líder da transição e chegou à presidência do Afeganistão com o apoio americano após a derrota do Talibã, disse a um repórter americano antes do 11 de Setembro que os talibãs eram "gente boa e honesta" e haviam sido aliados durante o *jihad* anti-soviético. Acrescentou que quando o Talibã lhe pedira ajuda para solucionar a "insustentável" situação de anarquia, estupros e saques em Kandahar após a retirada soviética, ele lhes fornecera dinheiro, armas e legitimidade política. Rompera esse vínculo, porém, quando a política dos talibãs se tornou cada vez mais opressiva e o serviço secreto paquistanês passou a ter um papel mais ativo no movimento.[1] A partir de então, tornara-se aliado dos Estados Unidos, um dos mais conhecidos e ferrenhos opositores pashtuns ao Talibã.

Quando a política do Talibã em relação às mulheres endureceu e seus preceitos se tornaram mais opressivos, os afegãos-americanos também começaram a questionar sua recém-recuperada esperança de um retorno do Afeganistão à lei e à ordem. Os jantares afegãos serviram de palco para discussões acirradas a respeito das intenções do Talibã e do efeito de sua política sobre o Afeganistão. Assisti a uma discussão acalorada entre um afegão e uma mulher sobre se o Talibã seria ou não bom para o Afeganistão. O homem acreditava que o regime havia restituído algum tipo de segurança ao país após o caos do início da década de 1990 e que era preciso tempo para reconstruir a sociedade de modo a permitir que as moças freqüentassem a escola. Como muitos afegãos, ele acreditava que todas as alternativas disponíveis à época — o comunismo, a anarquia e a Aliança do Norte — fossem ainda mais terríveis que o Talibã. A mulher, por outro lado, argumentava que qualquer regime que proíbe as moças de estudar é atrasado e acaba por destruir a sociedade inteira. "O que eles estão esperando?", perguntava ela, referindo-se à alegação inicial do Talibã de que permitiria a volta à escola das meninas quando fosse seguro, mas que os meninos poderiam retornar antes. Na época, achei que ambos tinham alguma razão, mas depois de ver com meus próprios olhos como era cruel o regime, me dei conta de como a mulher fora perspicaz ao questionar as vagas promessas de uma futura reforma.

Insatisfeita com a falta de interesse e de ação dos afegãos que procurei, resolvi criar minha própria organização, com minha irmã e algumas amigas. Instalamos a sede numa sala do banco de investimentos do meu amigo Vic Sarjoo. Vic apoiara minha viagem ao Afeganistão, sendo uma das poucas pessoas a entender o meu desejo de encontrar meu caminho. Tratamo-nos como irmãos, e ele foi essencial na minha descoberta, quando ainda sofria a depressão do divórcio, de que existe entusiasmo e novas oportunidades na vida. Nesse período eu me senti especialmente perdida. Não faltam opções de vida no Ocidente, mas muitas me pareciam vazias. Vic me ajudou a criar para mim mesma uma sensação de comunidade, da qual eu precisava desesperadamente a fim de me ancorar, depois que o meu próprio sentido de comunidade fora tão abalado e o resto do mundo me parecia um caos. Ele não protestou quando lhe disse que estava de partida para o Afeganistão, embora eu saiba que deve ter se preocupado comigo. Vic me respeitava, mas era o tipo de amigo que instintivamente estendia o braço para me proteger quando freava bruscamente o carro. Quando isso acontecia, eu ria, por saber que braço algum me impediria de espatifar o rosto no pára-brisa durante uma batida, mas o sinal de carinho era importante. Meu pai fazia o mesmo, e meu coração não tinha dúvidas de que Vic seria para sempre um irmão para mim. Liguei para ele pedindo conselhos e consolo nos momentos de maior desespero, como quando, numa noite chuvosa, uma *minivan* bateu no meu carro num cruzamento e fugiu. Vic insistiu para eu ficar calma e ter cuidado ao sair atrás do carro pelas ruas do Queens, furiosa por me fazerem de boba. Foi um ato impensado, dado o risco, mas a *van* finalmente parou, e naquele momento me dei conta de que o homem podia me matar para evitar ser pego por qualquer que fosse o crime cometido. Por sorte, o sujeito, vestindo um moletom velho, desceu da *van* e escapou por um beco. Nunca consegui saber quem era nem receber qualquer indenização pelo capô amassado do meu carro.

Chamamos a organização de YA-WA, Jovem Aliança Mundial Afegã. *Yawa* é a versão feminina da palavra afegã "um" e foi escolhida também porque soa como Yaweh, Deus, na língua judaica. Pensei nesse nome vários meses antes de sequer imaginar ir ao Afeganistão, enquanto fantasiava sobre a criação de uma organização de assistência. A YA-WA seria para jovens que quisessem fazer mudanças no Afeganistão. A maioria dos afegãos tinha menos de 18 anos, e boa parte deles era de crianças. Milhões de afegãos da minha idade ou mais novos jamais viram a paz ou sabem o que é isso. A maioria das crianças mal freqüentou a escola e lutou durante toda a infância por um país que agora lhe negava o direito de estudar e brincar. A geração dos nossos pais estava envelhecendo, e embora devêssemos respeitá-la, também sabíamos que dispunha de pouco poder frente a homens armados.

A finalidade da YA-WA era promover a conscientização sobre a agonia do povo afegão, fomentar o entendimento entre afegãos e americanos e, afinal, conseguir que se construísse uma escola em Kandahar, a fortaleza do Talibã. Essa escola ofereceria uma instrução de nível internacional a um grupo seleto de alunos que demonstrasse grande capacidade de aprender e dedicação aos estudos. Seria uma oportunidade para que as crianças aprendessem não apenas Religião, mas Literatura, Ciências e História. Inspirada na escola feminina secreta dirigida pela RAWA, a nossa ensinaria essas outras disciplinas em segredo, se fosse preciso, e todo mês levaríamos um mulá dos países do Golfo ou da Arábia Saudita como palestrante convidado, de modo a agradar a liderança talibã. A menos que incluísse a religião em seu currículo, uma escola não obteria permissão do Talibã para funcionar. Como a lei vigente não permitia às meninas maiores de oito anos freqüentar a escola, mandaríamos professores a suas casas para dar prosseguimento à sua instrução. Esse era o nosso sonho. Preocupavam-me principalmente essas meninas.

No Afeganistão, eu testemunhara a extrema dedicação aos estudos de um primo, Qais. A escola turca freqüentada por ele finalmente se recusara a admitir o controle talibã de suas finanças. Embora os turcos já não dirigissem a escola, Qais continuou a freqüentá-la, sob a fraca direção de um grupo de afegãos. A maioria das crianças de Kandahar, inclusive os irmãos de Qais, não teve a mesma sorte. Vi muitos garotos inteligentes e competentes cuja energia e potencial intelectual estavam sendo totalmente desperdiçados. A idéia da YA-WA era investir neles e preparar a juventude que levaria o Afeganistão a progredir.

No início, tentei desesperadamente acreditar que a queda das Torres Gêmeas havia sido um acidente. Assim que percebi que resultara de um atentado terrorista, rezei para que seus autores não fossem muçulmanos. Do meu carro na via expressa de Long Island, vi as nuvens espessas, negras e imundas sobre o que mais tarde viria a se chamar Marco Zero. Fiquei em estado de choque. Mesmo olhando para a destruição das *minhas* Torres Gêmeas, eu não conseguia acreditar no que estava vendo. Me recusei a acreditar. Além disso, os Estados Unidos eram o lugar seguro para onde a minha família fugira durante a invasão soviética ao Afeganistão. Agora o perigo viera atrás de nós. Eu sabia, porém, que a minha família próxima se encontrava a salvo no Queens e que o restante dos parentes provavelmente não estava nas imediações da tragédia.

Mais tarde naquele dia, enfrentei uma fila numa esquina do Queens para ligar de um telefone público para amigos residentes no centro. Todos os telefones no escritório do meu irmão, do outro lado da rua, onde eu estivera antes, estavam mudos. O telefone público ficava em frente à *delicatessen* onde eu costumava tomar café da manhã ou almoçar. Nela, o cheiro de frango assado se mistura àquele odor típico das *delis*, só conhecido de quem já morou em Nova York. O escritório fica em Forest Hills, no Queens, a zona mais americana que conheço daquele bairro. O Queens é um dos lugares mais diversificados do mundo, mas, ao contrário das áreas predominantemente asiáticas a que me habituei, muita gente em Forest Hills parece oriunda de qualquer região tipicamente americana. O pessoal atrás de mim na fila me observava com olhar impaciente, enquanto eu discava, sem sucesso, um número atrás do outro.

Estavam ansiosos para tentar telefonar. Voltei para o final da fila e esperei a minha vez de fazer novas tentativas. Um robusto motorista de limusine, vestindo uma elegante calça social preta, conversava ao telefone numa língua que não reconheci.

Ao lembrar os ataques terroristas às embaixadas americanas na Tanzânia e no Quênia em 1998, tive um pressentimento de que este provavelmente trazia a assinatura de Osama bin Laden. Com os olhos voltados para Manhattan, pensei, "Meu Deus, os Estados Unidos não vão deixar impune este atentado. Acho que é pior do que Pearl Harbor". Fiquei tensa. "E Osama está no Afeganistão." O que os Estados Unidos fariam? Eu sempre quis ser americana, mas durante minha viagem recente ao Afeganistão, poucas semanas antes, começara a realmente aceitar e a agradecer a minha origem afegã. O que aconteceria aos meus parentes e ao povo do Afeganistão, que eu tinha acabado de conhecer e que agora adorava?

Comecei a imaginar que reação o governo teria. Se a culpa for mesmo de Osama, como pegá-lo? Um mês antes, quando estive em Kandahar, não me restou dúvida de que os sauditas haviam tomado a cidade. Vez por outra, caminhonetes pretas com vidros negros, às vezes em comboios de seis, rasgavam as ruas, despertando medo e curiosidade nos habitantes. Em certas ocasiões, a caminho de algum lugar, à noite, ficava difícil distinguir alguma coisa, com a escuridão envolvendo as casas de adobe. De vez em quando, porém, passávamos por uma mansão e víamos as luzes por trás dos altos portões. Os muros pareciam feitos de um metal resistente, azul-claro, com um desenho gravado do lado externo. Os muros aparentavam ter pouco mais de três metros de altura, como os que cercam várias casas no Afeganistão, só que nesse caso eram pomposos, como não se costuma ver por lá. Luz amarela. Trata-se de um símbolo inconfundível de privilégio, do tipo que desperta desejo de saber como é a vida do lado de dentro. A luz amarelada irradiava do interior da fortaleza e iluminava tudo em volta.

Quando eu indagava a que sortudo pertencia a casa ou o veículo que havia visto, a resposta era sempre a mesma:

— São os sauditas. Quem mais pode pagar esses luxos?

Para a maioria dos residentes de Kandahar, os sauditas estavam invadindo a cidade. Compravam propriedades, viviam em reclusão, saindo apenas para viajar para locais exclusivos ou fazer compras no mercado. As mulheres às vezes comentavam ter vislumbrado as sauditas — todas vestidas com as tradicionais *abaias* pretas — entrando ou saindo de um carro no mercado. Os joalheiros comentavam que os sauditas compravam ouro com freqüência. Para a maioria, essa gente era um lembrete incômodo do que a riqueza proporciona. Riqueza que a maioria não tinha.

Achei, no início, que talvez alguns sauditas simplesmente gostassem de Kandahar, tendo resolvido se mudar para lá. Depois me disseram que aquele era o clã de Osama. Gente da laia dele.

De volta da minha primeira viagem, eu costumava conversar com as pessoas do meu círculo sobre o que vira em Kandahar. Num papo com minha amiga Nellie, via *internet*, comentei que os árabes pareciam dominar a cidade de Kandahar.

— Eles compram propriedades lá e vivem reclusos.

— O quê?

— Acho que estão criando uma comunidade.

— Em Kandahar? Quem iria querer morar em Kandahar?

— Bom, Osama mora lá, e é bem provável que seja gente dele — respondi. — O dinheiro vale muito mais em Kandahar do que na Arábia Saudita. Deve ser para ostentar poder.

— É absurdo imaginar que alguém moraria lá por opção. Você não sacou? Devem ser todos criminosos ou exilados.

Fiquei parada ali naquela esquina do Queens, pensando em Osama e em todos os sauditas que aparentemente moravam em Kandahar. Comecei a imaginar se aquela comunidade não seria uma rede de Osamas, em vez de um grupo amistoso de sauditas que simplesmente resolveram se mudar para lá.

Mais uma vez, não dei sorte no telefone público. Atravessei a rua em direção ao escritório do meu irmão, onde quase sempre Agha se encontrava, resolvendo alguma coisa, dando o tipo de ajuda em que os pais são especialistas. Meu irmão, Babai, há anos dirigia um negócio de importação. Encontrei Agha, como de hábito, sentado atrás de uma mesa, aparentemente sem fazer nada. À sua frente se empilhavam panfletos de supermercado, com artigos para comprar assinalados, e contas a pagar — de telefone e luz. Os óculos de leitura se equilibravam em sua testa. Vestia uma camisa xadrez com aparência bastante surrada. Meu pai se recusava a comprar roupas. Na verdade, aquela devia ter sido um presente nosso de Dia dos Pais ou uma contribuição da minha mãe, que pode tê-la enfiado no armário sem o conhecimento dele.

O rádio estava ligado. Fiquei ouvindo porque não havia mais nada para fazer. O locutor parecia contar, quadro a quadro, uma história de horror. Tinha uma voz grave, mas dava para perceber o seu esforço para encontrar algo a dizer. Lutava para explicar aos ouvintes uma crise que ele mesmo não conseguia entender. Os acontecimentos ainda estavam se desenrolando. Eu quase podia ver o sujeito sentado num estúdio de paredes de vidro, tentando passar uma sensação de calma, enquanto à sua volta corria gente gritando e chorando.

O locutor comentou sobre um incidente na Pensilvânia. Fiquei confusa. A coisa toda era em Nova York, não? Depois me dei conta de que envolvia também o Pentágono. Durante um instante senti que o mundo ia desmoronar. O que viria a seguir? Não havia dúvida de que a resposta seria dura. Falei com meu pai em pashtu, a língua que cresci falando em casa, muitas vezes obrigada a substituir o inglês por ela.

— Agha?

— Hein? — ou seja, "O quê?".

— Como você acha que os Estados Unidos vão reagir a isso?

Ele não respondeu. Percebi que estava pensando.

— Você está preocupado com nossos parentes no Afeganistão?

Ele franziu o rosto.

Levantou os olhos do folheto de promoções do supermercado. Os óculos, equilibrados na testa, caíram-lhe sobre os olhos. Ele os colocou novamente na testa.

— Os Estados Unidos têm poder e fazem o que querem. E o que esses terroristas fizeram hoje foi muito errado.

Nunca fui capaz de obter respostas diretas do meu pai. Por outro lado, aquele não era um momento de respostas diretas, mas, aparentemente, apenas de caos e destruição. Voltei ao telefone público, desta vez discando o número de parentes em Nova York que eu sabia estarem em casa.

Primeiro liguei para Jan Agha, o tio que viajara comigo para Kandahar semanas antes.

Jan Agha soou calmo do outro lado. Não dava para saber se era o choque ou tão-somente a sua reação tipicamente séria à minha voz obviamente abalada. Falando o mais rápido que pude, contei-lhe minhas descobertas.

— Diga ao seu irmão para tirar a família de lá *já* — disse eu, o mais delicadamente possível, tentando não parecer mandona demais com o meu tio mais velho, digno de respeito. Mas eu estava realmente mandando. Jan Agha sem demora acalmou minha aflição, lembrando que era cedo demais para saber o que iria acontecer. Ademais, nós, os Sultan, sempre fomos excessivamente cautelosos. Era exagero da minha parte. Quem sabe, pensei, ele não tivesse razão? Voltei para o fim da fila, a fim de ligar para os meus outros primos no Queens e recomendar o mesmo com relação a seus parentes no Afeganistão. Liguei para Basir, o filho do meio-irmão do meu pai. A família dele morava na nossa antiga casa em Kandahar. Haviam preparado um banquete para mim quando os visitei, e pernoitei em sua casa. Naquela noite, várias primas da minha idade dormiram comigo no terraço sob o céu estrelado.

Quando aconselhei Basir a tirar a família de lá, ele me disse que pensaria nisso e que ligaria para casa para ver o que eles achavam. Durante as semanas seguintes, informações fragmentadas chegaram aos meus ouvidos a respeito da família, que deixara Kandahar prevendo que os Estados Unidos a bombardeariam. A Anistia Internacional informou mais tarde que metade da população da província de Kandahar fugira de suas casas temendo o bombardeio.[2]

Todos sabíamos que esse era iminente, mas desconhecíamos o efeito que teria sobre a nossa família.

Eu havia marcado um almoço com Nellie naquele dia no centro de Manhattan. Há meses eu vinha tentando marcar o encontro. No final da manhã, eu me esforçava para saber como chegar lá enquanto todos fugiam. No fundo, mesmo em meio ao caos, senti que podia continuar levando uma vida normal. Pura negação. Liguei para Nellie e, é claro, ela cancelou o almoço.

Duas noites mais tarde, jantei com minha amiga Alice para conversarmos sobre o que acontecera em Nova York. Sentamos nos bancos junto à parede envidraçada do restaurante e observamos o movimento dos pedestres na Twenty-third Street. Como muitos nova-iorquinos, eu precisava interagir com quem vivenciara a experiência. Depois do jantar, Alice e eu saímos andando pela Quinta Avenida, e continuei em direção ao sul, após deixá-la em casa. Era como se não me restasse outra coisa a fazer senão caminhar naquela avenida. Enquanto andava, me sentia totalmente anestesiada, como se nada me restasse a não ser seguir em frente. Não queria ser parada, não queria que falassem comigo, não queria ver nem sentir nada, somente determinada a chegar ao meu destino: o centro de Manhattan. Como se atraída por uma força magnética inexplicável, eu precisava ver com meus próprios olhos o que havia acontecido. As imagens na tevê eram cinematográficas demais. Talvez não passassem de uma montagem.

Agora eram nove da noite de quinta-feira, e eu me aproximava do local do World Trade Center. O cheiro acre dos aparelhos eletrônicos queimados enchia o ar. Partículas de poeira dançavam em torno do ofuscante brilho amarelo das lâmpadas de canteiro de obras. Elas criavam um clima de flagelo nas ruas. Os flocos de pó me deram a primeira prova da destruição. Eles eram testemunhas — haviam vivenciado tudo. Eu caminhava *em meio* a partículas de pó que assistiram àquilo de que agora eu tentava me aproximar mais. Seriam fragmentos de gente? Seriam pedaços de computadores — os milhares de computadores usados diariamente por aquelas pessoas? Fariam parte dos aviões? Iluminadas pelo intenso brilho cegante das lâmpadas amarelas, essas partículas de matéria existiam, o que tornava tudo mais real.

Por todo lado à minha volta havia gente de mãos dadas, conversando, se abraçando, parecendo crianças atordoadas. Aproximei-me de uma barreira policial e, quando vi que ninguém estava olhando, passei por baixo do cordão de isolamento como se fizesse parte da equipe. Cheguei a uma outra barreira, alguns quarteirões à frente, e me esgueirei pela estreita faixa de calçada entre o cordão e um prédio. Dessa vez um policial estava checando a identidade de alguém. Lembrei de assumir a postura de quem tinha o direito de estar ali — mas senti um medo enorme não só de descobrirem que não morava na área, mas que era uma afegã muçulmana. Se alguém descobrisse quem eu era, não sabia o que poderia acontecer comigo. Será que me acusariam de conspiração? De tentar destruir provas? Perguntei a mim mesma se devia me identificar espontaneamente. Assim, se fosse presa não diriam que eu havia escondido algo. Era nessas horas que eu mais agradecia o fato de ter traços mais europeus e pele mais clara do que a média dos afegãos.

Não mais que poucas semanas antes, na minha Kandahar natal, achei que precisava fingir ser uma kandahariana pura, me comportar como uma nativa. Se alguém percebesse que eu morava nos Estados Unidos, talvez fôssemos incomodados, talvez esperassem de nós propinas maiores ou nem mesmo nos permitissem entrar no país.

A viagem foi também a primeira vez que tive a clara consciência do perigo de ser americana. Deixei meu passaporte americano e outros documentos que me identificavam como cidadã dos EUA com parentes em Quetta. Foi um momento muito estranho, não por me sentir alterando minha identidade, mas por causa do valor de um passaporte americano no Terceiro Mundo. Durante todo o tempo que passei em Quetta, parentes e amigos perguntavam a toda hora se eu não poderia dar um jeito de fazer com que entrassem nos Estados Unidos. Alguns até brincavam que bastava eu lhes "emprestar" meu passaporte e alegar tê-lo perdido. Eles podiam tentar mudar a foto do documento. Ali, um passaporte estrangeiro era uma espécie de bilhete de loteria premiado que alguém falsificara. Estávamos diante de um armário de madeira, que tinha três divisões, cada qual com sua porta. Uma única chave servia nas três portas — chave esta que Mohtarama, minha prima irmã mais velha por parte de mãe, carregava consigo o tempo todo. Na primeira divisão, ficavam produtos de maquiagem, prendedores de cabelo e jóias que pertenciam à irmã casada de Mohtarama, Suraya. Quando entreguei meu passaporte a Mohtarama, foi como se pusesse em suas mãos todo o meu futuro.

Tirei da bolsa o passaporte azul-marinho reconhecido internacionalmente como símbolo de *status* e mirei-a nos olhos quando o entreguei a ela. Com um risinho nervoso, minha prima abriu a capa grossa e olhou minha foto. Passou os dedos sobre a lâmina de plástico e com a unha procurou o cantinho para ver se podia descolá-la. Mohtarama disse que talvez fosse difícil alterar a fotografia, mas que podia pedir a um irmão que levasse o documento ao bazar para saber o que era possível fazer. Mohtarama e eu sempre zombamos das pessoas pateticamente desesperadas para entrar nos Estados Unidos, mas a idéia do meu direito à liberdade circulando pelos bazares de Quetta enquanto eu me aventurava no Afeganistão controlado pelo Talibã me fez querer apertá-lo junto ao peito e jamais me separar dele.

OLHEI PARA OS MEUS PÉS CALÇADOS em sandálias, cobertos com a poeira que chovia sobre o Marco Zero. Era igualzinha à poeira que sujara os meus pés nas estradas de terra e trilhas desertas do Afeganistão, e no meio do cascalho das casas de adobe. Discutindo comigo mesma, e o tempo todo temendo ser pega, fui até uma esquina onde alguém havia enfileirado várias mesas

MINHA GUERRA PARTICULAR

cheias de máscaras protetoras, sanduíches, garrafas d'água e alguns pacotinhos amarelos de baterias reserva para celulares.

Perguntei a uma loura de olhos azuis com um boné de beisebol se podia ajudar de alguma forma. Ela me olhou um instante e respondeu:

— Claro. Estou exausta. Pode assumir aqui, se quiser.

Quando eu era bem mais jovem, certa vez um ônibus se recusou a parar para mim e minha mãe porque usávamos um *hijab*. Agora, havia provas tangíveis para se temer os muçulmanos. Tive medo de que a raiva pudesse se voltar equivocadamente para a minha comunidade muçulmano-americana. Mas a mulher disse apenas:

— Pode assumir aqui, se quiser.

Agora eu era a pessoa atrás do balcão dos voluntários — o último ponto a que os civis tinham permissão para chegar. Quando entreguei um sanduíche de pasta de amendoim a um homem com capacete cor de laranja e o rosto coberto de pó branco, ele sorriu. Foi estranho vê-lo me aceitar. Lutei contra o impulso de confessar que era afegã. Parte de mim sentia que eu não podia dizer quem era e parte de mim queria dizer:

— Esta aqui é uma mulher muçulmana, uma afegã, que também está sofrendo.

Mas fiquei calada.

Embora fosse difícil, sempre acreditei ser possível harmonizar meu lado afegão e meu lado americano, que às vezes competiam entre si, e conciliar minhas duas metades, meus dois mundos, meus dois lares. Do mesmo modo que viajei ao Afeganistão sabendo que não podia ser americana, ainda que o desejasse, porque isso poria em risco meus companheiros de viagem, andei pelas ruas de Manhattan pensando "Hoje não posso ser afegã nem muçulmana". De pé naquela esquina, eu sabia, bem lá no fundo, que os flocos brancos de fuligem que choviam sobre Manhattan me pediam para escolher. Será que eu teria condições de manter aquela harmonia? E como e quando poderia voltar a Kandahar?

Passei os dias que se seguiram mergulhada numa névoa, assistindo aos noticiários, pensando nos parentes lá no Afeganistão. Os líderes muçulmanos, pressionados a demonstrar seu respeito pelas vidas americanas, fizeram declarações condenando os ataques, explicando que os seqüestradores haviam, na verdade, seqüestrado o islã. O islã era uma religião de paz. *Jihad* significava luta interior, não a matança dos inocentes "povos do livro", numa referência ao termo islâmico que segundo os estudiosos engloba muçulmanos, judeus e cristãos — não apenas muçulmanos. A maioria dessas declarações veio de líderes de países árabes.

Mas não ouvi nem vi muitos afegãos condenarem os ataques. Em vez disso, eles me pareceram estar se escondendo. Descobri que alguns pais tinham medo de mandar seus filhos à escola, temendo vinganças. Vários primos meus passaram dias em casa depois do 11 de Setembro. Uma prima, que chegara havia pouco do Paquistão e que sempre usou roupas étnicas em casa e na rua, ficou apavorada. Temia virar um alvo por ser afegã e, por ter um pai conservador, não ousava vestir roupas americanas. No entanto, bolou um plano para se proteger.

— Se esbarrar em alguém que ache que sou afegã, digo que sou paquistanesa — explicou.

Não creio que alguém se lembraria de perguntar, mas ela confiava que nos Estados Unidos todos soubessem a diferença. Um punhado de outros jovens afegãos que eu conhecia mudaram seus nomes na escola, pedindo aos colegas que usassem outros, menos óbvios, ao se dirigirem a eles. Tahir virou Tony, Yacoub, Jacob, e Mikhail, Michael.

MINHA GUERRA PARTICULAR 191

Subindo de carro a rua 149 em Flushing, depois de deixar em casa uma parenta que meus pais não quiseram que saísse a pé pela rua vestida com roupas étnicas, passei pela mesquita. Alguma coisa estava faltando. Peguei o retorno e voltei. Percebi que havia sido retirado o painel em que se lia: MESQUITA SYED JAMALLUDIN. Seria possível que eles também tivessem cedido ao medo? De início, senti pena, depois fiquei com raiva. Aquele era um símbolo da nossa comunidade, e embora isso nos transformasse em alvo, também ensejava uma oportunidade de passar uma mensagem de tolerância, um lugar onde proclamar a nossa união com o restante dos Estados Unidos. Em vez disso, como os afegãos que ali acorriam para rezar, a mesquita esperava passar desapercebida. Um carro de polícia estava estacionado na esquina. Estariam investigando a mesquita ou protegendo-a das ameaças de revide? Os guardas se recusaram a falar.

Enquanto isso, bandeiras eram encontradas por todo lado na cidade, algumas saídas de sótãos poeirentos, outras recémcompradas. Agha colou uma enorme em seu carro.

— O que é isso? — perguntei, com um ar superior.

O homem que desde a minha infância me dizia que eu não era americana, que não devia fingir ser americana, de repente colocava uma enorme bandeira *americana* em seu carro. O que poderia ser mais americano? Claro, ele lia em voz alta o Corão na mesquita, e quase todos os seus amigos eram afegãos, mas Agha também tinha um forte lado americano. Ele falou da segurança e das oportunidades que os Estados Unidos nos deram.

— Os Estados Unidos foram bons conosco — disse ele.

— E tinham o direito de se proteger.

Mas não foi contra isso que a nossa família lutou todo esse tempo, no sentido cultural? Contra ser americano? Contra a assimilação? Contra perder a nossa identidade étnica e religiosa? Naquele dia, Agha admitiu que os Estados Unidos tinham-no deixado ser ele mesmo. É claro que havia pressão quanto à assimilação, mas quem nos reprovava por nos cercarmos de nativos da nossa aldeia no Afeganistão e por fazermos nossos filhos falarem pashtu em casa? Sara mal falava inglês antes de entrar na escola. Minha irmã caçula, Aziza, tinha um pouco mais de familiaridade com a língua quando pequena porque descobrira a *Vila Sésamo*, e quando começou a falar já era mais difícil impedir os irmãos mais velhos de usar o inglês em casa.

Mas eu não poria uma bandeira no meu carrinho vermelho, presente de formatura da minha família. Quando eu era pequena, Agha me dizia que se eu me formasse na faculdade ele me daria um carrinho vermelho. Vermelho era a minha cor favorita. Quando cresci, a história ficou no passado, uma daquelas coisas de infância. Casei, me divorciei e segui adiante. No entanto, alguns dias antes da formatura, Agha me entregou uma chave e mandou que eu chegasse perto da janela. Lá estava ele — um carro lindo, novinho, fulgurantemente vermelho, a cor com que eu gostava de pintar as unhas para ir a casamentos. Meu carro ostentava um grande laçarote vermelho no teto. Me senti, novamente, uma menininha.

E agora eu me recusava a pôr um adesivo com a bandeira americana — ainda que pequeno — no pára-brisa, apesar da insistência do meu pai. Eu me sentia muito americana e exatamente por isso não queria grudar uma bandeira no meu carro. Expressaria a minha americanidade de outras formas. Compraria ingressos para eventos de arrecadação de fundos para os bombeiros, faria palestras contra o terrorismo, ficaria de olho em embrulhos suspeitos, faria compras na Gap e falaria para afegãos comuns. Isso também era ser americano.

Nos Estados Unidos nos permitem fazer todas essas coisas. É o que me faz gostar do país. Mas a comunidade não estava se fazendo ouvir. Vasculhei os noticiários em busca de declarações. A YA-WA emitiu um comunicado condenando os ataques. Não se ouvia nada, porém, dos nossos líderes, dos mais velhos. Liguei para um deles, o dr. Zikria, e ele se mostrou totalmente de acordo com a necessidade de um pronunciamento. Será que eu poderia redigi-lo? *Eu*? Redigir uma declaração da comunidade afegã? Decidi tentar, mas nesse meio tempo, não seria bom reunir a comunidade? Sim, parecia uma boa idéia. Ele me disse que marcaria uma reunião. Dias depois, seus assessores ligaram para o meu pai.

— A comunidade vai se reunir no domingo — comunicou a voz no telefone. — Leve sua mulher e suas filhas.

A reunião seria num restaurante afegão chamado Café Mustang. A comunidade, embora dividida quanto a questões étnicas e políticas, já se reunira antes para discutir vários assuntos, mas, que eu soubesse, raramente — para não dizer nunca — com as mulheres presentes.

No dia do encontro, eu estava extremamente nervosa. O primeiro dilema era o que vestir. Deveria cobrir a cabeça? Eu usava o *hijab* para ir à mesquita e quando sabia que estaria cercada de homens conservadores, mas ali haveria uma diversidade de membros da comunidade, e muitos nem sequer sabiam que eu era adepta do *hijab*. Seria um sinal de respeito usá-lo ou uma atitude hipócrita, sinal de sujeição à pressão? Resolvi dispensar o *hijab*, mas tomei a precaução de vestir um casaco longo o bastante para cobrir meu traseiro e me enrolei num lenço afegão, um hábito que eu adotara alguns anos antes. Minha irmã Sara, na época com 16 anos, foi comigo. Ambas estávamos com medo de que os homens não nos deixassem entrar. Eles tinham a idade do meu pai e eram os mesmos que costumávamos evitar quando nos reuníamos na rua principal, temendo que achassem nossos *jeans* apertados demais ou atentassem a outro detalhe tolo desses, mas ainda assim constrangedor.

Ao chegar, ficamos aliviadas de ver algumas mulheres mais velhas na platéia e nos sentamos atrás delas. Estavam bem vestidas e falavam farsi entre si. Farsi é a língua usada pelos afegãos modernos, instruídos. Pashtu é o idioma original dos pashtuns tribais conservadores. Eu me comportaria de acordo com as suas normas. À reunião inteira foi conduzida em farsi, logo, não entendi quase nada. Sara tentava traduzir para mim. Alguns dos presentes falaram em pashtu, que eu entendia melhor, salvo quando tentavam ser poéticos. Assisti durante horas à reunião, que começou tranqüila, mas tornou-se um festival antiterrorismo. Um após outro, os homens condenaram o Talibã e a Al Qaeda, repetindo a história das guerras afegãs.

— Trinta e três anos de guerra! — gritavam, muitos com lágrimas nos olhos.

Por ironia, na sala ao lado, os funcionários do restaurante assistiam ao canal CNN na tevê. A coalizão americana acabava de bombardear o Afeganistão naquele dia 7 de outubro. Assisti com um amigo, Haroon.

Durante um intervalo da reunião, os afegãos se concentraram diante da televisão. Embora a maioria apoiasse a guerra porque desejava se ver livre da Al Qaeda e do Talibã, o nervosismo se instalou. A visão de explosivos caindo na terra que chamamos de lar não é nada confortante. A guerra, visitante freqüente desse povo hospitaleiro, mais uma vez chegava como hóspede indesejável. Com meu recém-descoberto amor pelo Afeganistão, senti a mesma dor deles. Mais que isso, perguntei a mim mesma como os afegãos comuns estariam lidando com os acontecimentos. O que fariam Khala Sherina, Nasria, Janaraa, Sulaiman e o ratinho Mamoon? Será que permaneceriam no Afeganistão? Correriam perigo?

Nas semanas que se seguiram ao 11 de Setembro, tornei-me mais ativa na comunidade, falando sobre a agonia dos cidadãos comuns, sobretudo das mulheres, no Afeganistão. Em novembro, ajudei a organizar uma arrecadação de fundos para os refugiados que deixavam em massa o país por causa do bombardeio americano. Quando visitei a fronteira entre o Paquistão e o Afeganistão em dezembro para distribuir as doações, gastei milhares de dólares em óleo, arroz e açúcar para alguns dos milhares de refugiados acampados ali. Esperava entregar-lhes pessoalmente a ajuda, mas seu desespero era tamanho que teriam me atropelado e esmagado nesse processo. Assim, entreguei as doações aos encarregados do acampamento de refugiados para que as distribuíssem. Quando encontrava refugiados que precisavam de cirurgias ou remédios ou que tivessem pernas ou braços amputados mendigando comida ou dinheiro, eu comprava o que lhes faltava sempre que podia.

— Que as portas do Céu se abram para você — desejou-me um homem.

No final de novembro, a comunidade afegã me elegeu uma de seus representantes no Colégio Eleitoral do Afeganistão-EUA, um grupo que representaria a comunidade afegã-americana na transição democrática no Afeganistão. Alguns desses delegados foram depois escolhidos para participar da primeira *Loya Jirga*, ou Grande Assembléia, do Afeganistão, a fim de escolher um governo afegão de transição em Cabul, em junho de 2002. No dia em que a comunidade votou, um membro mais velho se aproximou de mim, alguém que eu só conhecia de vista, mas cujo nome não sabia, e me disse:

— Jovem... Como é seu nome?

Quando lhe disse, ele concordou com a cabeça, voltou à sua cadeira e votou em mim. Foi nesse dia que descobri que os anciãos da minha comunidade não só permitiriam que eu participasse das reuniões, mas também que confiavam na minha liderança. Homens que não deixavam as esposas trabalharem e arranjavam casamentos para as filhas deixariam uma jovem mulher defender seus interesses. Naquele dia, Sara e eu saímos de carro pela via expressa, o rádio aos berros, rindo incrédulas. Nunca havíamos imaginado que isso seria permitido. Mudar era realmente possível.

Eu já começara meu novo trabalho. Duas semanas após o 11 de Setembro e antes do início do bombardeio ao Afeganistão, a minha organização, a YA-WA, mandou uma carta aberta ao presidente Bush:

Sr. presidente,

Imploramos que Vossa Excelência leve em conta as conseqüências da ação militar sobre o povo do Afeganistão. Se ficar patente a necessidade de agir, por favor tenha em mente que este é um país que há mais de vinte anos vem sendo devastado pela guerra. Rezamos para que a ação militar dos Estados Unidos não engrosse o número de mais de quatro milhões de refugiados e mais de um milhão de mortos desde a invasão soviética.

Embora apoiasse a tentativa americana de livrar o Afeganistão de sua praga mais recente, eu logo descobriria como seriam significativas essas palavras.

DEZ

A HISTÓRIA
DE NASRIA

Ninguém trouxe ainda, com lágrimas, os mortos de volta à vida.

Abdur Rahman, poeta afegão

MINHA VIAGEM AO AFEGANISTÃO para reencontrar a família pavimentou o caminho para que eu me tornasse a produtora de um documentário sobre a guerra americana no Afeganistão e suas conseqüências. Fui palestrante numa pré-estréia de *A caminho de Kandahar*, filme de um cineasta iraniano sobre a vida de uma afegã residente no Canadá que retorna a seu país natal depois de saber que sua melhor amiga planeja cometer suicídio antes de um eclipse solar para não ter que viver sob a opressão talibã. Era um filme poético e angustiante, em que a heroína, Nafas, ajudada na travessia da fronteira iraniana de Kandahar por várias pessoas desesperadas que lutam para sobreviver, jamais consegue alcançar a cidade. O filme termina com o temido eclipse.

Na ocasião, falei da minha viagem ao Afeganistão pouco antes de 11 de Setembro de 2001. Contei à platéia sobre o tédio e o isolamento da minha tia Khala Sherina e das seis primas que eu jamais vira antes, sujeitas a leis que as proibiam de sair. Expliquei que, como nova-iorquina, o 11 de Setembro também acontecera diante de mim.

No final da sessão, um jornalista se aproximou de mim, identificando-se como Jon Alpert. Indagou sobre a minha família em Kandahar, se eu tinha ou não contatos lá e se consideraria a hipótese de voltar. Expliquei que desejava rever a minha família recém-descoberta, sobretudo estar junto deles durante a guerra que lhes castigava. Queria poder estar com eles quando as casas tremessem debaixo do trovejar dos bombardeios vindos do céu. Não sei por quê, mas me sentia capaz de protegê-los, já que sou americana e bombas americanas não matam americanos, certo? Queria que soubessem que eu não tinha amolecido nos Estados Unidos, que soubessem que não estavam sozinhos.

Jon me perguntou se eu consideraria a hipótese de ir com ele ao Afeganistão para filmar um documentário. Alguns dias depois, me levou aos escritórios de sua produtora cinematográfica, onde vi vários troféus Emmy enfileirados numa vitrine. Todo dia, desde que o bombardeio a Kandahar começara, eu me preocupava com Khala Sherina, Mamoon, Najib, Ousi, Janaraa, Sulaiman e Nasria, imaginando quando poderia vê-los novamente. Não conseguia me livrar da necessidade de partir ao seu encontro. Na minha cabeça, ficava assistindo ao momento em que diria aos meus pais que estava de partida para Kandahar, uma cidade plenamente envolvida numa guerra. Perguntava a mim mesma se isso os faria lembrar da guerra soviética. Sem dúvida me achariam louca de querer voltar ao lugar de onde haviam fugido pela mesma razão que provocara a fuga. Meu pai me advertiu de que Jon exploraria meus contatos e minha ingenuidade e me faria dizer e fazer coisas perigosas. Acrescentou que eu era jovem, inquieta e mal orientada, e que me arrependeria da decisão. Porém, a decisão era minha, afinal, explicou ele, reclinado num colchonete de veludo lá de casa, com as costas apoiadas em um travesseiro encostado à parede, uma perna esticada sobre a outra, na posição habitual que adotava após o jantar para tomar chá e comer *jalebi*, um doce indiano em forma de cone feito de farinha frita e coberto de açúcar cor de açafrão.

— Que Alá guie você no caminho certo — concluiu.

Ouvindo isso, baixei minha xícara, e o chá que beijava meus lábios tornou a cair nela. Essa reação de Agha era novidade. A escolha, *afinal*, era minha? Mesmo? Ele jamais se mostrara tão convicto quanto ao fato de eu ser uma adulta. Sempre assumira a postura de resolver se eu podia ou não fazer alguma coisa — raramente me deixando decidir por mim mesma, exceto quando essa decisão era desafiá-lo. Dessa vez não se tratava de desobediência, mas da sua sensatez, seus conselhos e a minha avaliação. Também foi uma das primeiras vezes na minha vida em que me senti realmente respeitada por meu pai. Só isso já me fazia querer recusar o convite de Jon, mas, incapaz de resistir à tentação, aceitei-o no dia seguinte.

Essa viagem se revelaria a mais aventureira e emocionante da minha vida. O plano era que Jon e eu partíssemos para o Afeganistão com dois produtores associados, procurássemos meus tios e primos e descobríssemos o que os afegãos comuns enfrentaram durante a guerra e após a queda do Talibã. Queríamos saber se o povo ficara feliz por ser libertado, de que maneira suas vidas vinham mudando e se as mulheres ainda eram obrigadas a usar burcas ou permanecer enclausuradas em casa quase o tempo todo. A filha de Jon, Tami, da minha idade, filmaria as mulheres nos locais onde não se admitiam homens. Brent Renaud filmaria nos demais, juntamente com Jon, e editaria o documentário.

Na noite da partida, a minha família me levou ao aeroporto. Lá, todos conheceram a equipe de filmagem a que eu me juntara. Discretamente apresentei a equipe, como se a mera existência dela representasse uma violação ao meu recato. Senti-me especialmente constrangida ao apresentar Brent, um jovem alto, bonito, de cabelos compridos.

Eu já podia sentir os músculos do meu pai se tensionarem como se fossem os meus próprios. Provavelmente deve ter achado que essas pessoas se aproveitariam de mim, o que me deu vontade de ser forte, de mostrar que não me deixava enrolar pela conversa de ninguém. Parecia desconfiado de Jon e da equipe e acreditava que eles me manipulariam e aproveitariam as minhas palavras de modo a pintar o quadro político que lhes aprouvesse sobre a guerra do Afeganistão. Com efeito, já havíamos conhecido jornalistas cujas perguntas deixavam claro que buscavam declarações sensacionalistas.

Eu também ainda sentia medo de Jon. Aprendera a desconfiar da mídia, lição que me ensinou um produtor da rede ABC que me perseguiu, e depois a meu pai, tentando nos arrancar uma entrevista e nos obrigar a fazer declarações inflamadas, abandonando-nos como um chinelo velho quando apareceu algo mais interessante. Jon podia me queimar para sempre — ou seja, queimar a minha imagem. Só me restaria então trabalhar numa empresa ou adotar uma carreira que nada tivesse a ver com o Afeganistão.

Jon apontou a câmera de vídeo para a minha família quando passamos pelas portas automáticas para adentrar o terminal do aeroporto. Por que diabos chamam esse troço de terminal? Um lugar tão frio de onde partir para uma viagem de tamanha importância. Assim que viram a câmera, meus pais se dispersaram, indo até um canto do saguão de espera e fingindo conversar sobre algo importante. Aproximei-me de Jon e expliquei que eles não queriam ser filmados. Meus pais já haviam se recusado a permitir a entrada das câmeras em nossa casa antes, quando Jon nos pedira para filmar nossa vida em família.

No dia 22 de dezembro, a mesma data em que o novo governo liderado pelo presidente Hamid Karzai assumiu o poder no Afeganistão, embarquei num vôo com um homem que mal conhecia, conduzindo, contra a vontade da minha família e sem ter a mínima idéia de quem procurar ou de qual seria a reação dos meus parentes afegãos, um grupo de gente desconhecida para uma zona de guerra. Sentei-me ao lado de Tami. Juntas, examinamos a megacidade paquistanesa de Karachi ao aterrissarmos. Teríamos que pernoitar ali antes de pegar outro vôo para Quetta, a cidade montanhesa de onde seguiríamos de carro para Kandahar.

Eu já viajara para Karachi duas vezes antes — uma com a família para o meu casamento e outra com tia Lailuma.

Agora, lá estava eu novamente a caminho daquela cidade, liderando um grupo de três americanos numa missão bem diferente. Fiquei pensando como seríamos tratados. Dessa vez minha aparência era bem mais americana — metida numa calça de veludo cotelê e num suéter —, e Jon quase passaria por meu pai. Chegamos às duas da manhã e penetramos no ar quente e úmido de Karachi sem qualquer problema.

Tive uma sensação de urgência ao atravessarmos a cidade. Eu entrava novamente no "outro mundo", um mundo cheio de músicas indianas animadas e gente nova, misteriosa. Era preciso estar atenta a tudo, observar quem é amigo, quem é inimigo, quem só quer dormir comigo. O risco agora era maior. Principalmente por estarmos num país muçulmano, senti como se os membros da equipe fossem meus convidados, minha responsabilidade. Poucos meses depois, Daniel Pearl, repórter do *Wall Street Journal*, seria morto em Karachi.

O hotel do aeroporto lembrava um motel barato de beira de estrada, mas quebraria o galho por uma noite — isto é, até que Tami e eu abrimos a porta do nosso quarto e vimos um inseto estranho subindo pela parede. Recordei a mim mesma que íamos entrar numa zona deflagrada, enfrentar minas terrestres, bombas e o Talibã, e que os insetos certamente seriam a menor das nossas preocupações. Examinamos os lençóis e resolvemos nos revezar na vigilância. Subi o zíper do meu suéter e cobri a cabeça com o lençol, prendendo as laterais deste sob o corpo de modo a não deixar espaço para bicho algum entrar.

Uma hora depois acordei e descobri que nenhuma de nós estava de vigia, o que a essa altura já não tinha mais importância. No dia seguinte estaríamos ainda mais longe de casa, em Quetta, onde haveria um pouco mais de aventura e muito mais *glamour*. Nosso hotel seria o chique Serena, o melhor da cidade. Anos atrás eu ouvira a minha família falar desse cinco-estrelas. Na época, não me passou pela cabeça que um dia viesse a conhecê-lo, já que tinha parentes em Quetta. Quando um afegão tem parentes numa cidade, considera-se um crime que ele se hospede num hotel.

Estávamos perto do Natal, e no Serena havia uma árvore toda decorada, até mesmo com presentes embrulhados em papel metálico e sinos. Soubemos por repórteres que o lugar estava cheio de homens do serviço secreto paquistanês — o ISI —, que dera apoio ao Talibã. Provavelmente todos os nossos passos seriam monitorados. Logo fizemos amizade com o nosso contato da CBS News no hotel, que se ofereceu para nos ajudar a entrar no Afeganistão e até mesmo a nos arrumar segurança. Fazia semanas que eu ligava para Quetta em busca de alguém que nos servisse de segurança, mas não encontrara uma alma sequer em que pudesse realmente confiar.

Quetta fica no Baluquistão, uma província do Paquistão, mas, em dezembro de 2001, estava cheia de refugiados afegãos e paquistaneses que falavam pashtu. De certa forma, me senti em casa por saber falar a língua, mas não totalmente à vontade. Quetta, termo derivado do pashtu *kwatta*, significa "fortaleza", embora um jornalista da BBC a tenha chamado de "cidade selvagem da fronteira". Era para esta cidade que os talibãs estavam fugindo através da fronteira, desde que começara a guerra contra o terrorismo. Parte da pátria pashtun, ou do "Pashtuquistão", Quetta foi entregue ao Paquistão quando o país conquistou sua independência da Grã-Bretanha.

Nos anos 1980, a CIA e o serviço secreto paquistanês transformaram Quetta numa base para os guerrilheiros afegãos anti-soviéticos, e a cidade continuou a servir de abrigo para conservadores e fundamentalistas, embora nos últimos anos tenha sido considerada uma cidade liberal, se comparada à Kandahar controlada pelos talibãs. O Talibã teve início nas *madrassas* em Quetta, e seus primeiros financiadores foram os membros da máfia dos transportes daquela cidade, cansados de serem perturbados por opressores no caminho para Kandahar. Meus primos me contaram sobre os engarrafamentos na estrada para Quetta antes do feriado muçulmano do Eid, com os rapazes tentando sair de Kandahar para se divertir na fronteira, onde é possível tocar música, jogar baralho ou simplesmente fugir. O Talibã, porém, descobriu a existência de tais planos e bloqueou o acesso ao Paquistão antes do Eid seguinte. Quando o atual presidente do Afeganistão, Hamid Karzai, começou a organizar a oposição ao Talibã, os membros deste mataram seu pai em Quetta, em 1999.

Minha missão nesta viagem a Quetta era encontrar a minha família, razão pela qual liguei para minha prima Suraya. Contei-lhe que desta vez trouxera comigo americanos com câmeras de vídeo. Sua família me convidou a visitá-los, mas disse que enquanto eu estivesse lá os americanos deveriam fazer um *tour* pela cidade. Entendi suas razões, e a idéia de não conseguir convencer meus parentes afegãos a colaborar com as câmeras me angustiava toda noite desde que eu concordara em fazer a viagem. Meu maior temor não era ser morta, mas voltar para os Estados Unidos sem imagens que revelassem o encanto e o desencanto da vida afegã. Eu precisava que os afegãos se abrissem para a câmera como haviam feito comigo, ou suas histórias continuariam para sempre desconhecidas do mundo.

O tio de Suraya chegou ao hotel para nos acompanhar até sua casa. Seguimos de carro atrás dele num final de tarde úmido, passando por vários becos sem pavimentação nem placas, até uma série de prédios baixos, de um andar apenas, que abrigava muitos refugiados afegãos. Imaginei talibãs de barbas compridas escondidos ali, sem nada que os distinguisse dos outros refugiados afegãos que haviam escapado através da frágil fronteira afegã-paquistanesa.

O reencontro com Suraya e seus parentes desta vez foi diferente. Pairava no ar uma clara distância enquanto falávamos sobre a família. Eles sentiam desconfiança em relação a mim. Eu agora era a americana que viera para expô-los e mostrar suas filhas na tevê. Eu queria que eles conversassem comigo na frente da câmera, mas o patriarca da família, Gul Agha, me disse que aquilo "não era para eles", explicando que não passavam de refugiados sem instrução que apenas tentavam sobreviver.

Senti vergonha de mim mesma, como se estivesse me fingindo de produtora boazinha para fazê-los concordar.

Mas suas opiniões eram muito importantes. Eles haviam enfrentado uma situação penosa no Afeganistão, como enfrentavam agora no Paquistão, onde podiam ser mandados para a cadeia por qualquer motivo, caso as autoridades corruptas desconfiassem ser possível ganhar alguma coisa com um resgate. Não tinham direito a qualquer assistência médica, a menos que pagassem primeiro, nem encontravam emprego. As casas e apartamentos em Quetta se achavam lotados até o teto de parentes afegãos. Isso já era uma realidade para os refugiados e só piorou com a fuga de milhares a mais dos bombardeios americanos. Em toda a cidade havia gente em excesso devido ao mar de refugiados.

Gul Agha me disse para visitar minha outra prima, Nasria. Como Mamoon, Najib e Suraya, Nasria era minha parenta por parte de mãe. A princípio pensei que Gul Agha quisesse que eu visitasse a família de Nasria a fim de deixar a dele em paz. No entanto, me dei conta de que ele queria que eu ouvisse a história dela, quando o vi balançar a cabeça e fazer um som que os afegãos empregam para indicar pena.

— Uma coisa horrível aconteceu com eles. Vá ver com seus próprios olhos.

Minha mãe me contara em Nova York que alguns membros da família de Nasria haviam sido feridos ou até mesmo mortos fugindo do Afeganistão durante a guerra. Eu não sabia quem os machucara, bem como desconhecia qualquer outro detalhe. Gul Agha me deu o telefone de um afegão que morava perto da casa onde Nasria estava hospedada, e que a chamaria ao telefone quando eu ligasse.

Depois de jantarmos juntos, Gul Agha e Suraya esperavam que eu me hospedasse com eles durante o restante da minha estadia em Quetta, mas expliquei-lhes que minha viagem era de trabalho.

— Então venha só para dormir — insistiram. — Por que ficar num hotel, se moramos aqui? Não quer se hospedar em nossa casa? — perguntaram, praticamente em coro.

Dava para ver que não lhes agradava a idéia de eu ficar com americanos. Para os homens, que naturalmente queriam me proteger, era inimaginável que uma boa moça muçulmana pernoitasse num lugar estranho com "infiéis". Para eles, nenhum americano chegava aos pés da família. Além disso, a tradição muçulmana lhes ensinara que uma mulher não deve viajar senão acompanhada de um parente homem.

DE VOLTA AO MEU QUARTO DE HOTEL, disquei o número do vizinho de Nasria. Desliguei e esperei que chamassem a irmã dela, Rabia, ao telefone. Quando tornei a ligar, Rabia me disse que eu fosse imediatamente visitar a família. Falei que uma equipe americana de filmagem viera comigo e que eu queria que eles entrevistassem a família sobre a fuga do Afeganistão. Ela me respondeu que tal decisão cabia à ala masculina da família, mas que eu fosse, mesmo assim. Eu estava nervosa, mas saí qual um foguete do quarto e bati na porta do Jon, do outro lado do corredor. Ele ficou animado por finalmente ter a chance de entrevistar alguém. O combinado foi nos encontrarmos num posto de gasolina a cerca de vinte minutos de distância, com um dos parentes de Nasria.

Dirigimos mais ou menos uma hora até a periferia da cidade. Não havia postes de iluminação e a escuridão me fazia sentir encurralada, como se estivesse no interior de uma caverna. Eu preferia que alguém tivesse me contado antes o que acontecera. Não me agradava ficar adivinhando. Temia que a própria Nasria estivesse ferida ou morta. Afinal, não nos falávamos desde que eu chegara a Quetta. Talvez eles preferissem me contar pessoalmente. Quis perguntar à irmã dela no telefonema, mas tive medo de ser grosseira e, de toda forma, era melhor visitá-los. Entramos no posto de gasolina, onde uma pequena *van* nos aguardava. O marido de Nasria, Mohammed Rasul, desceu e veio nos cumprimentar. Seguimos as lanternas traseiras da *van* por estreitas ruas escuras até chegarmos a um grande portão verde enferrujado. Eu mantinha o olhar fixo na luzinha vermelha das lanternas, obrigando meus olhos a se entrefecharem, para que o vermelho virasse um borrão no escuro, para depois abri-los a fim de recuperar o foco. Repeti a operação várias vezes. Não queria pensar sobre onde estávamos indo. Me afligia, acima de tudo, pensar no que Nasria acharia de me ver com americanos invadindo a sua tragédia. Como eu iria encarar a família? O que eu diria? O que os homens da casa pensariam de mim? Me dei conta de não ter trazido presentes, nem mesmo chiclete para as meninas. Cerrei os punhos, sentindo raiva de mim mesma.

Quando o carro diminuiu a velocidade, lembrei a Tami que agora as regras de filmagem seriam diferentes. Desta vez pediríamos autorização primeiro, não desculpas depois. Também a adverti para não filmar escondido, mesmo que tivesse certeza de que eles não perceberiam. A última coisa que eu queria era ofendê-los. Embora eu conhecesse as mulheres da época em que visitara o Afeganistão durante o regime talibã e me hospedara na casa de Khala Sherina, eu nunca vira a maioria dos parentes homens de Nasria. Supus que fossem conservadores, como a maioria dos pashtuns da região. As mulheres ficavam em casa quase todo o tempo e usavam burcas para sair, e os homens trabalhavam como mecânicos durante o dia.

Mohammed Rasul saiu do carro e nos deu as boas-vindas diante do que me pareceu uma casa caindo aos pedaços. Conduziu-nos a um aposento onde as mulheres nos aguardavam.

Tirei meus sapatos, arrumei meu lenço e afastei a cortina que pendia do arco da entrada. Proferi um forte e confortante cumprimento, *Salaamwalaikum*, como para confirmar minha identidade islâmica. A sala estava repleta de mais moças e mulheres do que eu me lembrava existirem na família. As mulheres estavam sentadas com as costas apoiadas nas paredes irregulares, com as meninas no centro do pequeno cômodo retangular. A idade destas variava de 1 a 16 anos. Havia ali umas 15 pessoas. De repente fiquei sem graça, não sabendo se beijava cada uma delas, desejando que a minha mãe estivesse presente para eu copiar suas ações e adotar uma atitude passiva. Dessa vez, me cabia liderar.

Todos os olhos se voltaram para mim, e tive medo de dizer ou fazer algo errado. O pior seria insultá-los ou cometer algum erro em pashtu. Tami disse um "oi" geral, e todas sorriram para ela. Assim que nos sentamos, Rabia indagou sobre a minha família, uma formalidade necessária entre os muçulmanos, e partiu para contar sua história.

— Olhe, Masuda... Veja o que eles fizeram com a gente. Dá para acreditar que somos as mesmas pessoas que estiveram com você alguns meses atrás?

— Que tipo de guerra é essa? — prosseguiu Rabia. — Quem eles acham que somos? Será que estão mesmo querendo pegar os talibãs ou só tentando nos enganar?

Tami apontou sua câmera e perguntou em inglês se podia filmá-las. Repeti a pergunta em pashtu, acrescentando que entenderia se elas recusassem.

— Não, não. Tudo bem. Nunca falamos com jornalistas, mas vamos contar a você, Masuda, o que aconteceu. Com você nós falamos — disse Rabia.

Ela explicou que não estivera no local do bombardeio em Kandahar, mas prosseguiu descrevendo a cena como se a tivesse visto com os próprios olhos. Ela costurara a história depois de ouvi-la tantas vezes da irmã, Nasria, e das dez sobrinhas, meninas assustadas que precisavam descrever para alguém o que lhes acontecera. Rabia foi a terapeuta delas, a única capaz de ouvir e, de fato, confortá-las. Ela me confiou a história da família. Nasria e as filhas continuaram sentadas na sala ouvindo atentamente, confirmando com a cabeça e me vendo abrir a boca e perder o fôlego.

Rabia explicou que a família fora atacada, à noite, na aldeia agrícola em que moravam. Haviam se mudado de Kandahar, onde os conheci, porque quando o bombardeio americano começou, em 8 de outubro de 2001, todos temeram por suas vidas. Diziam que os talibãs estavam escondidos em prédios próximos de onde morava a família, mansões onde até então residiam abertamente. À noite, o chão tremia e, numa delas, o som de uma bomba potente quase os ensurdeceu. Depois de ouvi-lo, para quase todos restou só o silêncio, seguido de um zumbido nos ouvidos. Fugiram da própria casa, com medo de que fosse bombardeada, mas o alvo havia sido outra, a poucos metros de distância. Foi nessa noite que o patriarca da família, o sogro de Nasria, decidiu que todos deviam partir. Acomoda-ram tudo o que puderam em três caminhonetes, uma que lhes pertencia e mais duas emprestadas da oficina mecânica em que trabalhavam. Alguns homens foram em suas motos.

No meio da noite, por volta das duas da madrugada, todos os quarenta membros da família se amontoaram nos veículos brancos, com as crianças chorando, e tomaram o rumo, em caravana, da aldeia onde estariam em segurança, um lugarejo mínimo chamado Chowkar-Karez, a duas horas e meia de dis-tância, dezenas de quilômetros ao norte de Kandahar, próximo ao deserto e a cerca de uma hora da estrada principal. A aldeia não dispunha de iluminação, e, como nada nascia nos campos naquela época do ano, os homens passavam o dia trabalhando na cidade e voltavam para casa à noite com pão, óleo de cozinha e legumes. Rabia se voltou para Nasria, que assentiu, confirmando a exatidão da história. Rabia continuou.

Mais ou menos uma semana e meia depois, quando as crianças foram dormir, antes da meia-noite, ouviu-se um barulho forte, semelhante ao que costumavam ouvir quando moravam em Kandahar. O som de bombas é bastante familiar aos ouvidos afegãos. A nora de Nasria, Almasa, correu para a porta a fim de ver o que acontecera.

Uma garotinha, de uns oito ou dez anos, subitamente interrompeu Rabia.

— Então um foguete caiu em cima de Almasa e ela foi cortada em dois pedaços.

Segurei as lágrimas, enquanto uma menininha subia no meu colo. Peguei-a e a sentei nos joelhos.

— Eu vi... Tinha sangue por todo lado — continuou a menina.

Nasria interveio, começando a soluçar:

— Ela estava grávida.

— De quantos meses? — perguntei, tentando imaginar a aparência de Almasa, parada ali à porta, e esperando que a resposta me confirmasse que o feto ainda era muito pequeno, mas sem saber por que me dera ao trabalho de fazer a pergunta.

— Quase seis — lamentou Rabia, recomeçando a chorar. Apontou com a cabeça na direção da menininha no meu colo.

— É filha dela. E esta também.

Apontou para outra menina que tentava tirar o lenço da cabeça de Rabia para cobrir a sua própria.

— Ela tem quase três anos.

Tami focalizou a câmera na menina no meu colo.

Nasria assumiu a narrativa para explicar o ocorrido.

— Na mesma hora, pegamos as crianças e saímos correndo da casa.

Do lado de fora, viram uma moto incendiada. Enormes bolas de fogo subiam no ar, caindo depois no solo. As árvores da aldeia estavam em chamas. A família correu para evitar as bolas de fogo, em todas as direções possíveis, sem saber para que lado ir.

Ao mesmo tempo, perceberam estar sendo alvo de tiros. Algumas crianças andavam de mãos dadas, outras haviam se perdido.

— Achei que fosse o fim do mundo, o dia do *kaymat* — sussurrou Nasria. E prosseguiu: — Estávamos correndo, e eles atirando do alto. Bem nas nossas cabeças! Um avião lá em cima atirava em nós.

— Quem atirava? — perguntei, ainda tentando entender a história.

— Os americanos — respondeu ela, num tom sem emoção.

Eu já suspeitava disso, mas perguntei porque tive dificuldade de acreditar no que ouvia e precisava deixar claro para as câmeras. Mesmo assim, por alguma razão, não entendi.

— Os americanos? — perguntei novamente, ainda me recusando a crer no que ouvira.

— É, os americanos — respondeu Nasria, supondo que eu repetia a pergunta para as câmeras. Na verdade, eu estava chocada.

Levei alguns segundos, mas aí tive um estalo. Eu sabia o que tinha acontecido. Os americanos haviam mirado nos talibãs ou na Al Qaeda, mas as bombas erraram o alvo. Não era a primeira vez. Até os próprios americanos já haviam sido mortos por bombas lançadas contra alvos errados. Depois do pedido de ataques aéreos feito por combatentes anti-Talibã em

Kandahar, uma "bomba de precisão" matou pelo menos dois americanos e feriu vinte.

— Todas essas meninas estavam lá naquela noite. Todas correram.

Olhei à minha volta. Elas estavam com os olhos fixos em mim, menos a mais velha, que fitava o chão. Olhei para as duas meninas sentadas no meio da sala.

—Vocês estavam lá? — perguntei. Elas concordaram com a cabeça.

— Falem com ela, não sejam tímidas — ordenou Nasria.

Uma das meninas pôs a beirada do seu lenço entre os lábios, enquanto a mais velha endireitou o seu, ajeitou as pernas e começou a falar:

— Saímos correndo da casa. Eles estavam atirando na gente — disse ela, com a voz abafada.

— Vocês estavam correndo? — puxei o assunto. Ela fez que sim com a cabeça.

— Fale com ela. Não fique balançando a cabeça — ordenou mais uma vez Nasria.

— Eu corri com Alia. De mãos dadas com ela, mas só que ela falou que estava cansada e que precisava parar e sentar. Foi o que a gente fez.

— Alia é a prima dela — explicou Nasria. A câmera e os meus olhos fitaram Nasria e tornaram a se voltar para a menina.

— Quando sentamos, ela pediu para deitar a cabeça no meu colo. Foi quando vi o sangue escorrendo da cabeça dela, pingando no meu joelho e caindo no chão.

Senti como se uma pedra surgisse na minha garganta. A menina me contava a história com a frieza de um policial de Nova York presente à cena de um crime.

— Então eu disse para ela se levantar, mas ela ficou quieta.

Meus olhos se arregalaram e fiquei aguardando. Esperava que ela conseguisse prosseguir e não me obrigasse a pedir mais detalhes. Eu não queria forçá-la a falar.

— Tirei a cabeça dela do meu colo e pus no chão. Depois me levantei e comecei a correr de novo.

Ela repetiu o gesto de levantar a cabeça da outra do colo, sentada ao estilo indiano, com as pernas cruzadas. Eu não podia sequer imaginar o que foi para essa criança de dez anos ver alguém morrer no seu colo e ter o instinto de abandonar o corpo e continuar a correr. Odiei ser obrigada a dar seqüência àquela conversa. Não queria falar com ela, só ouvir o que ela tinha a dizer.

— Para onde você foi? — perguntei.

— Corri um bocado até encontrar uma vala e pulei dentro dela. Então, fiquei bem quietinha até de manhã.

Nasria, nitidamente orientando o relato, interveio de novo.

— Mostre a ela onde a bala pegou você.

A menina ficou constrangida.

— Mostre, pode mostrar. Somos todas mulheres aqui.

Ela levantou a perna da calça e se virou de costas para me mostrar a parte de trás da coxa, com um sorriso nervoso. Tami pediu que ela ficasse parada. Nasria, então, pediu às outras meninas para mostrarem as marcas das balas. Uma levantou a manga para revelar uma ferida no braço, outra suspendeu a camisa para mostrar a marca nas costas, e uma delas afastou o colarinho da camisa para me mostrar o ombro. Todas haviam sido atingidas. Uma tempestade de balas, cortando a noite, havia furado, praticamente, cada uma delas.

Nasria indicou o lábio superior.

— Eles me pegaram aqui.

Eu havia notado algo estranho em sua boca, mas não conseguia me lembrar se já estava ali antes. Muitos ferimentos pareciam cicatrizados, embora algumas das marcas na pele parecessem pequenas crateras. O do lábio de Nasria era o mais aparente.

— O que não entendo — continuou Rabia — é por que fizeram isso com a gente. Que mal fizemos a eles?

A essa altura já estava claro que o ataque havia sido perpetrado por soldados americanos ou da coalizão, pois o Talibã não dispunha de poderio aéreo.

— Não estávamos em guerra com eles. Só queríamos viver a nossa vida. Não somos talibãs.

Concordei com a cabeça. Ela mal notou e foi em frente:

— Pergunte à moça que está com você. — E apontou com o queixo na direção de Tami. — Pergunte por que fomos o alvo. Eles acharam que a minha irmã e a família dela eram talibãs? Por que acharam isso? E quando todo mundo saiu correndo das casas de noite, eles não perceberam que eram mulheres e crianças? Por que continuaram a atirar? Quem é capaz de fazer uma coisa dessas? Agora, algumas delas estão em hospitais no Paquistão... algumas lá, outras aqui.

Rabia mostrava uma raiva enorme, e como era veemente em suas palavras. Nasria, ao contrário, aparentava uma tranqüilidade incrível. Talvez estivesse em choque.

O ataque tinha sido há dois meses, e nele 19 membros da família haviam morrido. Numa só noite, Nasria perdera a filha de 16 anos, a nora grávida, dois cunhados e 14 sobrinhas e sobrinhos. Senti-me delicadamente interrogada e cobrada pelo acontecido. Tami e eu éramos o que de mais próximo a um americano a família de Nasria já vira, e Tami não entendia uma palavra do que estava sendo dito. Achei difícil acreditar, mesmo tendo ouvido a história e visto os ferimentos com meus próprios olhos. Na condição de americana, sentia-me responsável.

— Deve ter sido um erro gigantesco. Não existe outra explicação. Eles apareceram para pedir desculpa? — perguntou Rabia de forma retórica, com um riso sarcástico, enquanto Nasria sugeria uma negativa.

Fiquei surpresa. Em seguida me dei conta de que os soldados americanos talvez não tenham percebido seu erro naquela noite ou, quem sabe, sentiram medo demais para procurar as vítimas depois, achando que aquela fosse uma região talibã. Era muito estranho ninguém ter vindo verificar o sucesso do ataque. Eu precisava entrar em contato com alguém quando voltasse para casa a fim de descobrir a verdade. Essa gente realmente merecia, no mínimo, um pedido de desculpas, bem como ajuda para o tratamento dos feridos no Paquistão e para a reconstrução de sua aldeia.

Perguntei a Rabia o que podia ser feito agora.

— Bem, tivemos muitas despesas com essa tragédia. As contas de hospital dos feridos têm que ser pagas, e a nossa aldeia, reconstruída.

Sua resposta direta me impressionou, e ela se portava como uma ativista experiente diante da câmera.

— Também queremos saber o que houve. Queremos uma explicação e um pedido de desculpas.

Com isso, agradeci a todas por falarem comigo e prometi levar sua mensagem aos Estados Unidos.

Antes que eu saísse, Nasria puxou umas fotos que escondera sob o joelho. Pediu para que a câmera fosse desligada e me mostrou fotos da filha de 16 anos posando em frente a um aparelho de tevê, junto a um buquê de flores, e uma outra onde ela aparecia abraçando a irmã adolescente. Em todas as fotos, a filha de Nasria tinha o longo cabelo puxado para trás, com uma mecha sinuosa sobre a testa. Era muito magrinha e obviamente adorava posar para fotos. Finalmente, Nasria me mostrou retratos da nora vestida de noiva, e de nove de seus sobrinhos e sobrinhas. Três crianças haviam perdido o pai ou a mãe, três fugiram do Afeganistão depois da guerra, e três morreram naquela noite em Chowkar-Karez. Todos tinham menos de sete anos.

Em certos aspectos, a filha de Nasria me lembrava a minha própria irmã, Sara. Eu queria poder mostrar as fotos para repórteres e câmeras de televisão a fim de provar como essa menina era totalmente inocente e humana, mas a proibição da conservadora cultura pashtun e islâmica não permitia e eu não poderia discutir com Nasria.

Ao sair, dei um beijo de despedida em cada mulher e em cada menina — três beijos, alternando bochechas, no tradicional estilo afegão. Não sou, de hábito, muito afetuosa, mas naquele momento tudo o que me restava a oferecer era um tapinha no ombro e um abraço apertado. Senti uma completa impotência, mas ao mesmo tempo fiquei tão perturbada que logo soube que jamais voltaria a ser a mesma. A minha inocência se esvaía rápido. Eu concordara em fazer aquela viagem em parte porque se tratava de uma aventura para desvendar a verdade, mas o que descobri foi que as pessoas estavam me tratando como adulta e me pedindo para ajudá-las como se eu fosse realmente capaz de fazê-lo.

Entrei no cômodo dos homens e me preparei para outro embate. A sala estava cheia de homens e meninos, embora não houvesse nem de longe tanta gente quanto na primeira. Jon estava sentado com eles, aguardando pacientemente enquanto falávamos com as mulheres, ansioso para ouvir a história da família.

Confessei aos homens que não conseguia acreditar no que as mulheres haviam me contado. A história deles começava igual, mas a dor parecia ainda mais profunda. Dessa vez, fiz com que Jon dirigisse a entrevista. Ele esperou que eu recuperasse o fôlego e me fez perguntar ao mais idoso, o cunhado mais velho de Nasria, quem ele perdera.

O homem respondeu:

— Minha filha, minha nora, meu irmão, meu sobrinho, um dos primos, uma prima, três netos e um sobrinho-neto.

Eu repetia cada palavra dele. Não sabia como reagir a uma lista dessas, recitada de forma tão fria, tão despida de emoção, quase como se nós já a conhecêssemos. Ele prosseguiu:

— De manhã, meu filho mais novo me disse que o chão estava coberto de ovelhas esquartejadas. Os afegãos estão habituados a ver animais recém-abatidos. Quando fui até lá, vi que todos eram *nossos parentes*, seus pedaços espalhados pela terra ensangüentada.

Não consegui me conter. Traduzi para a câmera, quase incapaz de falar. Desatei a chorar. Como senti vergonha de ser vista naquele estado. Eles, que vivenciaram a experiência, falavam de maneira objetiva, enquanto eu chorava.

O marido de Nasria parecia ansioso para contar sua participação na história.

— Minha filha morreu — declarou.

Ele era um homem bonito e usava óculos, fato raro no Afeganistão hoje em dia. Pouca gente usa óculos porque pouca gente vai ao oftalmologista. Ele era bem jovem. Nasria certamente envelheceu mais rápido que o marido.

— Corri com ela, estávamos juntos... mas ela foi baleada. Então eu a carreguei nas costas o quanto pude, mas quando parei de correr e a pus no chão, vi que estava morta.

Ele baixou os olhos, quase congelado. Imaginei como seria carregar minha irmã Sara nas costas e depois olhar para seu rosto sem vida. Já não dava mais para agüentar. Eu não ia ouvir outra história pavorosa, não ia enfrentar nem mais um detalhe de embrulhar o estômago.

— O que podemos fazer agora? — perguntei ao mais idoso.

Ele parou, olhou dentro dos meus olhos, e disse:

— Queremos saber como isso foi acontecer. Por que nos escolheram? Que lógica levou a essa escolha? Não somos talibãs, nunca apoiamos os talibãs.

— Não faço a mínima idéia, mas suas perguntas são importantes — respondi.

— Pergunte a ele — insistiu, apontando o queixo na direção de Jon.

— Ele não sabe. É um jornalista — expliquei.

— Então peça a ele para descobrir. Todos vocês podem nos ajudar a descobrir o que houve. Soubemos que os americanos andaram pagando afegãos para descobrirem alvos talibãs para eles. Não sabemos por que alguém nos escolheria. Não temos disputas nem problemas com ninguém. Mas se foi assim que nos escolheram, queremos saber quem nos entregou. Só queremos saber seu nome.

O velho conceito afegão de vingança morava em seus corações. No entanto, todos demonstravam uma incrível calma — uma calma quase aterradora.

"Só o nome dele."

As mulheres tinham pedido ajuda. De alguma forma, haviam seguido adiante, mas os homens queriam vingança, um princípio do pashtunwali. A nítida diferença de estratégia entre homens e mulheres nada tinha de novo, mas ainda assim era digna de nota. Jon acenou com a cabeça, indicando que entendia, quando lhe traduzi o que os homens desejavam. Seu jeito de demonstrar solidariedade e emoção desafiava qualquer idioma. A compaixão em seu rosto me fez querer abraçá-lo ali

MINHA GUERRA PARTICULAR 219

mesmo, naquela hora. Ele me mandou assegurar aos homens que buscaria aquelas respostas.

NA VOLTA PARA O HOTEL, Jon e Tami expressaram seu pesar. Não era a primeira vez que esse tipo de "acidente" acontecia. Jon explicou como tivera que se esquivar de bombas no Vietnã quando cobriu a guerra de lá. Foi extremamente compreensivo, e dali em diante passei a confiar realmente nele.

— Precisamos ir até a aldeia e ver com nossos próprios olhos. Depois iremos à base tentar conseguir algumas respostas.

— À base?! — perguntei, pasma. — Como vamos chegar à base?

A base americana ficava no aeroporto de Kandahar, na periferia da cidade. Havia uma guerra em pleno andamento, e ali se achavam os fuzileiros americanos baseados no sul do Afeganistão.

— Daremos um jeito. Somos da imprensa, lembra? Só espero que eles não procurem saber quem sou. Podem nos expulsar se descobrirem.

Não era a primeira vez que Jon saía atrás de informações onde não era bem-vindo. Achei que se tratava de um certo exagero, mas logo me dei conta de que falava sério quando pediu a Tami para preparar fitas substitutas caso alguém tentasse confiscar as que havíamos gravado. Antes de partirmos, ele etiquetou as fitas virgens, atribuindo-lhes títulos, para que parecessem ser as que continham imagens. Apresentaríamos estas em lugar das originais caso fôssemos pegos filmando sem autorização.

No dia seguinte nos pusemos a caminho de Kandahar, deixando nosso confortável hotel em Quetta. Fomos informados de que precisávamos de acompanhantes paquistaneses para nos levar até a fronteira, e, como não tínhamos providenciado segurança, concordamos satisfeitos. A autoridade policial de Quetta estacionou em frente ao hotel quando arrumávamos as bagagens nos carros e acenou para Jon. Jon me chamou e comecei a traduzir, explicando que éramos jornalistas.

Dava para perceber que o policial me avaliava da janela do seu carro, mas este era um procedimento habitual em Quetta. A única coisa que me incomodou foi ele não procurar minimamente disfarçar o olhar. Sem dúvida, uma autoridade, ele se refestelava no banco do carona, com sua pança e seu bigodinho fino, ambos sinais de *status* entre os policiais magricelas. Em pashtu, me perguntou o número do meu quarto. O que primeiro me ocorreu foi que ele quisesse me enviar proteção sem ter percebido que Jon e eu estávamos juntos e a caminho de Kandahar. Ele repetiu:

— Perguntei a *você*. Em que quarto vai passar a noite?

— Bom, estou deixando o hotel. Não vou pernoitar aqui.

Tive vontade de dizer que ele não teria chance alguma comigo e perguntar quem ele pensava que era para achar que eu lhe daria o número do meu quarto. Mas não era boba de insultar um homem poderoso em Quetta. A polícia paquistanesa era sabidamente corrupta, e me lembro de ter lido que o Paquistão costuma figurar entre os países mais corruptos do mundo. O chefe de polícia escreveu, então, o número do seu telefone num papel e o entregou a mim.

— Ligue para mim se precisar de algo e não esqueça de telefonar quando voltar.

O homem era muito abusado, e sem dúvida naquela idade devia ter esposa, se não mais de uma. Após dar um "tchau" para Jon, ele saiu a toda. Jon sorriu para mim:

— Ele foi simpático.

— Me deu o telefone dele e disse para ligar.

— Puxa, vamos ligar, sim.

Será que Jon não tinha entendido o que se passara comigo? Que um policial paquistanês grosseiro havia tentado me paquerar? Seria tão ingênuo assim?

— Ele pediu o número do meu quarto. Estava me paquerando.

Só então Jon percebeu que o sujeito era um canalha. Só então *eu* percebi que devia confiar no meu instinto e na minha capacidade de comunicação durante a viagem que teríamos pela frente.

Partimos na direção da fronteira, com quatro guardas paquistaneses na *van* logo atrás de nós. Me senti ao mesmo tempo mais segura e ainda assim correndo mais perigo ao observar esses homens no retrovisor enquanto seguíamos pela estrada. A idéia era sairmos ao raiar do dia, mas eram oito da manhã e tínhamos pela frente uma viagem de seis horas. A parte mais perigosa seria o trecho entre a fronteira afegã e Kandahar, três horas de carro, e a certa altura precisaríamos contratar segurança após passar pela fronteira. Corriam relatos de saqueadores agindo naquela estrada, alguns supostamente ligados ao Talibã. Era parecido com as gangues de Nova York — no caso, gangues de Kandahar —, e os jornalistas americanos seriam seu alvo predileto. Na verdade, centenas de refugiados afegãos, muitos deles de Kandahar, haviam espancado o jornalista inglês Robert Fisk na estrada entre Quetta e Kandahar poucas semanas antes de nós mesmos passarmos por lá.

À medida que seguíamos, as estradas ficavam cada vez mais estreitas e poeirentas e as lojas escasseavam. Essa viagem sempre me deu a sensação de voltar no tempo. A cada quilômetro percorrido as condições pioravam, mas era gostoso estar indo "para casa".

Nosso motorista, Mowin, um paquistanês da província do Baluquistão, falava inglês, urdu e pashtu. Ouvia música indiana aos berros, apesar dos apelos de Jon para que baixasse o volume.

— Os ocidentais são muito ingênuos — comentou. — E as mulheres não entendem nada da nossa cultura — acrescentou.

Contou então a história de uma mulher extrovertida a quem servia de motorista, que fazia caretas e ria para os passageiros de outros carros. Naquela mesma estrada, ela havia feito caretas para um sujeito sentado na boléia de uma picape que seguia à frente deles. Mowin insistira para que ela parasse, avisando que nada de bom resultaria daquilo. A mulher, porém, continuou rindo e fazendo caretas, e o homem na caminhonete foi ficando animado com a atenção dispensada, respondendo-lhe também com caretas, até que, pouco depois, baixou as calças, o que a deixou histérica! Mowin afirmou ter sentido vergonha por ela, comentando que a mulher ainda não havia entendido por que não é uma boa idéia fazer caretas para os homens no Afeganistão. Mais tarde, me confidenciou que a mesma mulher havia roçado os seios em seu braço enquanto ele guiava, o que nitidamente lhe agradara, embora esse tipo de indiscrição o aborrecesse quando dirigida a outros homens.

As histórias de Mowin entravam e saíam pelos meus ouvidos enquanto eu imaginava como seria visitar a base americana. O mais importante era seguir em frente enquanto ainda havia claridade. Ao menos desta vez tínhamos ar-condicionado e só precisávamos enfrentar a poeira que entrava pela ventoinha deste. Quando chegamos ao último posto de checagem paquistanês para carimbar nossos passaportes, Brent, nosso jovem editor e câmera, percebeu que não estava com o seu, e que o esquecera na recepção do hotel. Ele não se dera conta de que o hotel, como em alguns países estrangeiros, não iria devolvê-lo espontaneamente. Na cabine do posto de checagem, o guarda paquistanês que verificava os documentos apontou para uma cela em que Brent ficaria detido caso não apresentasse seu passaporte. Tratava-se de um quartinho quadrado, com pé-direito alto, onde caberiam dois ou três presos de pé. Um dia já fora verde, mas a sujeira, a poeira e provavelmente os próprios detentos o haviam deixado em péssimo estado. Vimo-nos diante de um verdadeiro dilema. Todos, com exceção de Brent, tínhamos carimbado os passaportes, o que significava que só podíamos entrar no Paquistão uma vez mais, na volta do Afeganistão. Por isso, não havia como acompanhar Brent até o hotel no Paquistão para pegar o dele. Não nos agradava a idéia de mandá-lo de volta sozinho, principalmente agora que a nossa escolta já nos deixara, mas também não podíamos ficar esperando, pois essa era uma área extremamente hostil a estrangeiros e, afora o escritório da imigração, não havia aonde ir — não havia hotéis, restaurantes e, pior ainda, banheiros.

Nossas únicas opções consistiam em mandar Brent de volta ao hotel e ficar esperando seu retorno ou voltarmos todos. Ambas eram ruins. Nesse ínterim, tentamos ligar para o hotel em Quetta pelo nosso telefone via satélite, mas não conseguimos sinal. Fomos até um telefone público para fazer uma tentativa, mas o aparelho estava mudo.

Durante todo o tempo em que ficamos parados em volta do carro, tentando, frustrados, obter sinal no nosso telefone, uma fila de afegãos aguardava a vez de passar pelo posto paquistanês e entrar no país. Levavam suas vidas com eles, enroladas em lençóis coloridos e jogadas sobre os ombros. Seus pés eram ressequidos e rachados, os turbantes, puídos nas extremidades e empoeirados. Como eram morenos, em comparação à minha pele de alabastro! Não desgrudavam de nós seu olhar ressentido, mas eu só queria poder correr até lá e dizer que era um deles. Pelo visto, não me aprovariam, de qualquer jeito — uma "colaboracionista" americana.

Ficamos ali meia hora, tentando fazer o telefone funcionar, mas nada conseguimos e não nos ocorreu nenhuma alternativa melhor. Logo estaria escuro, e aí, realmente, seria arriscado. Então, quando discávamos pela enésima vez o telefone do hotel, uma nuvem de poeira se ergueu do chão e um jipe preto, a toda velocidade, parou junto a nós. Era o nosso mediador paquistanês acenando triunfante um passaporte americano da janela do carona. Estávamos salvos, mas a demora implicaria empreender a viagem pela estrada até Kandahar à noite.

ONZE

DE MARCO ZERO
A MARCO ZERO

Com o forte, viva em paz ou à distância.

Provérbio pashtu

QUANDO CRUZAMOS A FRONTEIRA para o Afeganistão, a barra de metal foi levantada por um homem armado vestido com roupas afegãs, mas de aparência indistinguível da de um cidadão comum. Mowin recomendou que ficássemos sentados no carro enquanto ele providenciava os nossos vistos de entrada. Era o dia 27 de dezembro de 2001, e o Afeganistão continuava em guerra. Com efeito, fazia poucos dias que Hamid Karzai assumira como líder interino, de modo que cabia a ele lidar com quaisquer que fossem as autoridades que agora controlavam a fronteira.

— Fechem as janelas e não abram a porta para ninguém — ordenou Mowin.

Enquanto observávamos homens armados cercarem o nosso carro e emergirem de casebres de barro, tentávamos manter a calma. Tirei do bolso meu pacotinho de M&M e me virei para o restante do grupo, sentado no banco de trás.

— Esses caras não parecem muito satisfeitos. Será que eles gostam do novo governo? — brincou Jon, mesmo sob tamanha pressão. Foi assim que controlou o medo nos outros países que visitou. A minha maneira era comer chocolate.

Alguém bateu na janela e dei um pulo. Quando me virei, vi que era Mowin.

— Eles querem cem dólares por cabeça pelo visto.

— O quê?!

A reação de Jon foi a mesma quando traduzi o recado, mas não tínhamos saída a não ser pagar. Era o país mais caro em que ele já estivera, incluídas aí visitas anteriores ao Afeganistão e ao Iraque. Fiquei em dúvida se Mowin secretamente não teria tirado a sua parte. Mesmo sendo nosso motorista, não havia como saber a quem era leal. Custaria mais cem dólares diários por pessoa adotar a segurança oferecida ali na barreira, mas sem conhecer aqueles homens e depois de nos cobrarem uma taxa tão exorbitante, concluímos que precisaríamos de uma segurança adicional para nos proteger deles, ainda que os contratássemos. A necessidade de vigiar os próprios seguranças era um conceito novo, que só pode vigorar num lugar como o Afeganistão.

Podíamos contratar seguranças na primeira aldeia afegã ao longo da estrada, sugeriu um dos jornalistas que encontramos a caminho da fronteira. Quando deixamos aquela zona, percebemos estar sendo seguidos por uma caminhonete branca. No início, pensamos ser coincidência — ela simplesmente vinha atrás de nós. Além disso, eram tantas caminhonetes brancas, que custamos a ter certeza de que era a mesma o tempo todo a nos seguir. Começamos a ficar nervosos. Seriam os mesmos homens que haviam cercado o nosso carro enquanto Mowin providenciava nossos vistos? Aumentamos a velocidade para escapar de nossos perseguidores.

De longe, vimos a aldeia se aproximando, e, assim que passamos pelo enorme portão de metal, a caminhonete entrou numa outra rua. Havíamos conseguido despistá-los naquele momento, mas não havia como saber o que nos aguardava na saída. Precisávamos de segurança, sim. E rápido. Seguimos até o centro da praça, onde um punhado de rapazes e homens de meia-idade andavam de um lado para o outro, vários deles armados. Todos os olhos se voltaram para nós quando paramos. Dessa vez, saí do carro e pedi para falar com o comandante, que presumi tratar-se de um veterano local e ex-guerrilheiro anti-soviético.

— Ele está fazendo suas orações. O que querem? — perguntou o mais velho, sentado sob a árvore, limpando um fuzil.

— Queremos segurança. Somos jornalistas a caminho de Kandahar.

Imediatamente, ele mandou um garoto chamar o comandante e nos convidou para tomar chá no alojamento. Eu caminhava tentando parecer fria, como se não me importasse com todos aqueles homens armados logo na entrada e pelos corredores. Mais homens enchiam os cômodos do prédio. Sentamos num quarto com duas camas de solteiro com cabeceiras de metal enferrujado, enquanto chá fresco era despejado em copinhos de vidro transparente, do mesmo tipo que tínhamos em nossa casa em Kandahar, só que menores. Lembrei de ter lido, quando os usamos nos Estados Unidos, a frase MADE IN FRANCE gravada no fundo. Fingi tomar o chá em pequenos goles, só pensando em como deviam estar sujos aqueles copinhos num quartel cheio de guerrilheiros.

Um grupo de cinco homens que passava no corredor parou à porta e tentou puxar conversa comigo. Um dos guardas se levantou para fechar a porta, mas a essa altura os homens já haviam entrado.

— De onde você é, afinal? Quem são esses americanos? Como é que você fala pashtu tão bem?

Era óbvio que há muito uma mulher não entrava no alojamento, e uma que dominasse o inglês e o pashtu chamava mais atenção ainda. Mais e mais homens queriam entrar no aposento em que estávamos, mas o lugar agora se achava lotado e os guardas lá dentro empurravam a porta para impedir a entrada de outros.

Depois de uma certa comoção, ouviu-se uma batida na porta e um sussurro, "*Commanderr di*". Um homem enorme, moreno escuro e de barba, entrou. O comandante aparentava uns 45 ou 46 anos, e seus olhos redondos eram surpreendentemente doces. Alguns subordinados se apressaram a levantar e lhe oferecer seus lugares, servindo-lhe imediatamente um copinho de chá. À sua volta todos se calaram de repente e assumiram um comportamento reservado. O comandante nos perguntou sobre a nossa missão e disse que a estrada para Kandahar era muito perigosa. Apenas poucos dias antes, alguns jornalistas franceses haviam sido atacados e espancados, e suas câmeras, pisoteadas.

— O pessoal nessas estradas age como animais. É impossível prever o que farão. E você é uma moça. Podem deixar você passar porque é afegã, mas os outros terão problemas.

Ele prosseguiu explicando que os últimos dois jornalistas haviam levado dez homens com eles. Em seguida, sugeriu que levássemos vinte, já que éramos quatro. Vinte homens a quarenta dólares por dia, porém, sairia muito caro. Depois de pechinchar um pouco, decidimos levar seis. Eles se amontoaram num enorme jipe com um adesivo na traseira onde se lia, em letras vermelhas sobre um fundo negro, TENDÊNCIAS SUICIDAS. Minha maior preocupação era que esses mesmos homens planejassem nos atacar na estrada, ou que não fossem capazes de nos proteger na hora do sufoco.

Imaginei alguns esquemas que eles podiam utilizar. Um: simplesmente nos parar no meio da estrada, pegar nosso dinheiro e ir embora. Seria mais que o bastante para cada um e talvez até uma fortuna pelos padrões locais. Dois: um outro carro do mesmo alojamento nos pararia e roubaria o nosso dinheiro, fingindo não ter nada a ver com a nossa segurança, que, por sua vez, fingiria impotência diante da situação. Três: assaltantes de verdade nos atacariam e os nossos seguranças se recusariam a nos defender ou simplesmente bateriam em retirada. Era bem provável que já tivessem maquinado vários outros esquemas, sentados naquele alojamento poeirento, mas optei por não pensar em todos eles.

O céu era cor de ferrugem, cortado por listras vermelhas como o sangue dos mártires, e estávamos a caminho de Kandahar com um grupo de estranhos com armas e tendências suicidas. O veículo em que estavam nos mostrava o caminho, levantando poeira, principalmente quando desviava para evitar pedregulhos na estrada de terra. Nunca entendi como é possível dirigir naquela estrada. Às vezes o motorista ia pela beirada da via, se equilibrando sobre as pedras, como um surfista sobre uma onda, fazendo o carro inclinar para o lado; noutras, ziguezagueava, de um lado para o outro, à medida que progredia. Quando andávamos perto demais dos guardas, as nuvens de poeira levantadas pelo carro deles subiam à nossa frente, tão espessas que quase não nos deixavam ver nada. Mas o motorista nem uma vez diminuiu a velocidade. Era nesses momentos que eu mais temia bater de frente num outro carro vindo em nossa direção, envolto nas nuvens de poeira. Imaginei quantos desses acidentes não deviam acontecer. Não sei como, mas nada disso parecia arriscado para Mowin. A única coisa que o preocupava era se perder dos nossos guardas. Eles seguiam em disparada à nossa frente, quase como se não quisessem que os seguíssemos. Se algo acontecesse, eles nem dariam por nossa falta.

Perseguir um grupo de guerrilheiros afegãos armados na estrada escura para Kandahar era uma bela ironia. Mowin pisou no acelerador depois que uma nuvem de poeira se dissipou. Nada deles. Quando vimos suas lanternas traseiras, ele acelerou mais ainda e buzinou com insistência. O carro dos guardas parou e eles baixaram a janela. Mowin abriu a sua e pediu-lhes para andar mais devagar. Eles lhe pediram para andar mais depressa; *aquilo era o Afeganistão*. Mowin retrucou aos gritos que eles não receberiam um único *afghani* (a moeda local) se não desempenhassem a função que lhes cabia. O motorista barbudo assentiu com a cabeça e fechou a janela. Uma coisa que eles levavam a sério era dinheiro, principalmente porque tinham contas a prestar ao comandante.

A viagem levou três horas, e quando chegamos a Kandahar já tínhamos 12 de estrada. O aroma de pão árabe no ar, tão forte que a gente é capaz de sentir o sabor, me lembrou que eu estava de novo em casa.

Fomos direto para a sede da CBS, que havia sido apressadamente construída com pranchões de madeira. Muitos jornalistas se estabeleceram em Kandahar, mas a NBC fora forçada a partir depois de ter a sede atingida por tiros no meio da noite. Nas salas bem iluminadas havia *laptops*, outros equipamentos eletrônicos, telefones via satélite e, sobretudo, homens e mulheres louros jogando cartas e bebendo cerveja diante de uma mesa branca de plástico.

Pela fresta de uma porta próxima à entrada, avistei vários afegãos de aparência rude sentados no chão, amontoados num pequeno cômodo, sendo servidos de comida afegã. "Devem ser os guardas", pensei. Serviram-nos uma refeição muito bem-vinda, que incluía arroz afegão e cordeiro, e depois nos apresentaram ao afegão responsável pelo funcionamento da CBS. Chamava-se Jamil e era sobrinho do novo presidente do Governo Afegão de Transição, Hamid Karzai. Jamil, um sujeito de fala macia, com uma cicatriz no rosto largo, vestia roupas afegãs elegantes, verde-jade e bordadas. Tinha uma postura elegante, quase presidencial. Extremamente seguro e respeitoso, imediatamente concentrou sua atenção em mim, me chamando de irmã e perguntando se eu já comera. Acrescentou que fazia questão de garantir que eu fosse bem tratada e que não precisava me preocupar, que ligasse para ele a qualquer hora, como se fosse meu irmão.

Jamil me deixou logo à vontade e me fez lembrar do que eu mais gostava nos homens daquele país: o respeito à melhor tradição afegã. Com efeito, para os muçulmanos, esta era a maneira adequada de tratar as mulheres. Jamil foi encantador e demonstrou enorme respeito. Achei que também seria nosso mediador, mas ele mandou chamar o irmão mais moço, de um inglês menos fluente e com menos presença de espírito, para nos acompanhar. Explicou que a CBS lhe pagava trezentos dólares diários, mas decidimos pagar a metade ao irmão, Fazl, por ele ter menos contatos e experiência. Fazl era mais tímido, mas ostentava no rosto a mesma marca do irmão, do tipo nitidamente deixado por picadas de mosquitos transmissores do vírus da leishmaniose.

Fazl nos guiou até um prédio próximo, em cujo portão estava escrito "Oxfam". Um atraente barbudo abriu o portão e exclamou: "Bem-vindos aos Estados Unidos." Em seguida deu uma sonora gargalhada. Chamava-se Haroon, e nos mostrou a casa, grande o bastante para abrigar a nós, aos nossos guardas e aos dele.

Quando Haroon se inclinou para mim e perguntou de quem eu era filha, senti um leve cheiro de vodca em seu hálito. Muita gente começou a beber ao primeiro sinal do fim do regime Talibã. Haroon prontamente reconheceu o nome do meu pai e me informou com orgulho que havia morado em Washington durante vários anos, o que explicava seu ótimo inglês. Senti-me melhor ao saber que tínhamos ido parar em boas mãos.

Duas noites depois, liguei eufórica para meu pai para contar que havíamos chegado em Kandahar e estávamos bem amparados.

— Estamos com seu velho amigo Haroon.

— Como?! Por que você foi parar aí?

— Como assim? Foi para cá que a família Karzai nos trouxe. Está tudo bem.

— Você não deve ficar aí... Ele...

A estática inundou a ligação.

— Não estou ouvindo, Agha, fale mais claro.

A ligação caiu. Disquei freneticamente a fim de descobrir o que ele queria dizer, mas não consegui fazer a ligação. Senti-me como Abdul Haq, o comandante militar afegão que entrou no país depois do 11 de Setembro para lutar contra o Talibã, mas se viu cercado por soldados do regime enquanto tentava desesperadamente ordenar um ataque aéreo americano. Ele continuou discando até ser morto.

Não consegui ligar novamente. Desci, então, e encontrei Jon rindo e tomando chá com Haroon. Pedi para falar com Jon em particular e lhe expliquei a conversa que tivera com meu pai. Jon não viu motivo para preocupação.

— O que vamos fazer? Ir embora? Vai dar tudo certo.

No dia seguinte, Jon pediu a Haroon para lhe contar, confidencialmente, a sua história. Haroon admitiu ter sido preso por agredir a mulher durante uma bebedeira. Meses depois, em Nova York, descobri através da comunidade afegã na Virginia que Haroon fora de fato preso e deportado por estuprar uma faxineira vietnamita. Também descobri que, na verdade, ele não tinha contato com Hamid Karzai e que provavelmente era mais motivo de constrangimento para a família do que um representante desta. No Afeganistão, a verdade muitas vezes não passa da versão de alguém sobre um boato. Eu devia ter desconfiado.

No segundo dia que passamos em Kandahar, um homem saiu da nossa casa e se aproximou de nós enquanto aguardávamos os carros para começarmos o dia, pedindo para usar nosso telefone via satélite. Antes que lhe perguntássemos qualquer coisa, Jon lhe estendeu o aparelho e ele discou. Quando encerrou o telefonema, o homem chegou perto de mim e disse que o prédio onde estávamos hospedados não pertencia a Haroon, e que acabava de dar um telefonema para ver se conseguia despejá-lo, juntamente conosco, do imóvel. Em seguida, teve a ousadia de me entregar fotos tamanho passaporte de toda a sua família e me pedir que as levasse comigo para os Estados Unidos. As fotos estariam à mão, caso eu conseguisse lhes arrumar passaportes. Esclareci que não tinha condições de arranjá-los, mas o homem insistiu que eu ficasse com as fotos. Descobri depois que a Oxfam era um organismo internacional de assistência atuando no Afeganistão e que o prédio já fora seu quartel-general. Ele era um médico pertencente à organização, que tentava reaver o prédio para pô-lo novamente em funcionamento. Durante muito tempo guardei em minha bolsa as fotos da sua família, sem querer abrir mão do espírito afegão de tentar e de acreditar na sorte, mesmo quando tudo indica que Deus nos virou as costas.

Passamos os dias que se seguiram investigando, tentando encontrar a minha família e nos estabelecendo em Kandahar. Tínhamos que começar do zero. Precisávamos contratar um cozinheiro, adquirir ou alugar pratos, comprar mantimentos e descobrir como lavar a nossa roupa. Haroon nos arrumou dois cozinheiros que transformaram o quintal dos fundos numa cozinha. Não tardou para que os velhos da vizinhança passassem a comer e beber às nossas custas. No dia em que nos levou para comprar frutas e legumes, Haroon apareceu em seu velho conversível verde, com a capota arriada, o rádio tocando uma canção que falava da *watan*, ou terra natal. Uma bandeira afegã tremulava de cada lado do veículo, e Haroon dirigia como se fosse o rei do pedaço. Ao passar por uma rua de mão única, esbanjando palavrões em pashtu para tirar do caminho as crianças e os mascates, explicou a Jon que havia sido motorista de táxi em Washington. Levou-nos a uma loja de eletrodomésticos onde nos mostrou uma máquina de lavar de 150 dólares, que insistiu para que comprássemos, pois em pouco tempo não teríamos mais roupas limpas para vestir. Optamos por não aceitar a sugestão e contratar, em vez disso, alguém para lavar a roupa.

A notícia de que havia estrangeiros hospedados na casa de Haroon se espalhou, fazendo com que afegãos desempregados viessem nos procurar. Um deles se ofereceu para lavar roupa, e Haroon o aprovou. Enchemos uma saca para que o homem trouxesse de volta no dia seguinte. Dois dias depois, ele retornou com uma sacola de compras com as roupas cuidadosamente dobradas e cobrou vinte dólares.

— Vinte dólares?! — perguntou Tami, fazendo uma careta.

— Não pago isso nos Estados Unidos nem para *lavar a seco*.

Senti pena do sujeito, porque ele pareceu bastante sem jeito enquanto examinávamos as roupas. As meias estavam encharcadas, e as camisetas, ainda úmidas. Segundo explicou, a esposa grávida havia tentado lavá-las logo que chegaram, mas eram tantas que, quando a lavagem acabou, já passava do meio-dia — melhor hora para secar a roupa —, e ambos decidiram nos entregar as roupas para não atrasar mais. Fiquei impressionada com seu senso de pontualidade, apesar do fato de estar um dia atrasado.

— Lamento, irmã. Não lavamos roupa. O destino nos deixou numa situação em que temos que fazer o possível para ganhar algum dinheiro. Sinto muito. Da próxima vez, a roupa virá seca.

De algum modo, acreditei nele. Parecia envergonhado ao falar. Desejei poder lhe dar mais que vinte dólares, mas não estávamos ali para fazer caridade, e Tami já estava aborrecida porque tudo indicava uma nova extorsão a caminho. Eu não podia culpá-la. O sujeito esperava que entendêssemos seu problema e por generosidade concordássemos em pagar o valor total. Depois de alguma discussão com ele — e com Tami —, convenci os dois de que 15 dólares seriam um valor justo.

Uma vez acomodados, fomos várias vezes à cidade de Kandahar para estudar as experiências dos afegãos comuns durante e após a guerra. O primeiro grande choque foi ver em ruínas praticamente todas as estradas e construções da cidade. Às residências e prédios do governo faltavam portas, telhados e até mesmo paredes, enquanto vários muros solitários se erguiam da poeira dos entulhos que um dia já haviam sido edifícios. Os moradores de Kandahar me revelaram com amargura quanta vergonha sentiam do estado em que se encontrava sua cidade, afirmando que ela um dia fora bela, antes das guerras. Muitas mulheres idosas, homens adultos e crianças pequenas mendigavam trocados, comida ou remédios onde quer que fôssemos. Um homem no bazar nos contou ter levado três meses para juntar trinta dólares e nos mostrou suas mãos cheias de bolhas e cortes para atestar seu flagelo.

Nosso primeiro destino foi o estádio, onde durante quatro anos o Talibã realizou execuções mensais de assassinos e outros criminosos. Nosso mediador afirmou ter assistido a 30 ou 35 execuções ao longo dos anos, além de 10 a 15 amputações. O vigia do local nos disse que os juízes talibãs se sentavam no camarote das autoridades e o acusado aguardava junto a uma das traves de futebol pela sentença: execução ou amputação das mãos.

— Foi a aflição que deixou a minha barba grisalha — confessou.

Ele não concordava com as ações do Talibã, me assegurou, mas sua família precisava comer.

A parada seguinte foi no bazar, onde um lojista anunciou, orgulhoso, que estava vendendo tantas burcas agora quanto na época do Talibã. Escolhi uma burca cor-de-rosa, que me custou 12 dólares. Quando a usava na rua, ela me fazia sentir protegida dos olhares cobiçosos da multidão de homens e rapazes desabituados a ver mulheres sem burcas. Todas as afegãs em Kandahar (exceto eu e um punhado de mulheres ocidentais) ainda vestiam suas burcas fora de casa. Mesmo na ausência da polícia religiosa talibã para surrá-las por saírem sem se cobrir, elas precisavam fazê-lo para aplacar a censura de maridos e pais, bem como para evitar serem seqüestradas ou sexualmente atacadas.

Visitamos lojas que pela primeira vez em muitos anos vendiam aparelhos de tevê, CDs de música e DVDs de filmes.

Titanic e *Rambo* sempre fizeram enorme sucesso, assim como vários clássicos indianos. Agora, um filme de ação americano com Chuck Norris estava vendendo bem. O Talibã proibia todas essas tecnologias do entretenimento, sem falar nas pipas, no carteado e na dança. A cidade que não nutria esperanças quando a visitei em agosto de 2001 vivenciava agora um real renascimento. Cambistas, açougueiros e padeiros viam-se cheios de trabalho, e os residentes encaravam com otimismo o futuro porque o Talibã se fora e um novo governo estava sendo montado.

Ao nos aproximarmos do prédio do Ministério da Educação, onde eu esperava conseguir autorização para visitar a escola feminina em que meu pai lecionara Química durante anos, vi pilhas de livros sendo postos na rua por vários homens grandalhões usando turbantes verde-oliva. Os homens haviam recuperado centenas de livros roubados das escolas pelos talibãs para serem usados nas *madrassas* fundamentalistas. A promessa agora era de que no novo Afeganistão os livros religiosos recuperados teriam um papel importante, mas não mais representariam a integralidade da educação das crianças afegãs. No interior do ministério, as autoridades nos informaram que as escolas haviam sido reabertas 10 ou 15 dias antes da nossa chegada. Segundo ouvimos, o Talibã se apropriara em benefício próprio de grandes somas de dinheiro que deveriam ter sido aplicadas na educação.

No liceu Zarghoona Ana para moças, aberto antes de 1950, mas fechado durante todo o período talibã, encontrei meninas lutando para entender por que o regime as fizera ficar em casa durante os últimos oito anos em vez de freqüentar a escola.

— Implorávamos aos nossos pais para ir à escola, mas eles diziam que estavam fechadas — contou uma delas.

— Eles queriam que ficássemos em casa, porque era perigoso — recordou-se uma outra.

— Eles não gostavam de escola — foi tudo o que uma garota soube dizer.

Algumas professoras me contaram que há 12 anos não davam aula, desde a retirada dos soviéticos e o começo das guerras civis da década de 1990. O magistério é considerado um ofício nobre no Afeganistão, e a reabertura das escolas representava um excitante renascer da vida pública em geral, principalmente para as mulheres.

Aquele era apenas o terceiro dia desde o começo das aulas em Kandahar, após anos sem escolas. Embora fosse um liceu, ou escola secundária, o Zarghoona Ana estava recebendo meninas de todas as idades, de quatro ou cinco anos até 18. Algumas alunas haviam enfrentado quilômetros de estrada em meio a entulho e detritos de guerra para chegar à escola. De volta às aulas, as meninas me contaram com orgulho que sonhavam se tornar médicas, professoras e jornalistas. Nos corredores, durante o recreio, montes de garotinhas riam, se empurravam, brincalhonas, e gritavam de felicidade por estarem novamente em grupo na escola. Trajavam suas melhores roupas, lenços de cores vibrantes e túnicas esvoaçantes em tons de rosa, verde-limão, vermelho-vivo e turquesa.

No hospital Mir Wais, uma estrutura baixa de cor bege queimado com janelas de vidro, nos inteiramos do preço pago por alguns afegãos pelos risos alegres das crianças na escola e pela música que saía dos quiosques de CD no bazar. Na UTI, a enfermeira-chefe do hospital nos informou que os leitos estavam ocupados por gente com ferimentos provocados por minas terrestres, bombas de fragmentação e material bélico não detonado. Uma criança se queixou de ter sido atingida por estilhaços de granada durante a guerra. Outra perdera a mão e boa parte do pé ao pegar do chão uma bomba que não explodira ao cair. Uma menina chamada Maimona e o irmãozinho presenciaram a morte de cinco membros da família, e o garotinho teve o pênis amputado no hospital. Ele aparentava menos de cinco anos.

— Tive que recolher do chão os pedaços dos corpos da minha família depois que bombardearam a nossa casa — lamentou a mãe, mordendo o lábio.

APÓS VISITAR O BAZAR, a escola feminina e o hospital, começamos a busca por minha família. Descobri que Khala Sherina e os filhos haviam fugido de Kandahar para Quetta, razão pela qual decidi iniciar a procura pela antiga casa de meus pais. Esperava ver minhas tias, tios e primos do lado paterno, já que a maioria dos meus parentes maternos partira para o Paquistão.

Dei a Fazl, nosso mediador, o nome da rua onde supus que ficasse a nossa casa. Quando a visitara com tia Lailuma durante o período talibã, minhas primas moravam lá e prepararam um grande banquete para nós. Depois, tínhamos dormido no telhado e admirado o céu durante horas, enquanto elas me encantavam com histórias da vida da família quando eu era criança.

Paramos na primeira loja no extremo da rua, um diminuto e decrépito buraco no muro de argila, com longos cachos de uvas verdes e outras frutas dentro de sacos na entrada. O dono da loja apontou na direção da casa quando me identifiquei como filha de Sultan Mohammed, professor e Qari. Perguntamos novamente em outra loja, onde um homem sentado à porta reconheceu o nome do meu pai e me cumprimentou calorosamente, abandonando a loja para caminhar comigo até a casa.

— Claro que conheço seu pai. Sou primo dele e me lembro muito bem de você.

Seu rosto ostentava um forte bronzeado, e os olhos pareciam ter sido delineados com *kajal*. O turbante, frouxamente amarrado em torno da cabeça, lembrava um lenço feminino, e o sorriso familiar e amistoso revelava dentes perfeitos e alvos. Mais tarde descobri a verdade sobre ele também. Quando voltei para casa e mostrei o vídeo a Agha, soube que o homem era o ladrão das redondezas!

Cruzamos com meninas que brincavam na rua. Elas nos observaram passar, boquiabertas de curiosidade, e quem sabe espanto, interrompendo o que faziam ou recostando-se nos muros da rua estreita, torta e de cor cáqui, quase como se alienígenas tivessem descido à terra para visitá-las. Não mais que vinte anos antes, fui uma dessas meninas, e se não tivesse partido, uma delas provavelmente seria minha filha, que, ao chegar em casa, me contaria ter visto uns americanos com filmadoras caminhando no meio da sua brincadeira. A sensação de que podia ser eu ali, naquela rua, raramente me abandonava, quer ao fazer compras no Bazar Shikapur quer ao tomar um *cappuccino* com açúcar queimado num café do centro de Manhattan. Conseguia me ver nos olhos dessas meninas, mas para elas eu era uma intrusa em *sua* rua, uma estranha sem burca, cercada de americanos.

O "primo" do meu pai me levou até a porta, e de tão excitada não me dei conta de que ele se foi sem sequer dizer um "tchau", ou o equivalente em pashtu a "boa sorte". Entrei a toda, ansiosa para fazer uma surpresa para a minha família. Sem dúvida, eles jamais esperariam uma visita minha poucos meses após a última, sobretudo depois de passarem vinte anos sem me ver.

— Deus sabe quando veremos você de novo — gracejaram quando os deixei da última vez. — Você levou vinte anos para aparecer, agora vai levar mais vinte para voltar?

Jon e a equipe esperavam do lado de fora por um sinal meu indicando que não havia mulheres presentes. Entrei no grande pátio central e observei, do outro lado do jardim vazio, um homem alto vestido numa comprida camisa cinza-claro, a pança se insinuando por baixo dela e o fazendo parecer grávido, esperando, de mãos na cintura, à entrada de um dos cômodos. Não o reconheci, mas saudei-o efusivamente mesmo assim e me aproximei o máximo permitido pelo decoro, para vê-lo melhor, achando que talvez tivesse esquecido seu rosto desde a minha viagem de agosto. Ele não se mexeu, só pareceu mais alto em sua posição de homem mais idoso da casa. Mostrava-se, porém, nitidamente pouco à vontade, e é bem provável que estivesse protegendo o quarto onde as mulheres se escondiam. Imaginei o que estaria lhe passando pela cabeça ao ver se aproximar aquela estranha com a cabeça descoberta e portando uma câmera.

Uma expressão de pesar e dúvida se apossou de seu rosto enquanto me explicava que a família lhe alugara a casa e deixara a cidade. Ele desconhecia o seu paradeiro. Tornei a olhar o quintal. De repente, a casa ficou menos reconhecível, o desenho do pátio menos familiar. Parecia uma cidade fantasma de um filme de bangue-bangue, tufos de mato seco rodopiando ao vento. Como a minha família pôde deixar sua casa com estranhos? Em que condições teriam fugido? Como deve ter sido esvaziar de repente uma casa cheia de idosos, mulheres e crianças? Fiquei me perguntando se os parentes do meu pai haviam fugido no meio da noite, como a família de Nasria.

Depois de pedir permissão para filmar o quarto em que nasci, Jon e Tami se juntaram a mim dentro da casa. Apontei para o canto onde me disseram que minha mãe me deu à luz. Quando viu o documentário, minha mãe me chamou de sem-vergonha por ser tão explícita, por deixá-la tão constrangida. Não sei ao certo se foi eu ter falado sobre seu parto ou o fato de ele ter se dado num quarto praticamente nu de uma casa simples o que tornou tudo tão primitivo e, por isso, vergonhoso. "Envergonhar-se de quê?", pensei. Não fomos para um hospital. Qualquer que fosse o motivo, éramos assim. Isso não nos tornava primitivos ou menos dignos de tratamento médico numa cidade mais moderna como Nova York.

Nunca entendi por que certas pessoas, sobretudo os muçulmanos dos países do Terceiro Mundo, se envergonham das condições em que viviam na terra natal. De um jeito ou de outro, sempre descobrem algo "civilizado" em que se ancorar quando descrevem o passado. Gabam-se de que a mãe usava saia curta numa época conservadora, ou de que o pai tinha um alto cargo no governo, ou de que nasceram numa tribo ou família conhecida, ainda que ninguém mais conheça tal tribo ou família. Oriunda de Kandahar, eu não tinha muito do que me gabar nem me preocupava em inventar histórias mirabolantes. Certa vez, quando era garota no Brooklyn, minhas colegas de ginasial comparavam os nomes dos hospitais onde haviam nascido, e quando chegou a minha vez, declarei com orgulho, sob o olhar de todo o grupo, ter nascido em casa. Encararam-me como se fôssemos os seres humanos mais primitivos, capazes de dar à luz nas nossas salas de estar, mas é assim que são as coisas no Afeganistão e em vários outros lugares. Existia um hospital na cidade e, embora provavelmente pudéssemos custear a internação, não havia um bom motivo para procurá-lo. Só se buscava o hospital quando surgia alguma complicação que os milhares de anos de experiência das parteiras e matriarcas não fossem capazes de sanar.

Quando saímos do quarto, uma frágil velhinha, com um lenço vermelho lhe cobrindo a cabeça e vestida como camponesa, chegou até a porta com uma vassoura. Eu lhe sorri, e ela se mostrou ansiosa para falar. Quando descobriu quem eu era, me abraçou e explicou ter ajudado a cuidar de mim quando eu era criança. Filmei-a, mas ela só me permitiu focalizá-la varrendo o chão. Ela me pareceu arcaica. O fato de ainda estar morando e trabalhando na nossa antiga casa com tudo que havia acontecido no país soava incrível, mas, infelizmente, não passava de uma conseqüência previsível de sua extrema pobreza. Dei-lhe cinqüenta dólares, mas me arrependo hoje de não ter feito mais, como ela fez por meu irmão e por mim quando éramos bebês. Lembro-me de sua família ser muito pobre e de meu pai ter dado a eles a terra em frente à nossa casa para que construíssem uma casinha. Eles mantinham um cão preso junto à porta, que na minha lembrança tinha o tamanho de um urso, e cujos rosnados me assombravam em pesadelos, mesmo já na adolescência.

Quando saímos da casa, um grupinho se formara do lado de fora, provavelmente intrigado com a presença dos seguranças que nos aguardavam. Um idoso numa bicicleta esperava com algumas crianças.

— Você é a filha de Qari Sultan?

— Sou, sim. *Salaamwalaikum* — respondi, me aproximando dele para beijar-lhe a mão. — Lembra-se de nós?

— Claro. Qari Sultan foi para os Estados Unidos. Como está se saindo por lá?

Eu ouviria e tornaria a ouvir muitas vezes que nós fomos aqueles que deixaram a vizinhança, o que me levou a imaginar se haveria algum antigo ressentimento quanto a isso.

— Ele... ele vai bem. Mandou "*salaams*" para todos — respondi, me afastando.

Assim que me virei, um casal idoso, parado diante de uma outra porta, me chamou com um aceno. Seus sorrisos amplos e gestos afáveis foram tão calorosos que não pude resistir. A mulher acenou para mim com a beirada do lenço.

— Entrem para tomar chá conosco. Venham, entrem.

Entramos e nos sentamos do lado de fora do cômodo principal, no quintal.

— Claro que me lembro de você — anunciou ela, alegremente. — Você era uma garotinha quando foi embora. Brincava aqui na rua e vivia mandando seu irmão vir para casa almoçar. Como era precoce! Lembra de mim?

A pergunta foi feita num tom quase infantil, mas não consegui me lembrar dela e admiti. Queria ter dito que sim para animá-la, mas não pude mentir. Ela veio em meu socorro, dizendo:

— Claro que não, você era tão criança...

O carinho que emanava dessa mulher era avassalador. Desejei poder passar a noite ali e conhecê-la melhor. Eu estava em casa de novo. A casa da gente é onde os vizinhos se lembram de nós vinte anos depois que fomos embora, sem esperar a nossa volta. Na minha família sempre houve uma esperança, ou pelo menos um sonho, não importa quão improvável, de que um dia voltássemos para casa em Kandahar. Nossos vizinhos de rua foram mais realistas. Sabiam que, tendo partido, era quase impossível voltar. Sempre me perguntei como isso teria afetado a sua auto-estima, seus sentimentos quanto ao que os cercava e ao valor da vida que levavam. Sem dúvida deve ter sido dolorosamente deprimente saber que alguém que partia — e normalmente eram os mais abastados e instruídos — quase nunca voltava.

Uma outra mulher de burca, agachada no chão com as costas contra a parede, pediu que eu me aproximasse. Levantou a barra da burca, revelando um vestido decotado, apesar da presença de Jon. A forma como baixou a burca na nossa frente, mas a manteve no lugar do lado onde estavam os demais, parecia revelar que queria ser vista, mas desejava mostrar ao resto da família que estava coberta. Lembrou-se de me convidar para vir à sua casa quando me via brincando na rua, porque eu era a mais clarinha de todas as meninas, e de me dar chiclete e me avisar para não contar às outras meninas onde o havia conseguido. Com as câmeras ligadas, ela brincou que não gostava de usar burca, que gostaria de poder andar pelas ruas como as americanas.

— Queremos ser como vocês. Usamos isto porque somos obrigadas, porque é a tradição de nossos pais e dos pais deles.

Surpreendeu-me o fato de que atribuísse a tradição aos homens, não às mães e às avós.

Eu começara o dia me sentindo uma estrangeira numa cidade fantasma, mas em uma hora fui recebida com amor pela aldeia que me criara. Só queria poder dizer a essa gente que não me esquecera deles e da sua generosidade, assim como eles não haviam se esquecido de mim.

DOZE

PERGUNTEM AO DEPARTAMENTO DE DEFESA

Sangue não pode ser lavado com sangue.

Provérbio afegão

Eu queria de todo coração evitar a aldeia onde a família de Nasria sofrera o bombardeio, mas Jon se recusava a esquecer o assunto.

— Vamos mais uma vez ao bazar — insisti, torcendo para tornar-se impossível ir à aldeia.

Qualquer lugar, menos a aldeia. No final, porém, acabou sendo inevitável. Jon queria vê-la, filmá-la, mostrar ao mundo onde minha família morrera. Achei um tanto mórbido fazer isso. Por que precisava ser visto? Seria realmente necessário ver as ruínas para acreditar? A palavra da minha família não bastava? O jornalismo, nesse aspecto, era bastante vulgar. Eu sabia que mostrar era diferente de contar, mas não sabia se teria estômago para tanto.

Partimos de manhã cedinho para a casa da minha prima Janaraa, também parenta de Nasria, para buscar alguns parentes homens que soubessem como chegar até a aldeia. Tami e eu entramos rapidamente para falar com as mulheres, e todas esbanjavam alegria, exatamente como na última vez que eu as vira.

Janaraa puxou o lenço da cabeça de Tami, de forma meio agressiva, lembrando-lhe de que não havia mais Talibã. Tami sorriu com nervosismo, ciente de que circular sem um lenço não seria uma boa idéia, com ou sem Talibã. Não era a primeira vez que mulheres locais incentivavam estrangeiras a dispensar o lenço, esperando que a ação destas abrisse caminho para outras mulheres. Eu me equivocara anteriormente sobre essa questão. Tratava-se de uma área delicada. Por um lado, esperava-se que as estrangeiras respeitassem a cultura local vestindo-se com recato — roupas largas, mangas compridas, vestidos descendo até o calcanhar e um lenço cobrindo a cabeça e a maior parte do cabelo. Às vezes, quando as ocidentais usavam algo impróprio segundo esses padrões, as nativas faziam questão de manifestar sua censura, umas às outras, bem como a quaisquer afegãos que porventura as acompanhassem.

Certa vez, duas asiáticas caminhavam por um movimentado bazar em Cabul vestindo *jeans* apertados que realçavam seus bumbuns. Observei senhores mais velhos lançarem olhares reprovadores e vi homens apontarem, às gargalhadas, as duas estrangeiras. Mesmo as afegãs que trabalham em ministérios do governo chegaram a comentar comigo que as estrangeiras que desejam trabalhar no Afeganistão devem se vestir de forma a não chamar atenção. Essas profissionais afegãs argumentam que o tipo errado de atenção atrasa a causa dos direitos das mulheres, já que os homens afegãos criticam suas compatriotas por quererem se associar a estrangeiras oferecidas ou pior, por desejarem ser como elas. O detalhe é que muitas afegãs, principalmente as jovens, realmente querem se vestir como as americanas — usar mangas curtas etc. —, mas suas prioridades são estudo, independência financeira e saúde.

Apresentei-me a um grupo de homens da família de Janaraa que veio nos receber na rua. Só precisávamos de uma pessoa para nos guiar até Chowkar-Karez, mas o grupo todo se amontoou numa caminhonete e partimos em caravana. Um dos mais velhos veio conosco e explicou que o filho trabalhava numa lanchonete de galinha frita em Albany. Rimos todos da ligação entre afegãos e o comércio de galinha frita.

À medida que seguíamos na direção do aeroporto, meu estômago se apertava. A viagem em si era perigosa, pois atravessávamos uma zona em plena guerra e uma caravana seria um alvo óbvio. Meu aperto no estômago, porém, tinha a ver com o medo de visitar Chowkar-Karez. Percebi em mim um certo desejo de ver a aldeia, assim como quisera chegar o mais perto possível do epicentro da tragédia do World Trade Center, apesar de saber o que tinha acontecido. Só não me agradava estar ali meio obrigada e o fato de que a minha primeira visão do local seria filmada.

A caminhonete à nossa frente diminuiu a velocidade e deixou a estrada, entrando no deserto. Como sabiam em que ponto fazê-lo me escapava à compreensão, já que não havia placas ou qualquer outra indicação. Todos paramos então, e nos disseram para amarrar bandeiras afegãs nas antenas dos carros para sermos reconhecidos pela força aérea americana. De que maneira as bandeiras afegãs nos distinguiriam dos talibãs, que poderiam facilmente pendurá-las nos próprios veículos, eu não saberia dizer, mas qualquer precaução que pudéssemos tomar era válida. Rodamos em trilhas no deserto, às vezes seguindo reto, outras nos afastando do caminho para depois voltar à linha reta. Afora duas montanhas rochosas marrom-claro à distância, o deserto era o mesmo à nossa volta. Perdi a noção de direção, não mais sabendo de onde tínhamos vindo nem para onde íamos.

Que terra malfadada, pensei, observando pela janela a terra rachada e o conjunto de rochas escarpadas. Desesperada, desolada, mas, ainda assim, tão disputada. Contemplando-a, eu não conseguia entender por que alguém lutaria e daria a vida por essa terra. Nem um cacto cresceria naquele deserto. De vez em quando, víamos um círculo de casas de adobe, ou passávamos por um garoto montado num pônei. Sem água potável ou vegetação à vista, era um milagre a sobrevivência desses indivíduos. Sem um carro era impossível chegar a uma aldeia para comprar mantimentos ou carne. O que podia subsistir em tamanha aridez?

O fato de haver gente capaz de viver no meio do nada, sem recursos, fazia parecer supérflua a maior parte dos meus bens. Como seria simples a vida cujo sustento viesse de um rebanho de cabras. Sem moda para acompanhar, sem vizinhos para agüentar, sem o consumo constante. Percebi que o ocidental médio está sempre comprando algo. Até eu, que não sou grande consumista, pareço estar sempre arrastando para casa sacolas e mais sacolas de comida, roupas, livros, pratos, tudo. Como formiguinhas, trabalhamos dia após dia para poder carregar mais e mais mercadorias para casa. Todos temos aquela mentalidade de armazenar, mesmo vivendo numa terra de abundância. E quanto mais velhos ficamos, mais acumulamos, até que um dia morremos e a tudo isso tem que ser dado um fim. Tudo passa a ser responsabilidade de outrem. Sempre me perguntei que fim levariam todas as "coisas" que ficam para trás quando se morre, principalmente à medida que a população dos países ocidentais cresce e cada um de nós adquire montanhas de bens. Não seria curioso não deixar nada? Dar ou consumir em vida tudo que se tem, com exceção das idéias, escritos e fotos? É assim que eu gostaria de partir — com coisa alguma, exatamente como quando cheguei.

— É AQUI! É AQUI!

Havíamos dirigido durante uma hora no deserto para encontrar o entulho que procurávamos. A aldeia era maior do que eu esperava, e partes do alto muro externo ainda continuavam de pé. As casas estavam reduzidas a montes de argila batida ou meramente a pó. Galhos partidos e queimados podiam ser vistos salpicando o perímetro da aldeia, e o mais impressionante eram as gigantescas crateras em forma de cone na terra, valas grandes o bastante para engolir veículos inteiros. Eu soube mais tarde que bombas de uma tonelada haviam aberto tais crateras, penetrando na terra com uma força incrível.

Eu esperava encontrar um lugar destituído de vida, mas um homem maltrapilho saqueava os restos da aldeia quando chegamos. Fiquei enojada ao ver alguém roubar o que restara dessa aldeia arrasada pelos bombardeios, mas meus parentes reconheceram o homem. Era um fazendeiro que lá morava, ainda a vasculhar os destroços atrás de lembranças dos cômodos destruídos da própria casa. O desespero era arrasador. O homem demonstrou espanto por alguém ter voltado, mas se mostrou ansioso para falar conosco. Quando deixei claro que me interessava por seu relato, seu semblante brilhou qual um farol. Queria falar conosco, e na mesma hora ligamos as câmeras.

— Estão vendo aquela árvore? — perguntou, apontando um galho saindo da terra ao longe, nada que lembrasse uma árvore inteira. — Eles voavam àquela altura. Dez metros. Dez metros! Atiraram em mulheres e crianças de um avião a dez metros de altura!

Sua voz foi subindo à medida que ele falava, voltando sua raiva contra mim:

— Por que fizeram isso conosco? Por quê?

Eu nada tinha a lhe dizer.

— Por que atiraram em mulheres e crianças? É claro que podiam vê-las!

Desabando no chão, apontou para a própria cabeça, usando o dedo como se fosse uma arma, e fingiu disparar em si mesmo.

— Assim.

Depois rolou no entulho, enquanto seu turbante se desenrolava, para mostrar como se esquivara das balas.

— Eles continuaram atirando!

Seus gritos nos atingiram como balas.

Levantou-se, então, e senti uma enorme vergonha de ter visto um afegão adulto com seu orgulho reduzido a ponto de rolar na terra, diante de estranhos. Ele gritou:

— Não tenho mais esposa nem filhos. Só este — continuou, apontando para um garotinho de seis ou sete anos, agachado perto dele no ponto mais alto do monte de entulho. Caminhou até o menino, pegou-o pelas axilas e jogou-o lá de cima. — O que esperam que eu faça com ele?

Senti vontade de chorar pelo menino, que não disse nada, apenas se levantou devagar, envergonhado. Fiquei imaginando o que estaria passando por sua cabeça. Deve ser a pior sensação do mundo saber que sua mãe está morta e que você é um peso para seu pai. Pior seria dali a alguns anos, pensar que sua infância lhe fora roubada, juntamente com sua mãe e seus irmãos, por americanos em potentes aviões durante a noite. Viria a se tornar um inimigo dos Estados Unidos? Esperei que não, mas tudo indicava que, a partir da sua experiência, teria boas razões para ser um jovem guerrilheiro em busca de vingança. Ademais, esse é o estilo afegão. O velho se ofereceu para nos levar ao local onde outras mulheres haviam morrido, nômades *kuchis*, que já haviam passado por lá noutra ocasião. Segundo o fazendeiro, ainda se viam manchas de sangue por todo lado. Recusamos a oferta.

Caminhamos em meio aos escombros, enquanto nossos guias mostravam o que foram, um dia, os quartos de cada um dos meus parentes. No entulho, meus olhos distinguiram um único par de chinelos, um pedaço de lenço de cabeça e os cacos de mamadeiras quebradas. Notei algo verde brilhante no cascalho. Cheguei mais perto e, ao mexer no pompom cor-de-rosa preso a ele, percebi tratar-se de um lenço em miniatura, do tipo usado para simbolizar o compromisso da família de uma moça com a família de seu futuro marido. Ele é usado numa brincadeira que as meninas fazem em preparativo para o segundo dia mais importante de suas vidas. Um dos meus primos pegou um bico de mamadeira.

— Algumas crianças pequenas foram mortas naquela noite. Imagine como deve ter sido, elas correndo e sendo baleadas na cabeça pelos aviões.

Embora tivesse ouvido a história várias vezes, eu sabia que recontá-la funcionava como uma espécie de terapia para meus parentes, que buscavam entender o que acontecera.

Meu primo se voltou para o sol, entrefechando os olhos, e estendeu dois dedos no ar, o indicador e o médio, de modo a bloquear a brilhante bola de fogo.

— Pode-se esconder o sol com dois dedos. Mas não se pode esconder a verdade. Pode-se tentar, mas não se consegue.

E prosseguiu em voz baixa:

— O que os americanos chamam de terrorismo? O quê? O que você viu e ouviu, com seus próprios olhos e ouvidos, não é terrorismo?

Fiquei ali parada, congelada, sem saber se deveria tentar dizer alguma coisa. O argumento dele era válido.

— Atirar em homens, mulheres e crianças inocentes no meio da noite, enquanto eles fogem para evitar morrer, não é terrorismo? Atirar em suas cabeças? — disse ele, encostando o dedo indicador no alto da cabeça, como se fosse um cano de revólver mirando de cima. — É muito simples. É terrorismo quando os Estados Unidos assim decidem, mas não quando são eles os autores.

Eu podia ter argumentado, mostrando diferenças entre ataques intencionais a civis e erros terríveis, mas apenas ouvi. Provavelmente era isso o que a maior parte do mundo muçulmano pensava e certamente o que a Al-Jazeera punha no ar, mas que nos Estados Unidos seria rotulado de propaganda. Até então, eu sempre fora muito sensível à propaganda alheia, assistindo praticamente apenas aos noticiários dos canais oficiais americanos e ignorando o "outro". Mas naquele momento me dei conta de que aquela verdade — a verdade deles — seria considerada propaganda nos Estados Unidos. Se quisesse que outros acreditassem na minha história, na minha verdade, eu teria que começar a acreditar na deles. Realmente não havia como evitar *essa* verdade.

Depois de examinar toda a área, os guardas e o restante dos homens desenrolaram seus turbantes no chão e sentaram-se sobre eles, descascando pepinos e laranjas.

— Sente-se e fale conosco. Diga aos americanos para se sentarem — insistiu Sulaiman, o marido de Janaraa, acenando para Jon.

Foi incômodo para mim que eles considerassem correto fazer uma refeição num lugar de tamanho pesar. Além disso, como sentir fome após percorrer o cadáver de uma aldeia? Era como comer depois de morto. Mas os afegãos se habituaram de tal forma à morte e à destruição que não encaravam como falta de respeito chorar num momento e rir no seguinte. Na verdade, por maior que fosse, a tragédia estava além do seu controle, e era preciso seguir adiante.

A conversa enveredou para o humor quando Sulaiman disse ter sabido que eu estivera em Paris.

— Por que você não foi visitar seu tio em Londres? — perguntou.

Como ele soube que fui a Paris? Viajei para Paris com alguns amigos para me divertir como turista, o tipo de viagem que meus pais costumam esconder da família. Agora, um parente que eu mal conhecia me fazia perguntas sobre a minha excursão européia no meio do deserto no Afeganistão. Para um grupo tão dissociado do resto do mundo, as fofocas circulavam com a velocidade de um raio. Melhor lembrar: eles vão saber das minhas escolhas antes mesmo que eu as faça. Expliquei que não me sobrara tempo para visitar meu tio, pois não queria revelar a verdade, ou seja, que a mulher dele não quisera me ver, já que se encontrava em meio a um surto psicótico. Sua fobia a germes só teria piorado com a minha presença.

Sulaiman começou a rir.

— É, soubemos que a maluca não quis que você fosse. Precisamos arrumar uma nova esposa para o seu tio.

Soltei uma risada nervosa. Não só ele estava a par das últimas fofocas, incluídas aí as minhas férias secretas, mas ainda encontrava humor para lidar com elas. Muitos parentes meus fariam piada sobre arrumar uma nova esposa para o meu tio, dizendo que era só ele voltar ao Afeganistão que se incumbiriam de lhe encontrar uma noiva. Essa era a minha família, ora pisando as ruínas de uma aldeia, ora especulando sobre um segundo casamento. Vida, casamento e morte. Eram estas as datas importantes, exatamente como me disse um dia minha avó Koko.

No dia seguinte, seguimos para a base, no aeroporto de Kandahar. Como jornalistas, pretendíamos descobrir como tantos civis puderam ser alvejados de tão perto em Chowkar-Karez. Eu passara todo esse tempo com medo do Talibã e da Al Qaeda, mas agora temia o exército americano. O aeroporto de Kandahar, localizado pouco além dos limites da cidade, fora convertido numa base de fuzileiros americanos. Munidos de nossas carteiras da CBS, o plano era chegar a tempo para a coletiva de imprensa diária e disparar algumas perguntas duras aos fuzileiros desprevinidos responsáveis pelos contatos com a imprensa.

Durante nosso percurso a toda velocidade pela estrada que levava ao aeroporto, vimos as carcaças de caminhões de petróleo queimados, virados de lado à margem da via. Nosso motorista apontou e disse:

— A guerra americana.

Poucos metros adiante, jaziam enormes pedaços do que fora um avião, além de um tanque emborcado. Ele apontou novamente e disse:

— A guerra soviética.

Era como se o tempo houvesse parado, e muitos momentos horríveis tivessem desabado uns sobre os outros. No miserável sul do Afeganistão, a destruição fora obra das duas superpotências da nossa era. Na primeira, elas haviam praticamente lutado uma contra a outra, enquanto na segunda, os Estados Unidos lutaram contra os que antes estavam a seu lado. Por que as superpotências sentiam tamanha atração pelo Afeganistão? Será que um dia isso teria fim?

Quando estacionamos diante da elegante arcada branca do portão de entrada do aeroporto, cheia de buracos de balas, a primeira coisa que chamou minha atenção foi o grupo de afegãos, de aparência extremamente rude, barbudos e armados, sentados com seus fuzis, na única via de entrada do aeroporto. Teríamos topado com algum ataque secreto? Afinal, onde estavam os americanos?

No entanto — surpresa! —, os afegãos eram as sentinelas da base americana. Fiquei pensando que espécie de investigação havia sido conduzida para descobrir a história de cada um deles. Não é realmente possível levantar a ficha corrida de alguém num país em que a maior parte dos prédios do governo virara cinzas. Durante a espera que me pareceu de horas no portão, puxei conversa com eles:

— Qual a sensação de ter americanos no Afeganistão? Vocês acham bom? — perguntei em pashtu.

Meu jeito de falar deixava claro que eu também era de Kandahar.

— *Você* acha bom eles estarem aqui? — retorquiu o líder dos guardas.

— Eu moro nos Estados Unidos. Perguntei a *vocês*.

— Gostemos ou não, eles estão aqui — disse outro.

— Mas o que vocês sentem? Afinal estão fazendo a segurança deles, devem aprovar sua presença.

Ao pôr as coisas nesses termos, eu esperava extrair uma resposta mais clara.

— O que você quer que a gente diga? — indagou o líder, aborrecido por eu o encostar contra a parede.

O portão, então, entreabriu levemente. Um fuzileiro meteu a cabeça na fresta e pediu que todos nós mostrássemos os passaportes. Jon tinha certeza de que, assim que soubessem que ele fora produtor de documentários sobre campos de batalha que incluíam desde o Vietnã até a América Central, passando pelo Iraque, eles não nos deixariam entrar. Se assim fosse, eu deveria seguir em frente e fazer minhas perguntas, com ou sem câmera. Esta viagem visava, em parte, a filmar um documentário e, em parte, a apurar a verdade.

Alguns minutos depois, o fuzileiro voltou, abriu o portão e chamou cada um de nós pelo nome, além de alguns outros jornalistas que aguardavam por perto. Todos foram autorizados a entrar. Nossos carros ficariam nos esperando do lado de fora. Amontoados em veículos militares camuflados, fomos levados até um posto de checagem, onde passamos por um detector de metais e uma cuidadosa revista. Seguimos, depois, para o saguão principal do aeroporto.

Eu ouvira falar bastante sobre o aeroporto de Kandahar, tanto por intermédio do meu pai, que o utilizara algumas vezes, quanto no noticiário, sobretudo durante a guerra, quando os Estados Unidos o tomaram do Talibã. Um tenente nos acompanhou até um canto, e nos reunimos em torno dele, que tirou do bolso um pedaço de papel e leu uma declaração sobre quantos talibãs haviam sido presos, descrevendo o desenrolar das principais ofensivas e elogiando a cooperação do novo governo afegão, que se encontrava bem protegido em Cabul.

O topo da minha cabeça foi ficando mais e mais quente sob o véu azul-claro à medida que os segundos passavam. Será que ao menos me permitiriam perguntar sobre a aldeia da minha família? Como enunciar a pergunta? Será que me poriam dali para fora? Eu não ensaiara o que dizer, mas, após algumas perguntas dos jornalistas homens, do tipo, "Como anda o humor dos soldados?" ou "E o esconderijo de armas que vocês encontraram na província de Zabul?", fez-se um silêncio. Tomei fôlego e comecei:

— Tenho uma pergunta — disse, cautelosamente levantando no ar a minha caneta. — Primeiro, devo dizer que agradeço o trabalho de todos aqui presentes para expulsar o Talibã. Eu gostaria de saber o que aconteceu na aldeia de Chowkar no meio da noite. Aparentemente foi um ataque das forças americanas. Dezenove membros da minha família morreram. Não houve explicações. Já faz dois meses, e me pergunto se vocês já tiveram tempo para investigar.

O tenente, um jovem bonito que, por acaso, era quase um clone de George W. Bush quando jovem, ficou calado por um segundo, mas mal piscou.

— Minha senhora, sequer estávamos aqui na ocasião, de modo que nada posso dizer. Uma pergunta desta natureza deve ser dirigida ao DOD, o Departamento de Defesa, em Washington.

Ele quis dizer que a base ainda não fora montada, e seu pelotão não estava em Kandahar na data do ataque, 22 de outubro de 2001. O que apurei desde então a respeito de tais operações é que as informações são escassas e raramente compartilhadas, mesmo entre os soldados. Só se informa o essencial, e não é preciso saber muito se lhe mandam mirar num homem estranho de turbante e atirar para salvar sua vida antes que ele tire a sua.

A coletiva foi encerrada, e o tenente se virou para o restante do grupo, indagando se queríamos fazer uma visita à base.

Não fomos postos para fora, mas também não ouvimos nenhuma resposta.

O jovem clone de Bush nos acompanhou numa visita à base, mostrou-nos amostras das rações que os soldados consomem durante as missões externas e nos levou para conhecer o entorno, onde alguns fuzileiros se achavam sentados em suas tendas sob o calor e outros cavavam trincheiras. Fomos instruídos a não nos aventurarmos fora da trilha principal e a andar com cuidado, atentos às minas terrestres. Todas as tendas eram de cor cáqui, enfileiradas como em uma linha invisível na areia, bem além de onde se erguia uma cerca de arame farpado.

Enquanto eu contemplava os fuzileiros sentados fora das tendas, comendo e jogando cartas, não pude deixar de pensar nas tendas afegãs que vira a caminho do país. Conforme nos aproximávamos, eu notara uma sólida linha branca à distância, vendo-a engrossar e se tornar mais detalhada à medida que descíamos a encosta da montanha próxima à fronteira afegã. Distinguíamos infindáveis pontinhos nas planícies do deserto até onde alcançava a vista — as tendas dos refugiados que os bombardeios expulsaram. Alguns haviam tido a sorte de cruzar a fronteira, do outro lado da qual um órgão das Nações Unidas lhes distribuía tendas e suprimentos. Do lado afegão da fronteira, contudo, as tendas eram feitas de paus fincados na terra, cobertos com vários panos esfarrapados. Tratava-se do tipo mais frágil possível de moradia — quase sempre as roupas velhas e outros pedaços de tecido se estendiam além dos paus, provendo escassa cobertura. Era a mais nova e espartana definição de lar que eu já conhecera.

Esta guerra relegara tanto os afegãos quanto os americanos a morarem em tendas, um temendo ao outro, mas afirmando não serem inimigos. Nenhum dos fuzileiros com que conversei saíra da base desde que ali pusera os pés, e nada conhecia da cultura ou da vida afegã. Tinham ordem para atirar em qualquer um que se aproximasse da cerca, que espreitava à distância. Quando perguntei como eles diferenciavam um afegão comum de um talibã ou de um membro da Al Qaeda, ouvi que pelos traços era possível dizer quem era amigo ou inimigo. Pelos traços! Como se desse para ver algum traço facial àquela distância! Não sei de quem senti mais pena naquele momento. Os afegãos lidavam com um grupo atemorizado, que não sabia em quem ou no que atirar, enquanto os fuzileiros estavam tão despreparados para a guerra que sequer pareciam saber quem era o inimigo. Diante de uma outra tenda, alguns fuzileiros golpeavam a terra com suas picaretas, aparentemente cavando uma trincheira. Um deles pareceu amistoso, e começamos a conversar. Perguntei-lhe o que fazia ali, no meio do deserto. Ele respondeu que toda vez que perdia de vista seu objetivo lembrava-se do World Trade Center. Como morava em Nova Jersey, visitara o local centenas de vezes. Eu disse ser nova-iorquina e ter perdido parentes no Afeganistão em razão de um ataque americano à aldeia em que moravam. Ele ficou calado, baixou os olhos e disse ter perdido amigos no World Trade Center, razão pela qual estava ali, no Afeganistão.

Um outro oficial do exército se aproximou e disse que seria nosso guia dali em diante. Levou-me até onde se encontravam estacionados os helicópteros e caças, apontou-os com a cabeça e disse que provavelmente aquele era o tipo de aeronave que "matou sua família".

Enquanto caminhava com ele até os aviões para vê-los de perto, achei difícil me manter calada.

— Quero agradecer por vocês terem expulsado o Talibã, mas minha família foi morta nesse processo.

Sabendo aonde eu pretendia chegar, ele respondeu:

— Acho que não vai ser fácil lembrar disso.

Eu devia ter parado por aí, mas prossegui:

— Você tem alguma idéia da metodologia para a escolha desse alvo? Quero dizer, por que foi escolhido?

A resposta pareceu quase ensaiada:

— Não posso dizer, não sei. Não tenho informação alguma.

TREZE

MUDANDO
AS REGRAS

*Existe um caminho até mesmo para o topo da
montanha mais alta.*

Provérbio pashtu

QUANDO VOLTEI AOS ESTADOS UNIDOS, descobri que o ataque a
Chowkar-Karez havia sido explorado na mídia e que o Pentágono chegara a emitir declarações defendendo suas ações. Os
repórteres que visitaram a aldeia transcreveram as palavras de
um homem chamado Mehmood: "Eu trouxe a minha família
para cá em busca de segurança, e agora 19 parentes meus estão
mortos, inclusive a minha mulher, meus dois filhos, minha
irmã, meu irmão, sua mulher, sobrinhos e o meu tio"[1]. Os
aldeões contaram ter sido bombardeados durante uma hora
por volta da meia-noite e disseram aos jornalistas que os aviões
atiravam enquanto eles fugiam de suas casas. Entre 25 e cem
pessoas morreram no ataque. O Secretário de Defesa Donald

Rumsfeld, quando instado a explicar o que aconteceu àquelas pessoas, respondeu: "Não posso me ater a esta aldeia específica." Mais tarde, porém, as autoridades do Pentágono afirmaram que a aldeia "era um alvo totalmente legítimo", por ser um ninho de simpatizantes do Talibã e da Al Qaeda. "Essas pessoas estão mortas porque quisemos matá-las", disse um alto funcionário. Tais palavras soariam em meus ouvidos praticamente todas as vezes que pensei no que aconteceu naquela noite ou falei publicamente do episódio.

Logo após o Pentágono emitir sua declaração, a organização não-governamental Human Rights Watch divulgou um relatório desmentindo suas afirmações, baseado em entrevistas no local com os sobreviventes do ataque[2]. O *Washington Post* revelou mais tarde que "uma dúzia de testemunhas" confirmou que a aldeia sofrera "um ataque equivocado a refugiados civis"[3].

Jon e eu sabíamos ter imagens fortes da minha família contando a própria história e a destruição da aldeia. Finalmente editamos tais imagens, resumindo-as às cenas do relato de Nasria, às moradias bombardeadas e às nossas visitas ao bazar de Kandahar, à escola feminina e ao hospital, chamando o documentário de "De Marco Zero a Marco Zero". Demos início a negociações com duas redes de televisão, a CNN e a Fox News, mas não encontramos quem quisesse levá-lo ao ar. Um produtor da Fox News que viu as imagens chegou a rir na nossa cara por acharmos que conseguiríamos mostrar na tevê perdas civis durante uma guerra em que "garotos americanos estão lutando a milhas de distância de casa".

Mas acabamos obtendo a nossa chance. Bill Moyers, que começava a produzir seu próprio programa na televisão aberta, concordou em mostrar nosso documentário, inclusive o material mais polêmico — os relatos sobre os mortos e feridos na família de Nasria, bem como as entrevistas que fizemos

MINHA GUERRA PARTICULAR 263

entre os escombros de Chowkar-Karez. No dia em que ele foi ao ar, o *Washington Post* publicou uma matéria intitulada "Afegã nova-iorquina navega entre dois mundos abalados", que explicava a minha posição delicada em relação à guerra. Eu disse ao repórter: "Não sou uma pacifista. Acho que existem ocasiões em que a guerra é necessária. E esta foi uma delas." A queda do Talibã sem dúvida fora um triunfo para as mulheres do Afeganistão, às quais não mais era negado por lei o direito à instrução ou ao trabalho. No entanto, eu não nutria ilusões de que a liberação das afegãs, sete anos depois de o Talibã ocupar Kandahar, tivesse sido a prioridade de alguém. E sabia que afora uma pequena elite em Cabul, a maioria das afegãs ainda era obrigada a usar burcas, não podia escolher com quem se casar e continuava tão pobre e iletrada como sempre.

Depois da matéria do *Washington Post*, várias redes de televisão levaram ao ar o nosso documentário. O *The Early Show* da CBS só concordou em fazê-lo depois que seu produtor executivo encontrou-se pessoalmente comigo. Na opinião de Jon, eu causaria uma boa impressão por ser uma nova-iorquina com idéias abertas sobre a guerra e suas conseqüências. Falei sobre beisebol com o produtor executivo, tentando soar o mais normal e inofensiva possível.

Não demorou para que chovessem ofertas. Nosso documentário foi ao ar em todo o mundo, inclusive no Japão, na Itália e no Canadá. Até a popular apresentadora Oprah Winfrey mostrou-o em seu programa sobre as mulheres afegãs depois do Talibã. Minha irmã mais nova, Aziza, que aparece no início do documentário se despedindo de mim no aeroporto, até hoje se gaba de ter aparecido naquele programa. Mais tarde naquele ano, Phil Donahue me entrevistou ao vivo no seu. Ficou fascinado ao descobrir que eu era uma ativista comprometida com a causa das vítimas civis afegãs, que votara em George Bush e apoiava as tentativas americanas de livrar o Afeganistão do Talibã. Enfatizei que não queria que o nosso governo voltasse as costas a nossos aliados afegãos, deixando de reconhecer as reivindicações dos civis que sofreram durante a guerra.

Era minha esperança que, com toda a atenção despertada pelo documentário, o governo americano concordasse em investigar o incidente em Chowkar-Karez. Não me parece, porém, que o governo tenha realmente tratado do tema até que as famílias das vítimas do World Trade Center se juntassem ao movimento pela defesa dos civis afegãos e assistência a eles. Poucos dias após a minha chegada a Nova York, falei no programa de rádio *Democracy NOW!*, apresentado por Amy Goodman. Sua equipe me informou que uma mulher chamada Rita Lasar, que perdera o irmão no World Trade Center, participaria também. Na noite da véspera, me vi aflita pensando se ela sentiria raiva de mim ou se consideraria o fato de eu falar nas mortes em Chowkar-Karez como uma tentativa de justificar o que acontecera a seu irmão e a outros como ele. Assim que me sentei em frente a ela, percebi como minhas suposições estavam erradas.

Quando cheguei ao estúdio do *Democracy NOW!*, a poucos quarteirões do Marco Zero, encontrei equipes de filmagem das redes de televisão NBC, CBS, Fox e Associated Press. Um repórter literalmente me encostou na parede, perguntando se eu preferiria que o Talibã ainda estivesse no poder e se eu achava que os Estados Unidos deviam abrir mão de se defender. Eu sabia poder lidar com um repórter antipático, mas não tinha certeza de como lidaria com um parente enlutado de uma vítima real.

No programa, contudo, Rita e eu choramos juntas e nos abraçamos, consolando-nos mutuamente pelas perdas nas famílias de cada uma de nós. Rita disse: "Masuda e eu somos iguais. Não há diferença entre nós." O irmão dela, Abe Zelmanowitz, estava no 27º andar da torre norte do World Trade Center. Lá ficou até o fim com o amigo e colega de trabalho Ed Beyea, um tetraplégico incapaz de descer as escadas em sua cadeira de rodas. Abe recusou-se a abandoná-lo mesmo depois do apelo que o irmão lhe fez para que saísse. Na cerimônia em homenagem às vítimas do 11 de Setembro, o presidente Bush lhe dedicou uma elegia, chamando-o de herói que sacrificou a própria vida para salvar a de uma outra vítima. No dia seguinte, Rita escreveu uma carta ao *New York Times* levantando objeções ao fato de o presidente invocar o nome de seu irmão para justificar uma guerra. Rita foi mais tarde ao Afeganistão com outros parentes de vítimas do 11 de Setembro que defendiam uma solução pacífica, dentro da lei, para o terrorismo. Lá, ela conheceu vítimas civis da guerra no Afeganistão e viu o que chamou de "devastação e horror que acometem inocentes quando caem as bombas — bombas de qualquer um, em qualquer lugar no mundo".

Em vez de trocarmos acusações, Rita e eu viramos quase parentas. Ela jantou em minha casa e ficou amiga das minhas irmãs e dos meus pais. Rita se tornou a avó que nunca tive, sempre cheia de amor, sabedoria e encorajamento. Nunca sonhei que uma avó como Rita existisse, mas também jamais poderia sonhar com as circunstâncias que nos aproximaram.

Fiquei especialmente emocionada com a decisão de Rita e outros parentes das vítimas do 11 de Setembro de dirigir esforços para ajudar o povo do Afeganistão. Tanto essas famílias como eu perdemos entes queridos inocentes devido a uma violência sem sentido. Isso, juntamente com o nosso desejo de paz, tornou-se um elemento que nos vinculava. Aderi à organização fundada por eles, September Eleventh Families for Peaceful Tomorrows [As Famílias do 11 de Setembro para

Futuros de Paz], e à Global Exchange, uma organização de direitos humanos sediada na Califórnia, para convencer os parlamentares a aprovarem um auxílio às vítimas civis, o que chamamos de Fundo para as Vítimas Afegãs. Com base em diálogos com organizações afegãs de direitos humanos e Marla Ruzicka, uma amiga que vive no Afeganistão, defendemos que a família de cada vítima receba dez mil dólares de auxílio para assistência médica, reconstrução da moradia e sustento dos filhos. Calculamos que isso custaria aos Estados Unidos apenas cerca de vinte milhões, se duas mil famílias se inscrevessem para obter o benefício, uma quantia modesta comparada aos trinta milhões gastos diariamente na guerra.

Trabalhando com a organização de Rita, descobri o *status* diferenciado de que gozam hoje aqueles vinculados ao 11 de Setembro em nosso país. Conseguimos instantaneamente agendar reuniões, bem como ser ouvidos por quem nos recebia. Fiquei impressionada de ver funcionários do Congresso chorarem conosco ou abraçarem Rita e oferecerem ajuda. Descobri que até mesmo gente de altos cargos do Departamento de Estado tinha pena dos afegãos inocentes que tanto sofreram, pois a maioria destes apoiava os Estados Unidos e queria expulsar o Talibã. Esta era a face humana do governo americano.

Apenas uns poucos indivíduos foram duros conosco, como o assessor parlamentar que me disse que os muçulmanos não eram gratos pelo que os americanos haviam feito por eles na Somália, na Bósnia e no Kosovo. Uma outra alta autoridade governamental observou que a Al Qaeda e o Talibã não estavam ajudando as vítimas do 11 de Setembro. "Mas não somos o Talibã", foi a minha resposta. Os Estados Unidos eram melhores que isso, e era o que nós devíamos mostrar ao mundo. No Departamento de Estado, o funcionário mais antigo presente à reunião teve um acesso de riso e, zombando do nosso pedido de auxílio para os afegãos amigos e aliados dos Estados Unidos, disse: "Eu não sabia que havia algum afegão amistoso!" Um silêncio encheu a sala. Ele não sabia que havia uma afegã sentada à sua frente, em meio a rostos com expressão grave. Eu estava ciente de que os parentes das vítimas do 11 de Setembro esperavam que eu falasse pelo meu povo, mas tive medo de envergonhar o funcionário e desperdiçar uma chance de conseguir um defensor do auxílio aos civis afegãos. Fez-se uma pausa. Lutei comigo mesma um segundo e, então, levantei timidamente o braço e disse: "Hã... Eu sou uma afegã amistosa." Ele pareceu chocado e rapidamente passou a falar do quanto os Estados Unidos já vinham fazendo pelo povo afegão.

Embora a maioria das autoridades governamentais que conheci tenha expressado pesar pelas mortes de afegãos inocentes, quase todas acreditavam ser improvável assistir diretamente os sobreviventes, devido à recusa do Pentágono em admitir erros que pudessem dar margem a ações judiciais. Ainda assim, Bianca Jagger, uma defensora dos direitos humanos que viajou ao Afeganistão e que por acaso é ex-mulher de Mick Jagger, me encorajou a usar o termo "indenização". Respeitei sinceramente sua insistência numa postura ostensiva em prol do que é justo, mas as autoridades governamentais nos disseram repetidas vezes que esse tipo de linguagem só nos levaria a encontrar portas fechadas. Para superar tal resistência, enfatizamos em nosso *lobby* e nas aparições na mídia termos neutros como "assistência" ou "auxílio", em vez de "reparações" ou "indenizações". Encontrei-me com Zalmay Khalilzad, um afegão-americano que viria a se tornar o embaixador do governo Bush no Afeganistão, e ele sugeriu que usássemos a expressão "assistência dirigida".

Acredito que a nossa campanha na imprensa por um Fundo para as Vítimas Afegãs ajudou realmente a mudar a política do governo americano. Em janeiro de 2002, quando quatro famílias de vítimas do 11 de Setembro voltaram de uma viagem ao Afeganistão, fizemos uma coletiva de imprensa conjunta em Capitol Hill, na qual apresentamos a proposta de um fundo de vinte milhões de dólares para as vítimas civis do bombardeio da coalizão. Essas famílias haviam estado com o presidente afegão Hamid Karzai, que lhes disse: "Essa gente sofreu. Vamos ajudá-los por compaixão." O presidente Karzai expressou seu apoio ao fundo mais uma vez, quando o encontramos em Capitol Hill durante o nosso *lobby* junto ao Congresso. Editoriais posteriores no *New York Times*, no *Washington Post* e no *Boston Globe* defenderam a criação de um Fundo para as Vítimas Afegãs. Em junho de 2002, uma pesquisa de opinião verificou que 69% dos americanos apoiavam a idéia de prover assistência dirigida às vítimas afegãs da guerra.

Como resultado de nossas tentativas, descobrimos que o Fundo para as Vítimas Afegãs transformou-se numa questão de peso no governo Bush. Um funcionário do Departamento de Defesa qualificou-o de um pesadelo de relações públicas que fora levado ao nível da equipe de Dick Cheney e do Conselho de Segurança Nacional. Um porta-voz do Departamento de Defesa admitiu que o auxílio a civis estava sendo revisto, mas afirmou que a legislação internacional prevê "que as nações não são obrigadas a pagar indenizações por civis mortos no processo normal de guerra".

Continuamos a pressionar, e quando uma festa de casamento em Uruzgan foi bombardeada em julho de 2002, organizei um protesto em frente à Casa Branca. Poucas horas depois, a Associated Press divulgou o protesto, num texto intitulado "Bush telefona para o presidente afegão depois de bombardeio americano a civis". O artigo dizia que eu "gritava 'Basta de vítimas inocentes' num megafone", e informava que o presidente Bush ligara para o presidente Karzai para oferecer condolências pela morte de 44 civis no incidente. Nossa campanha por um Fundo para as Vítimas Afegãs acabou tendo sucesso. Convencemos membros do Congresso, liderados pelo Senador Patrick Leahy, a destinar 134 milhões de dólares num projeto de orçamento de 2002 para Assistência Internacional de Desastres, incluídos aí "reparos nas moradias de cidadãos afegãos danificadas em conseqüência de operações militares". O texto de uma emenda orçamentária de 2003 também estipulava que fundos adicionais, possivelmente milhões de dólares, fossem destinados a "comunidades e famílias afegãs... afetadas de maneira adversa pelas operações militares". Autoridades do Pentágono, do Departamento de Defesa e da Agência Norte-Americana para o Desenvolvimento Internacional (USAID) trabalharam com o gabinete do Senador Leahy para identificar comunidades em que civis afegãos perderam parentes ou moradias. Cerca de 2,5 milhões de dólares já haviam sido destinados a esse tipo de assistência em maio de 2003, segundo informou o gabinete do Senador Leahy.

Ajudar as vítimas civis da guerra, causa que a princípio nos disseram que ninguém apoiaria, aparentemente se tornou a política americana. Durante a guerra do Iraque, mais recente, o Congresso destinou milhões de dólares à assistência a civis iraquianos feridos, que perderam suas famílias ou cujas moradias houvessem sido danificadas. Sabe-se que o exército gastou 2,2 milhões de dólares para satisfazer milhares de pedidos de indenização no Iraque. Os comandantes americanos autorizaram pagamentos de até 2.500 dólares a famílias de civis mortos, até 1.500 dólares a civis feridos e até 500 dólares aos donos de propriedades danificadas[4].

A defesa da nossa causa talvez tenha afetado a política de outras formas, até mesmo algumas que jamais conheceremos.

Kenneth Bacon, porta-voz do Pentágono no governo Clinton, me disse que as regras de combate, ou os métodos pelos quais um alvo é selecionado e atacado, podem ter mudado dentro do exército em conseqüência do nosso trabalho, mas que essas são mudanças sobre as quais talvez nunca tenhamos notícias, pois se trata de informação militar secreta. Talvez seja menos provável, por exemplo, que o exército ataque uma aldeia baseando-se apenas em informações fornecidas por fontes locais, que podem guardar algum ressentimento contra uma família ou tribo que ali resida. Talvez eu jamais venha a saber como foi feita a escolha de Chowkar-Karez como alvo, mas é possível, e até mesmo provável, segundo me disseram, que a seleção de alvos seja feita de maneira diferente no futuro.

A existência e o abuso de vítimas civis é motivo de críticas à política americana e alimenta o ódio aos Estados Unidos, acabando por nos deixar menos seguros. Juntamente com outros ativistas dos direitos humanos, defendo que os americanos mostrem ao mundo que valorizam a vida de civis inocentes e que estão preparados para ajudar aqueles infelizmente vítimas do fogo cruzado. Espera-se que o sucesso da campanha por um Fundo para as Vítimas Afegãs em promover a união e convencer o Congresso a agir tenha tornado este país um pouquinho mais seguro.

Também me sinto afortunada por ter encontrado mais entes queridos e mais amor diante de tanta tragédia. Encontrei a avó que procurava quando conheci Rita Lasar. Ela mostrou a mim e a minhas irmãs que é uma mulher sábia, decidida em seus setenta anos, moderna o bastante para morar no East Village e que também adotou o Afeganistão como causa em sua vida. Embora até agora dinheiro algum tenha chegado às mãos da minha própria família, espero que outros familiares de vítimas inocentes se beneficiem da generosidade dos americanos que se importam com eles.

QUATORZE

UMA DECLARAÇÃO DE DIREITOS DA MULHER AFEGÃ

Prefiro ser uma serva de Deus a ser uma serva do homem.

Mulher afegã na conferência da liderança
da ONG V-Day

TALVEZ ALGUNS DOS MELHORES MOMENTOS que vivi em meu trabalho com as mulheres afegãs datem de quando me tornei diretora de projetos da Women For Afghan Women (WAW) e comecei a organizar uma conferência sobre as mulheres e a constituição afegã, realizada em Kandahar, no Afeganistão, em setembro de 2003. Foi o projeto mais desafiador e gratificante em que trabalhei. Embora como organização desejássemos realizar um evento que enriquecesse as vidas das afegãs, as opções quanto a localização, participantes, temas, formato e financiamento eram diversas. Até o final do processo vivenciamos praticamente todo tipo de problemas que o Afeganistão enfrentava como nação, mas também aprendemos como começar a solucionar alguns e a lidar com os demais.

Sempre sonhei em voltar a Kandahar e lá realizar um projeto voltado para as mulheres. Às vezes me imaginava chegando com caminhões abarrotados de comida, em filas a perder de vista; outras, despejando lá do alto camisinhas e pílulas anticoncepcionais, ou ainda trazendo uma tropa de massagistas profissionais para aliviar toda a dor de cada músculo distendido, dolorido, dos corpos dessas mulheres. Em seguida, iria para as montanhas ao norte, para percorrer a paisagem de um verde tão luxuriante que, se o cortarmos com uma faca, dele irá brotar um espesso sangue esverdeado. Lá as mulheres sobem encostas tão íngremes que eu achava que fossem cair. Eu queria ir para o leste, para Jalalabad, onde os nativos em seu pashtu com sotaque chamam as crianças de "bichinhos", e para o oeste, para Herat, onde meu avô morou um dia numa casa de 11 quartos com sua moderna primeira esposa heratiana.

Durante a segunda conferência anual da WAW, realizada em Nova York em novembro de 2002, percebi o quanto a nossa ajuda era necessária no Afeganistão. A conferência reuniu afegãs residentes na própria pátria e outras emigradas para debater as conquistas e desafios do ano seguinte à queda do Talibã. Várias líderes do Afeganistão declararam que a situação das mulheres continuava desesperadora fora de Cabul, onde os comandantes detinham o poder e ficavam mais fortes a cada dia por meio do maciço financiamento externo e dos vultosos lucros com o tráfico de armas e drogas. Hangama Anwari, da Associação de Mulheres Advogadas e Profissionais, relatou que várias inocentes nas províncias passaram anos presas e foram vítimas de estupro e abuso sem ter como se defender das acusações a elas imputadas. Embora o Talibã já não estivesse mais presente para proibir às mulheres o acesso à instrução ou impedi-las de serem atendidas por médicos do sexo masculino, as professoras passavam meses sem receber salários, as aulas eram ministradas sob o calor do sol no verão e o frio gelado no inverno e os hospitais funcionavam sem os medicamentos e o equipamento adequados, fazendo com que as cirurgias ocorressem sem esterilização ou anestesia. Fatima Gailani, uma ativista dos direitos femininos e porta-voz da resistência afegã contra a invasão soviética, chegou a declarar que os conservadores religiosos vinham conduzindo campanhas para reativar algumas leis ao estilo talibã na nova constituição afegã, como a exigência de códigos regulando a maneira de vestir das mulheres.

Sima Samar, a ministra de assuntos femininos do governo do presidente Karzai, também verbalizou sua preocupação com a necessidade de participação mais ativa das mulheres na elaboração da nova constituição afegã e na construção de uma nova democracia. Ela falou sobre as eleições que se aproximavam e expressou dúvidas quanto às mulheres se sentirem seguras para irem votar. Para começar, como iriam se cadastrar para votar se sequer possuíam registro de identidade? Uma geração inteira crescera sem qualquer documento. Eu mesma não tinha certidão de nascimento. Várias vezes me pediram esse documento em Nova York, e quando eu informava à autoridade em questão não tê-lo, via sempre uma expressão de surpresa e descrença em seus rostos. "Como é possível você não ter uma certidão de nascimento?", perguntou-me certa vez, desconfiada, uma mulher, como se ninguém fosse capaz de emergir de um ventre feminino sem que lhe entregassem esse pedaço de papel na saída. Eu estava habituada a ouvir a pergunta.

— Se não tenho uma certidão de nascimento — perguntei-lhe —, como você pode garantir que realmente nasci?

Em geral, isso me salvava do apuro. Então, eu explicava que havia nascido num lugar e numa época em que testemunhar um fato era suficiente para provar que ele acontecera. Os registros eram secundários.

Nos Estados Unidos, achávamos naturais esses sistemas criados pela sociedade para se estruturar e se entender. Esquecíamos que levaram milhares de anos para se implantar lenta e metodicamente. Identificação, registro, recenseamento: todos esses processos para reger a interação da sociedade praticamente inexistiam no Afeganistão.

Eu não só não possuía uma certidão de nascimento como também jamais soube a data exata em que nasci. Cresci acreditando ter nascido no dia 6 de janeiro, mas quando fiz 16 anos, meu pai me disse que talvez tivesse se enganado na data ao transformá-la do calendário lunar islâmico para o calendário solar ocidental. Ele calculara a data sob a intensa pressão da guerra, de pé numa repartição no Paquistão onde tentava desesperadamente conseguir nossos vistos. Quando refizemos os cálculos a partir do calendário lunar, chegamos a 6 de abril. Durante todo aquele tempo eu comemorara o meu aniversário no dia errado, crente que pertencia ao signo de Capricórnio. Agora eu o comemoro na data correta, mas durante algum tempo celebrei dois aniversários por ano — o verdadeiro e o falso.

Agora o detalhe peculiar que me acompanhara da infância à juventude reaparecia para pôr em risco a possibilidade de as afegãs participarem da construção da democracia. Todos os afegãos aptos a votar tinham que ser cadastrados um a um, tivessem ou não documentos. Algumas mulheres na conferência sugeriram carteiras de identidade, mas num país onde os rostos femininos precisam ser escondidos, dificilmente fotos em identidades poderiam resolver. Além disso, o que fariam os

MINHA GUERRA PARTICULAR 275

talibãs, à espreita em aldeias e cidades do sul, com as mulheres
portadoras de carteiras de identidade, que comprovariam a sua
"cooperação" com os americanos? Será que fazer-se ouvir pela
primeira vez faria com que fossem caladas para sempre?

As afegãs tinham que se unir para esboçar um plano
para lidar com seu futuro político, tópico aparentemente a
ser resolvido pelos estrangeiros envolvidos no processo de
reconstrução. Perguntei a mim mesma se não valeria a pena
propor a realização de uma conferência como a de Nova York
no Afeganistão, fora da bolha protegida de Cabul, onde os estrangeiros tomavam vinho e cerveja em restaurantes tailandeses
patrulhados por europeus bonitinhos chamados mantenedores
da paz. Comecei a crer que talvez fosse possível sediar um
evento no berço talibã. Que lugar melhor que Kandahar para
começarmos?

A fim de investigar a possibilidade de realizar uma conferência de mulheres na conservadora Kandahar, viajei para
Cabul em março de 2003 para assistir a uma conferência feita
pela organização V-Day de Eve Ensler, que reuniu líderes femininas afegãs. No início via com ceticismo mulheres americanas
como Eve, autora da peça teatral *Monólogos da vagina*, que
eu imaginava dizendo às afegãs que estava ali para "liberá-
las". Eu a imaginei vestindo uma capa cor-de-rosa, caindo de
pára-quedas sobre uma multidão dessas mulheres reunidas
no telhado de um prédio para aguardar sua chegada. O que os
afegãos pensariam de uma mulher cujo nome estará para sempre associado à palavra "vagina"? Eu mal podia me imaginar
explicando a qualquer afegão o motivo da minha presença entre
os "libertadores", menos ainda o significado da palavra "vagina". Eu sequer sabia o termo correto para vagina em pashtu
— ou mesmo o equivalente a sexo, para ser honesta. Não sei
se o que me levou até lá foi a minha curiosidade ou a parte de

mim que acredita que Deus abençoará um dia qualquer ação pela causa feminina, mas o fato é que fui. Naquele momento, imaginei Deus como um judeu de Nova York, dando de ombros, sem se deixar impressionar diante da minha explicação de que, para mim, este seria um passo na defesa da nossa causa — mas que era, ainda assim, tolerante.

Compareci ao evento patrocinado pela V-Day e descobri que todas as minhas suposições eram equivocadas. Uma afegã que trabalhava com a americana, atuando como sua "assistente", como se diz, conduziu a conferência. Nela conheci uma mulher por quem me apaixonei. Este foi o primeiro pensamento que me ocorreu quando a vi falar, por isso assim o descrevo, embora não se trate de amor romântico. Seu nome era Afifa Azim, líder de uma organização chamada Afghan Women's Network (Rede de Mulheres Afegãs). É casada e mãe de seis filhos, uma líder na defesa dos direitos humanos, extremamente feminista e bastante muçulmana. Afora isso, carrega em si um amor e uma compreensão que poucas vezes vi em gente na sua posição. A maioria das pessoas que conheço no movimento dos direitos femininos tornou-se cínica, frustrada e apática. Afifa continua otimista e tem a sabedoria de toda uma aldeia concentrada numa mulher pequena e humilde. No evento não se falou de vaginas ou de mulheres largando maridos, mas de pôr um fim à violência através da obstinação, da beleza e até do islamismo. Falei com todas as mulheres que pude, durante os instantes passados na sala de espera enquanto aguardava o início dos trabalhos, a hora do almoço e até mesmo enquanto andava na rua.

Transpirando inspiração, viajei para Kandahar, onde parei uma mulher que descia a rua equilibrando na cabeça pães enrolados numa trouxa de pano que combinava com sua burca e pedi sua

MINHA GUERRA PARTICULAR

opinião acerca da lei, da votação e da participação feminina. Primeiro ela me disse que os homens poderiam responder por ela em questões complicadas como a da lei, mas à medida que conversávamos, descobri que ela era empregada na mansão de um clérigo local. Admitiu que se pudesse governar Kandahar, a população média estaria melhor de vida. Viu a minha câmera e me pediu para tirar seu retrato, embora não se visse nada do seu corpo com exceção das mãos. Ela disse que ao menos assim haveria uma foto sua quando ela fosse enterrada e virasse pó. Peguei seu endereço, um percurso complicado a partir de uma esquina conhecida, e lhe comuniquei que estávamos organizando um evento para mulheres como ela. Queríamos mulheres do povo, iletradas, bem como mulheres que já tivessem deixado sua marca na área dos direitos humanos.

Kandahar começava a viver a primavera, e no jardim atrás da casa onde eu me hospedava cresciam alfaces e pepinos frescos. Cenouras vermelho-escuras em nossa salada vinda diretamente da horta me levavam a pensar se haveria sangue no solo. Eu era hóspede da organização Afghans for Civil Society (Afegãos por uma Sociedade Civil) e das mulheres mais corajosas que já conheci, e estava junto a afegãs nativas. Sarah Chayes, uma americana que antes de resolver se fixar em Kandahar fora repórter da NPR, dirigia a organização, e Rangina Hamidi, uma afegã-americana, tocava os projetos relativos às mulheres. Eu poderia ser uma Rangina se me dispusesse a morar em Kandahar, mas o lugar para mim era sufocante, dias sem fim de histórias devastadoras e nenhuma distração. Ainda assim, eu ansiava por sacudir o cenário local.

À época eu não sabia como isso seria difícil. O primeiro passo foi a partida para Cabul de um grupo precursor, liderado por mim. Minhas colegas Manizha Naderi e Fahima Vorgetts foram comigo. Manizha é outra afegã-americana que fugiu do

Afeganistão muito pequena. Mal guarda lembranças do seu país natal, mas se identifica profundamente com ele. Fahima é uma ativista veterana dos direitos humanos que vende artesanato afegão em Washington e usa esse dinheiro para financiar escolas femininas e projetos agrícolas e vocacionais dirigidos à independência econômica das mulheres. Para Manizha e eu, era irônico que nossas próprias parentas jamais foram mulheres politicamente ativas. No entanto, talvez tenha sido este fato que nos deu mais entusiasmo ainda. Nós três nos dispusemos a organizar nossas irmãs, tias e mães afegãs. Iríamos nos encontrar dali a duas semanas em Cabul com uma indiana chamada Sunita Mehta, co-fundadora da WAW, uma judia americana chamada Esther Hyneman, que vivenciou o movimento pelos direitos das mulheres nos Estados Unidos, bem como várias voluntárias de Nova York, a maioria delas americanas cristãs.

Convencer os financiadores da conferência de que realizar um encontro de mulheres em Kandahar não era uma missão suicida foi um desafio. O Afeganistão enfrentava a maior onda de violência no sul desde o começo da guerra. Os ataques talibãs a organismos internacionais de assistência haviam passado de um por mês para um a cada dois dias. Em julho, o Departamento de Defesa alertou os americanos de que as viagens para "todas as regiões do Afeganistão, inclusive a capital, Cabul, são perigosas, devido às operações militares, às minas terrestres, à bandidagem, à rivalidade armada entre grupos políticos e tribais e à possibilidade de ataques terroristas, inclusive com uso de bombas em veículos e de outros tipos". Desde este alerta, mais de quatrocentos afegãos morreram nas mãos do Talibã ou guerrilheiros de outras facções[1].

Nitidamente precisávamos contratar seguranças, mas nossos assessores tentavam decidir a que comandante recorrer para obter os homens mais apropriados para nos acompanhar, bem como se seria prudente informar o governo de Kandahar sobre a nossa visita. O presidente Karzai acabara de depor o governador anterior da província, o conhecido comandante e treinador de cães de rinha Gul Agha Sherzai.

Encontramos Gul Agha em Cabul, onde marcaram uma reunião nossa com ele num alojamento em Wazir Akbar Khan, um bairro abastado. Por trás dos muros se erguia um prédio com uma fachada de grandes pedras achatadas em várias tonalidades de marrom, como os que costumamos ver nos subúrbios americanos. Dentro da casa, os cômodos estavam repletos de homens vestidos à moda afegã e sentados, tomando chá, em almofadões arrumados junto às paredes. Todos se achavam ali reunidos para falar com Gul Agha, alguns para mostrar apoio, outros para discutir propostas comerciais e outros ainda para engrossar seu séquito.

Gul Agha era grande como um urso, mas foi receptivo com a nossa delegação. Quando explicamos nosso plano de reunir as mulheres em Kandahar, expressou seu apoio, assentindo vigorosamente com a cabeça e elogiando a nossa idéia. Enquanto escutava, desembrulhava bala após bala e as punha na boca, bebericando chá. Nessas horas, pouco tinha do opressor que a mídia mostrava. Na verdade, prometeu nos ajudar em tudo de que precisássemos. Um senhor distinto, de terno, ouviu o que eu tinha a dizer e declarou ter conhecido meu pai nos velhos tempos em Kandahar. Fomos levados até a porta por um jovem, igualmente bem vestido, que me disse também ser um Popalzai e que, por isso, devíamos ter algum parentesco. Ele me chamou de irmã e ofereceu um apartamento para alojar nossas convidadas.

Acabamos recorrendo a um dos irmãos do presidente Karzai em Kandahar, que nos forneceu alguns milicianos de aparência bastante rude e pesadamente armados. Eles acampariam do lado de fora da sede da Afegãos por uma Sociedade Civil durante toda a semana da conferência. No início, eu passava por eles com toda cautela, até que me pediram um dia para tirar fotos suas, revelando-se muito românticos, posando junto às flores mais róseas que encontraram.

Na véspera do início da conferência, cerca de trinta afegãs do norte e do leste do país se reuniram em Cabul para voar juntas para Kandahar, onde as mulheres de Herat planejavam nos encontrar. Fiquei surpresa de ver que o Popalzai bem vestido que encontrei no escritório de Gul Agha apareceu ainda mais arrumado no aeroporto. Parecia saído das páginas de uma revista de moda européia, num terno azul-marinho e com abotoaduras francesas de prata. Antes de nos deixar no aeroporto, declarou:

— O que você precisar, irmã, seja dinheiro, veículos, lugar para as convidadas, é só me pedir.

Ofereceu-se para nos acompanhar até Kandahar ou mandar uma caravana, mas educadamente recusei. Sua gentileza era avassaladora e me lembrou a razão pela qual eu tanto gostava do meu povo. Embora as relações e conflitos tribais gerassem tanta hostilidade e sofrimento para os afegãos, eles também geravam uma proximidade tão potente que me deixava sem palavras. Fiquei um pouquinho culpada por estar tão eufórica de participar desse clube. Como uma mulher moderna e feminista, eu deveria repudiar totalmente o tribalismo, mas a beleza desse vínculo era parte do que me atraía tão profundamente ao Afeganistão. Ali não fazia diferença que livros eu havia lido, qual era o meu salário ou mesmo se eu era ou não bonita. Eu sentia falta desse espírito de equipe nos Estados Unidos.

Pouco antes de partirmos, o pessoal das Nações Unidas em Cabul que coordenava as viagens nos disse que o avião que

MINHA GUERRA PARTICULAR

planejávamos usar enguiçara e não poderia nos levar. A estrada para Kandahar era considerada muito arriscada na época, embora o projeto de reconstruí-la fosse prioridade no Afeganistão. A nova auto-estrada chegou a ser fechada durante a maior parte do dia de sua inauguração oficial em dezembro, depois de os Estados Unidos já terem mobilizado caças, helicópteros de ataque e atiradores para proteger o embaixador americano e o presidente Karzai na cerimônia de inauguração.

Mesmo assim, as mulheres insistiram em ir para Kandahar, de modo que convencemos as Nações Unidas a nos autorizar a pegar um de seus vôos regulares para lá no dia seguinte. Quando nos preparávamos para pousar no aeroporto da cidade, lembrei de uma história contada por meu tio Jan Agha sobre uma viagem dentro do Afeganistão durante a ocupação soviética. Naquela época, a estrada de Cabul a Kandahar era tão perigosa e palco de tantos combates que, em geral, a única maneira de visitar os parentes em Cabul era voar nos helicópteros militares soviéticos do governo comunista. Quando soube que sua mãe, que morava em Cabul, estava à beira da morte, Jan Agha embarcou num deles para visitá-la. O helicóptero, porém, foi abatido por guerrilheiros sobre uma montanha nevada. Jan Agha foi o único a sobreviver, pulando da aeronave segundos antes da queda e quebrando o braço. Conseguiu caminhar até a aldeia mais próxima, onde temeu que quem tivesse abatido o helicóptero suspeitasse que ele fosse comunista e o seqüestrasse ou coisa pior. Quando, porém, explicou quem era, os guerrilheiros o ajudaram a recuperar as forças para voltar para casa.

No caminho entre o aeroporto e a cidade, um homem de aparência familiar se sentou ao meu lado, perguntando se eu me lembrava dele. Não consegui me lembrar, embora seu rosto me parecesse muito conhecido. Fiquei envergonhada pela situação, mas ele se recusava a dizer quem era, queixando-se apenas de estar magoado por eu não me lembrar do seu nome. Na hora da despedida, confessou ser o médico que eu conhecera em Oxfam quando lá estivemos filmando o documentário. Ele havia me entregado fotos de passaporte da sua família na esperança de que eu conseguisse ajudá-los a entrar nos Estados Unidos. Fiquei muito envergonhada. Odeio falhar com os outros, mesmo tendo lhe dito quando recebi as fotos que não era possível conseguir um passaporte para uma família afegã dispondo tão somente delas. Sua decepção foi profunda, e cheguei a pensar por um momento que ele pudesse tentar me machucar. Não lhe disse que ainda levava comigo para todo lado as fotos, que se encontravam na mochila que estava no meu colo naquele exato momento.

Quando chegamos a Kandahar, mais de trinta mulheres enchiam os corredores vazios de um vasto alojamento que chamaríamos de lar, e outras ainda se juntariam a nós mais tarde. Na conferência, tivemos uma série de oficinas em que as mulheres partilharam suas histórias de crueldade e crimes sofridos durante todos os anos de guerra, condenaram a propaganda e a cultura da violência que as impediam de exercer seus direitos e expressaram a esperança de que o desarmamento e a instrução pusessem fim à violência contra as mulheres.

Uma de nossas palestrantes foi Tajwar Kakar, vice-ministra das questões femininas no governo de Karzai. Viera da Austrália, onde residia como refugiada, para o Afeganistão na época do Talibã para encontrar o mulá Omar em pessoa. Chegou como uma matriarca no Ministério de Relações Exteriores do Talibã em Kandahar. Todos ficaram espantadíssimos por uma mulher como ela ter a coragem de enfrentá-los e, mais ainda, por soltar sua língua afiada contra eles. Tajwar nos contou que os talibãs pareciam intimidadores à primeira vista, mas para ela não passavam de bebês chorões. Contou ainda que tirou a burca diante deles e lhes entregou dizendo: "Dêem ao mulá Omar e digam que é um presente meu."

Muitas histórias que as outras mulheres tinham para contar eram igualmente inacreditáveis. Uma ativista de direitos humanos, grávida, que viera de Mazar-el-Sharif, engravidara vinte vezes na vida, mas apenas um terço dos bebês sobrevivera. Outra, uma ginecologista, contou-nos que muitas mulheres em sua cidade eram proibidas de simplesmente consultar um médico. Havia ainda as que tinham visto os filhos serem seqüestrados pelo Talibã. Algumas vezes a ignorância dessas mulheres sobre o mundo chegava a chocar. Uma das residentes em Kandahar, contratada como cozinheira, me perguntou se era verdade que as mulheres nos Estados Unidos viviam até os duzentos anos.

Após discutir o papel do islã e os direitos das mulheres durante quatro dias, as participantes unanimemente entraram em acordo quanto à idéia que tinham para a constituição afegã, chamada de Declaração de Direitos da Mulher Afegã. A primeira exigência era instrução obrigatória para meninas e mulheres. Exigiu-se também remuneração igual para o mesmo trabalho, liberdade de expressão, direito ao divórcio segundo o islã e o banimento da prática de arranjar o casamento das jovens, da violência doméstica, do abuso sexual e da entrega de mulheres como indenização por crimes entre as famílias (o que os pashtuns chamam de *bad*, ou "preço de sangue"). Um repórter que cobriu a conferência para um dos principais jornais da Grã-Bretanha resumiu a visão das mulheres de maneira mais vigorosa: "Elas pedem para não serem vendidas como escravas, para poder escolher seus maridos e ter direito à instrução."[2]

As mulheres eram letradas e iletradas, de áreas urbanas e rurais, sunitas e xiitas, tadjiques, uzbeques, pashtuns e hazaras.

Como observou mais tarde um editorial no *New York Times*, elas vieram de "alguns dos rincões mais miseráveis do Afeganistão" para produzir um "documento extraordinário" na Declaração de Direitos. Outras conferências sobre os direitos da mulher já haviam sido realizadas antes no Afeganistão, e as afegãs já haviam adotado outras listas de direitos, mas nenhuma delas abordava tão diretamente as questões mais difíceis da vida afegã, menos ainda em Kandahar.

QUINZE

A PRISIONEIRA E O PRESIDENTE

A posse e o controle de mercadorias desejáveis, principalmente zan, zar, zamin (mulher, ouro e terra) está intimamente ligada à percepção da honra de um homem.

Anistia Internacional

Em Cabul, marcamos uma coletiva de imprensa à qual compareceram líderes afegãs, como Fatima Gailani, filha do líder espiritual dos Sufis, Pir Gailani. A srta. Gailani foi um dos dois representantes da Constituinte, órgão de trinta membros, sete dos quais mulheres, que elaborou a nova constituição afegã. Ela ratificou a Declaração de Direitos e declarou que o esboço da constituição a incluiria: "Tenho o orgulho de dizer que tudo que as mulheres em Kandahar e outras pediram está na constituição do Afeganistão. Não estamos sozinhas na Constituinte, não somos apenas sete, temos todas você aqui."

Mais tarde, as participantes da conferência apresentaram a Declaração de Direitos à ministra de assuntos femininos e à

Constituinte reunida. Providenciamos para que fosse distribuída a cada uma das 34 províncias do país — mais de seis mil exemplares saídos de uma única organização de direitos humanos. Um legado duradouro da conferência, espero, será a possibilidade de que até as afegãs das zonas mais isoladas do país usem a Declaração de Direitos para promover debates e organizar ações locais dirigidas à proteção dos direitos da mulher.

Após a coletiva de imprensa, providenciei um encontro de algumas participantes com o presidente Hamid Karzai, ironicamente marcado para o dia 11 de Setembro, dois anos depois da catástrofe nos Estados Unidos. As americanas, as estrangeiras e as funcionárias da ONU foram aconselhadas a não sair na rua em Cabul, devido ao significado simbólico da data. Levamos nosso novo amigo Mushtaba, um menininho de roupas sujas que vendia livros sobre Cabul a estrangeiros que por ele passavam na rua. Os guardas do palácio presidencial o impediram de entrar conosco. Mushtaba havia sido nosso guia durante a nossa estadia em Cabul. Tivemos que discutir com os funcionários do restaurante chinês para deixá-lo entrar, pois estes pensaram que se tratasse de um menino de rua que nos seguira. Agora, a cada posto de controle no caminho para o encontro com o presidente Karzai, a mão potente de alguém parava aquele corpinho a fim de impedi-lo de seguir em frente, mas todas as vezes insistimos para que o deixassem passar. A segurança era estrita: quando nos aproximamos da mesa retangular em que tomaríamos chá com o presidente, reparei que vários soldados americanos nos apontavam fuzis automáticos detrás de janelas sem vidro no alto de um prédio próximo.

Quando chegou com seu grupo, o presidente Karzai se encaminhou diretamente para Mushtaba, apertou sua mão e o cumprimentou calorosamente. As mulheres lhe entregaram

MINHA GUERRA PARTICULAR

a Declaração de Direitos da Mulher Afegã que haviam elaborado juntas e que Sunita e eu corremos contra o relógio para emoldurar a tempo para o encontro. Ficamos surpresas ao saber que o presidente já lera o documento, depois de recebê-lo dos membros de sua equipe de segurança, que também haviam atuado para proteger a nossa coletiva de imprensa em Cabul. Para mim, o fato significava não só que seus homens eram atentos e úteis em lhe passar mensagens importantes, mas que o interesse dele próprio pela questão era grande o bastante para o levar a lê-lo. O presidente declarou seu apoio aos princípios expressos na Declaração de Direitos e anunciou que metade de seus nomeados para a Assembléia Legislativa Loya Jirga seria mulheres. Durante o chá com bolo e biscoitos, mostrou-se animado e alegre, dizendo que a perda do poder dos comandantes era algo que ele também gostaria de ver. Chegou a se emocionar ao falar do sofrimento de décadas das afegãs, primeiro sob o domínio russo, depois no caos que se seguiu, e, finalmente, sob o regime Talibã.

Naquela noite, ouvi gritos vindos da sala de estar do nosso alojamento em Cabul. Aproximei-me das mulheres, que apontavam para a televisão, onde o nosso encontro com o presidente estava sendo reprisado na tevê local, primeiro em farsi, depois em pashtu. Mushtaba nos contou no dia seguinte, com uma expressão orgulhosa, que o povo em sua aldeia o vira com o presidente.

A conferência recebeu uma cobertura favorável na imprensa internacional, chegando a ir parar no *site* do Departamento de Estado na *internet*. Mais importante ainda, a imprensa afegã cobriu com entusiasmo o evento, e um jornal de Cabul pediu a nossa autorização para publicar a Declaração de Direitos da Mulher Afegã, ou seja, não precisamos pedir que o fizessem ou mesmo pagar por isso. De volta aos Estados Unidos, fizemos *lobby* no Congresso pelo apoio a um projeto de lei que destinava sessenta milhões de dólares a programas de promoção dos direitos exigidos pelas mulheres em Kandahar, sobretudo os voltados para a assistência médica e a educação. Embora tendo sido aprovado, nós e outros grupos sabíamos que o financiamento não teria grande proveito a menos que chegasse às afegãs no local, em vez de acabar sendo usado para pagar os vultosos custos dos salários, viagens e segurança de consultores internacionais. Muitas mulheres no Afeganistão, se perguntadas, responderiam que sessenta milhões de dólares seriam suficientes para custear instrução e assistência médica para todas, num país em que professores e médicos ganham apenas entre quinhentos e mil dólares por ano. Elas se perguntam, porém, se chegarão a vivenciar algum benefício.

Durante a conferência em Kandahar, nos coube a tarefa de administrar a estadia, as refeições e a interação de 45 mulheres. Algumas adoeceram devido ao intenso calor de setembro, enquanto outras queriam mais tempo para conhecer a cidade. Com o passar dos dias, as mulheres começaram a se unir e a confiar em mim.

À noite dançávamos, primeiro ao som do batuque de mãos femininas em baldes trazidos dos banheiros. Pensei que aquelas eram as mãos que haviam enxugado as lágrimas de mães que descobriam que seus bebês estavam mortos. Mesmo as doentes, que gemiam nas camas, desgastadas pelo calor ou sofrendo por estarem longe das famílias pela primeira vez e, por isso, aptas a refletir sobre as próprias vidas, ressurgiam para se juntar à nossa dança. No final da estadia, ríamos e chorávamos juntas, enquanto a eletricidade ia e voltava.

Quando o novo governador de Kandahar soube que estávamos na cidade, sentiu-se insultado por não o termos avisado sobre um evento tão ambicioso. Embora lhe tivéssemos feito uma visita e relatado nossas tentativas, ele não se dera conta da importância do acontecimento até passarem alguns dias e a notícia se espalhar. Convidou-nos, então, para um banquete e mandou que suas duas esposas viessem do Paquistão para dar as boas-vindas à grande delegação. Sentou-se à cabeceira da mesa, comprida como as que vemos nos filmes de Harry Potter, e observou como o respeito pelas mulheres é um princípio central do pashtunwali e da cultura afegã. Sentei-me no chão com sua filha e a ouvi reclamar por ser obrigada a usar a "peteca", apelido pelo qual chamava a sua burca.

O Afeganistão nos recebera de braços abertos. No entanto, precisávamos ter cautela. Alguns kandaharianos acreditavam que fôssemos prostitutas ou estivéssemos em alguma outra missão do mal sob o comando dos "infiéis". Freqüentemente me ocorria a idéia de que alguém passando pela rua pudesse atirar uma granada por cima do muro ou jogar um carro contra o portão. Mas lá estávamos.

Rangina e eu lemos em voz alta a Declaração de Direitos da Mulher Afegã para o governador enquanto várias mulheres assistiam, orgulhosas. Quando chegamos ao quarto item da lista, porém, houve uma repentina comoção no grupo. Parecia que tudo pelo qual havíamos lutado iria por água abaixo. O quarto item da lista era o direito de casar novamente só dois anos após o desaparecimento do marido, fato bastante comum numa sociedade marcada pela guerra e dividida em milhares de comunidades de refugiados. As mulheres irromperam em veemente discussão, algumas gritando: "setenta anos!", "três anos!", "e quanto ao islã?" e "já sofremos o bastante!".

Nesse ínterim, Malalai, a única mulher policial em Kandahar, que andava armada não só com um revólver, mas às vezes com um fuzil, olhou para nós e disse:

— Dois segundos.

Além de ter marido e seis filhos, Malalai se tornara policial aos 15 anos, quando o pai sugeriu que as filhas seguissem a tradição familiar. Sua carreira foi interrompida durante os sete anos de regime Talibã em Kandahar. Ela fugira para o Paquistão depois de saber que o Talibã estava prestes a prender a provavelmente única mulher armada de Kandahar. Malalai chama a si mesma de "um dos rapazes" e algumas vezes dispensa o uso da burca. Com freqüência, é o único oficial de polícia enviado à casa de suspeitos de crimes, porque na tradição pashtun os policiais não podem ver as mulheres. Ela alerta as mulheres sobre a presença de homens à porta, e, em casos que as envolvem, ela as interroga ou age como advogada das mesmas. Não teme ninguém.

Malalai me recrutou para ajudá-la a pressionar um outro comandante militar muito poderoso, Zabit Akram, a convidar a esposa para o jantar que iria oferecer ao nosso grupo. O comandante, sujeito tímido e bastante gentil apesar de sua aparência ríspida e insensível, era um dos homens de Gul Agha. Começamos a questioná-lo a respeito da ausência da esposa assim que chegamos para o jantar. Ao típico estilo afegão, ele explicou que ela se recusara a comparecer, a despeito da sua insistência. Malalai sugeriu que nós mesmas tentássemos convencê-la, o que o deixou meio nervoso. No entanto, não podia contrariar nosso desejo de vê-la, pois isso equivaleria a admitir que *ele* a proibira de comparecer. Assim, quando Malalai pulou num dos utilitários dos soldados de Gul Agha, fui atrás.

Quando chegamos à modesta casa do comandante, bem semelhante a qualquer outra moradia de Kandahar, com um grande quintal e aposentos de tijolo cru em mau estado, perguntei a mim mesma se o nervosismo dele tinha mais a ver com as condições vergonhosas de sua casa do que com o medo de que falássemos com a esposa. Esta se mostrou imensamente surpresa de nos ver. Ela era uma mulher grandalhona, com o cabelo negro e ondulado curto, e vestia uma camisola cor-de-rosa como as que as avós americanas costumam usar em casa. Pareceu espantada que o marido estivesse ciente da nossa missão de levá-la ao jantar e que tivesse inclusive concordado com isso. O rosto descrente se iluminou quando lhe contamos, e ela deu um risinho escondendo a boca com a mão. Quis falar com ele no celular de Malalai para pedir sua autorização explícita.

— Você acha mesmo que não tem problema? — perguntou, sentada à maneira indiana, com as pernas cruzadas, olhando para nós. — Mesmo?

Deve ter sido tranqüilizada pela voz do outro lado, pois assim que desligou se pôs de pé e foi se arrumar.

Malalai riu e explicou que o marido dissera que a recusa havia sido dela. A mulher olhou para mim e disse:

— *Ele* é que não quis que eu fosse — disse ela, como a esclarecer qualquer mal-entendido. Depois saiu da sala rapidamente, levantando a cortina que escondia uma porta.

Esta tática era extremamente comum entre os homens afegãos. Sempre que não se permitia a uma mulher ir a algum lugar, ela deveria mentir e assumir a responsabilidade quando perguntada, dizendo que não queria ir ou que estava ocupada demais com suas tarefas.

Quando a cortina baixou atrás da dona da casa, uma mulher miúda entrou na sala e me cumprimentou educadamente, olhando para o chão enquanto falávamos. A essa altura, Malalai já não estava presente e me perguntei quem seria ela. Enquanto discorríamos sobre amenidades, ela me disse ser a segunda mulher do comandante, tendo se casado com ele depois que a primeira se tornara incapaz de gerar mais filhos. Era jovem, usava uma franja negra cerrada e parecia muito doce e tranqüila. Já tinha quatro filhos, porém, e manteve os olhos recatadamente baixos na minha presença. Enquanto conversávamos, percebi que era ligeiramente vesga de um olho e fiquei pensando quanto sofrimento emocional isso devia lhe causar.

A primeira esposa voltou à sala, num vestido preto cintilante.

— O que acha disto? — me perguntou, enquanto remexia os panos da saia para mostrar.

— É lindo — respondi, imaginando por que ela teria se produzido como se fosse a uma festa de gala. Estava levando um pouco a sério demais o convite. Em seguida, me entregou um lenço cinza bordado a mão num saco plástico transparente. É costume presentear novos conhecidos, embora o gesto não seja indispensável.

Malalai voltou, apressando-nos a reencontrar nosso anfitrião.

— Vamos, está na hora. Cadê a sua maquiagem? E as jóias?

Enquanto passava sombra nas pálpebras diante do espelho redondo da sala, a mulher pediu a minha opinião:

— Que tal esta cor? Está demais? — perguntou.

Nos Estados Unidos, minha irmã gozava meus atentados contra a moda, sobretudo quando eu contornava os lábios com uma linha torta de lápis de boca e quando fazia uma mecha de dois dedos de cabelo louro no cabelo em vez da *balayage* leve pretendida, além de aplicar errado o autobronzeador, criando listras na minha pele. Para esta afegã, contudo, a minha vida nos Estados Unidos me conferia uma autoridade superior à de Malalai, impecavelmente maquiada.

— Esta noite é a minha vez — acrescentou a primeira esposa, o que tornava mais excitante ainda a produção e a saída. Embora quisesse usar apenas algumas pulseiras, Malalai encorajou-a a pôr todas. Quando saímos, nossa matrona de camisola rosa já se convertera numa princesa num vestido cintilante, batom vermelho-vivo e jóias suficientes para adornar uma pequena aldeia. Ao sairmos para pegar o carro, dois filhos da segunda esposa nos imploraram para ir junto. A mãe recusou-lhes permissão, mas eles insistiam mesmo assim. Ela argumentou que se tratava de um jantar para adultos, inadequado para crianças, mas quando os dois pularam no carro conosco, os apelos da mãe soaram mais como um teste de lealdade do que uma genuína preocupação com o evento de adultos.

— Vocês não me amam? Vão me deixar sozinha? E se aparecer alguém, faço o quê?

Afegãs de famílias conservadoras não abrem a porta a quem bate. Um homem ou as crianças da casa o fazem, pois a visita pode ser do sexo masculino. O garoto não se deixou comover, respondendo simplesmente que o tio já estava em casa.

No caminho para a mansão, sentei no banco de trás junto à nossa nova amiga, que apertou firme a minha mão. Pouco antes, ela mencionara que nenhuma das assistentes humanitárias amigas do marido jamais a visitara.

— Vou convidar Sarah para me visitar da próxima vez que vier encontrar meu marido — disse, referindo-a a uma das que já ouvira falar.

Chegara a seus ouvidos que, durante a minha outra visita, assistentes humanitárias americanas haviam mergulhado na piscina da mansão. Respeitando a cultura, fizeram isso vestidas, mas mergulharam mesmo assim para mostrar que a vida era para ser vivida. As afegãs estupefatas logo cercaram as americanas quando estas emergiram do mergulho, com as roupas grudadas no corpo, e enrolaram seus lenços em seus corpos molhados e arrepiados de frio.

— Você já esteve na mansão? — perguntei.

— Não, nunca.

— Bom, um monte de mulheres que estão lá vão gostar de ver você — disse eu.

Ela soltou a minha mão, arrumando o lenço largo que lhe envolvia o corpo e emoldurava o rosto. Enquanto ajustava a ponta do lenço sobre o rosto de modo a poder olhar por uma pequena abertura, me contou que esta era a primeira vez em vinte anos que saía de casa para estar com alguém que não fosse parente. Apertou novamente a minha mão, desta vez com mais força ainda.

— E os empregados da mansão? Como vou passar por eles sem ser vista?

Como a maioria das mulheres pashtuns, ela fora criada dentro da *purdah*, que em pashtu significa "cortina", como a usada nas casas para separar os homens das mulheres. Trata-se de uma noção no pashtunwali segundo a qual homens e mulheres são segregados, e as mulheres são proibidas de se mostrar aos homens.

Malalai garantiu que estacionaríamos o carro bem próximo à entrada e a cercaríamos, entrando rapidamente na casa.

— O que os outros vão dizer quando souberem que a mulher do comandante esteve na mansão?

Malalai, no seu estilo desafiador, com um gesto de indiferença, disse:

— Dzzza — literalmente, "Danem-se!".

Quando chegamos, fizemos nossa nova amiga entrar rapidamente, e segurei sua mão enquanto andávamos, amparando-a com o braço, pois ela mal podia ver o caminho à frente com o lenço largo cobrindo-lhe o rosto. Para mim, era difícil manter o equilíbrio sob a pressão do seu peso. Achei engraçado aquele trio: duas mulheres jovens e atraentes com o rosto à mostra escondendo uma mulher mais velha e forte cuja beleza tinha que permanecer oculta a qualquer custo. Tenho certeza de que os empregados no jardim devem ter se perguntado que beldade seria aquela, coberta, a julgar pelas duas que a acompanhavam. Quando chegamos ao amplo salão cheio de almofadas espalhadas sobre o chão de mármore, nossa amiga se dirigiu diretamente para o canto do aposento, longe da porta, e se sentou entre as outras mulheres, com o rosto virado para o lado. Quando elas a cumprimentaram, levantou a ponta do lenço para falar-lhes, baixando-a novamente ao terminar. Sarah me disse mais tarde que esperava que não apanhasse do marido quando chegassem em casa. Embora tivesse aceitado que ela comparecesse e fosse, talvez, o homem mais gentil com que tivemos contato no Afeganistão, ele era bem capaz de bater nela por levar ao pé da letra a permissão. Ela deveria conhecer as regras do marido. Ele lhe controlava o acesso ao mundo.

Quando ouvimos falar de um outro lugar que controlava o acesso das mulheres ao mundo — a prisão de Kandahar —, resolvemos que precisávamos visitá-lo. Fomos, acompanhadas de Malalai, procurar o novo chefe de polícia e nos apresentamos a ele e a seus funcionários enquanto aguardávamos que os guardas trouxessem as detentas. Nesse ínterim, uma delegação de homens adentrou seu escritório e começou a falar com ele, indiferente à nossa presença. O chefe nos ignorou até que Fahima o advertiu:

— Olha, marcamos uma reunião com o senhor, e o senhor deve esperar sairmos para receber outras pessoas.

Preparei-me para a reação dele. A julgar pelos homens à sua volta, esta era provavelmente a primeira vez que alguém lhe falava nesse tom. Depois de refletir um momento, ele respondeu:

— Tem razão.

E se acomodou novamente no sofá vermelho, virando-se para nós. Estaria eu, realmente, vendo um homem grisalho que, tudo indicava, passara a vida toda sem ouvir uma mulher se dirigir a ele daquele jeito acatar aquela queixa? Se foi um teatro para as "estrangeiras" que nos acompanhavam ou um genuíno reconhecimento do seu erro, o fato é que ele admitir que Fahima estava certa me fez perceber que mesmo esses homens conservadores algumas vezes escutam quando lhes apontam seus erros.

Três das prisioneiras foram levadas à sala do chefe para encontrar a nossa delegação. Todas eram mais vítimas do que criminosas, embora acusadas de uma série de crimes graves. O chefe me contou que uma fora denunciada por homicídio, outra por abandonar o marido e os filhos para fugir com um homem que não era seu parente, e a terceira por viajar sozinha e prestar favores sexuais a homens.

Depois que as autoridades deixaram a sala, as mulheres começaram a contar suas próprias versões. De início bastante frias e impassíveis, logo se tornaram emotivas, chorando e mexendo com nervosismo em suas burcas. Perguntamos se podíamos levá-las conosco durante umas poucas horas para conhecer as outras mulheres e, como diz o ditado pashtu, "distrair a cabeça". Duas pareciam ter menos de vinte anos, e a burca de uma delas estava rasgada e irremediavelmente danificada.

Quando chegamos em casa, a verdade terrível do que aconteceu às três veio à tona. A fugitiva, Lena, era pequenina, com cabelos macios e castanhos, com sardas claras a lhe salpicar o nariz e as bochechas. Mordia o lábio sem parar, talvez por medo ou frustração. Era órfã e havia abandonado um tio

MINHA GUERRA PARTICULAR

que a maltratava para correr atrás do seu sonho de estudar e da possibilidade de encontrar trabalho no Irã. Fora presa por viajar sem um *mahram*, ou guardião, acabando na prisão de Kandahar. Enfureceu-se à medida que relatava os detalhes de como havia sido encarcerada, franzindo a testa, agitando as mãos no ar e mexendo vigorosamente a cabeça.

Outra, grávida, na prisão junto com o filho de sete anos, contou em lágrimas ter sido vendida a um homem sem braços que a submeteu a abusos. Sua voz esganiçada falhava em meio ao desespero, e as palavras eram entrecortadas por soluços e suspiros. Implorou-nos para lhe encontrar um lugar onde pudesse dar à luz seu bebê e cuidar do filho mais velho, quem sabe numa das nossas casas. A prisão não contava com instalações para nenhum tipo de atendimento médico, quanto mais para realizar partos. Se havia eletricidade no prédio, eu não a vi ser usada.

A última prisioneira se chamava Rosia. Era uma moça durona de aparência calma. Sem demonstrar qualquer emoção ou sequer interesse enquanto falava, seus lábios crestados se crisparam, suspeitando das intenções do grupo. Ficara viúva, mas se casara de novo contra a vontade com o irmão do marido, sendo estuprada repetidamente pelo sogro que morava com o casal. Era acorrentada e somente lhe permitiam sair para as compras domésticas e, finalmente, foi falsamente acusada de matar um sobrinho pequeno que caíra num poço.

Nenhuma das três prisioneiras freqüentara a escola, e todas eram analfabetas. Lena olhou fundo nos olhos das visitas e declarou que só queria ser solta e estudar, como teria feito no Irã. Enquanto uma jornalista do *New York Times* anotava tudo freneticamente, Rosia desatou a chorar e me pediu para ser a irmã que ela nunca tivera. A emoção, as lágrimas e a sujeira vazaram daquela garota, cujo rosto, antes, parecera feito de pedra e que já vira tanta coisa. A prisão, disse ela, era o único lugar onde se sentia a salvo da família do marido.

Decidimos fazer alguma coisa por essas mulheres, mas não havia advogados nem tribunais naquele lugar, apenas um homem a apontar para um portão, que permaneceria trancado até que esse mesmo homem resolvesse abri-lo de novo. Pior, estávamos de partida para Cabul no dia seguinte. Decidimos levar Lena conosco, se possível. Seria impossível levar as outras. Lena tinha parentes em Cabul, o que tornava seu caso bem mais simples que os demais. Fiquei preocupada em assumir o projeto, porque qualquer coisa que envolva mulheres consideradas "más" pela sociedade afegã acarreta sérios riscos. Mas a idéia de não fazer nada soava ainda pior.

Marcamos um encontro para as sete da manhã com o promotor-chefe de Kandahar. Imploramos que ele nos deixasse levar Lena para Cabul conosco, mas ele se recusou a libertá-la.

Fomos interrompidas pela visita de uma prisioneira iraniana que fugira com um afegão. O promotor aparentemente se deleitou em ver as lágrimas escorrerem-lhe pelo rosto e se recusou a soltá-la, mas apenas até vê-la chorar como se não lhe restasse outra chance de ser libertada.

Depois de soltar a iraniana, o promotor voltou sua atenção para nós.

— Por que deveria lhes confiar a minha prisioneira? — perguntou.

— Somos uma organização internacional de direitos das mulheres — respondi.

— Como vou saber que você é quem diz ser? — retrucou.

— Temos cartões de visita e documentos de identidade — esclareci.

— Como vou saber o que vocês vão fazer com esta prisioneira? Como posso confiá-la a vocês? — Esta era a sua forma de perguntar que provas havia de que não a traficaríamos para outro país ou a poríamos num bordel.

Então, um homem sentado ao lado do promotor me perguntou de onde eu era.

— De Kandahar — respondi, o que obviamente se deduzia pelo meu pashtu.

— Em que rua mora? — perguntou ele.

Esta era uma pergunta que eu pretendia evitar, mas ao menos ele não perguntara o nome do meu pai.

— Qazi Ghulam — respondi.

Eu não deveria ter lhe dito.

— Você é a filha de Qari Sultan! — exclamou.

Fiquei pasma demais para negar. Ele podia comprovar que estava certo pela expressão no meu rosto. Reconhecendo ser incapaz de outra coisa a não ser admitir, perguntei-lhe como sabia.

— Qari Sultan foi um dos primeiros a deixar o nosso bairro. Morávamos perto dessa rua. Claro que eu sei.

A tensão na sala pareceu alojar-se em meu estômago. Agora sabiam quem era o meu pai, o que era grave. Anonimato era algo desconhecido em Kandahar. O que seria de Agha quando ele voltasse para uma visita após vinte anos? O que lhe diriam as pessoas no lugar onde ele ainda era uma lenda? Temia destruir tudo no lugar onde a sua fora a última de muitas gerações a construir um nome. Sempre tentei deixar de fora essa parte da vida de Agha. Ela era sagrada. Agora, eu a destruiria numa tacada desumana. Esperei que um dia ele fosse capaz de entender.

O promotor pediu que eu me aproximasse da sua mesa.

— Leia isto — me instruiu.

Era uma carta do consulado paquistanês, relativa a remédios fabricados com rótulos falsificados, quanto aos quais o consulado concordara em conduzir uma investigação, juntamente com a promotoria de Kandahar. Li a carta em voz alta, me sentindo novamente uma criança no Brooklyn, quando meus pais mandaram traduzir um comunicado oficial da Imigração que não me sentia apta a ler. As palavras eram sempre difíceis, e comunicados oficiais têm um jeito complicado para dizer coisas simples. Também desta vez a carta foi difícil de traduzir a princípio. Era escrita em inglês paquistanês, o tipo de inglês britânico que utiliza palavras extravagantes, empregadas na linguagem jurídica, como "inobstante" e "doravante".

Começamos a entrar em desespero. Chegaríamos atrasadas para o nosso vôo e havíamos prometido ao comandante que nos oferecera o jantar que o encontraríamos e deixaríamos que ocupasse o assento de Marcelo Gonzalez, um cineasta assistente que não agüentara mais que uns poucos dias de calor, perigo e drama em Kandahar e partira. Por isso, começamos a chorar. Aos soluços imploramos a sua misericórdia. Talvez o promotor precisasse sentir que tinha o poder de desesperar mulheres. Seja o que for que o convenceu, ele redigiu uma carta, que todas assinamos, determinando que levaríamos Lena conosco para devolvê-la à sua família. A família, porém, a maltratava, e ela se recusou a ir encontrá-la conosco ao chegarmos a Cabul. Não havia onde alojá-la, motivo pelo qual apresentamos o caso pessoalmente ao presidente Karzai, indagando dele o que deveria ser feito em relação a mulheres como Lena. O presidente nos disse que endossaria uma moção para a construção de abrigos para recebê-las. Acabamos encontrando um lugar adequado para Lena em Cabul, com uma nova família, encabeçada por uma afegã carinhosa que já adotara outras crianças.

Disparamos pela estrada a caminho do aeroporto na base americana, levando Lena conosco, e o avião, que já se preparava para decolar, voltou para nos apanhar. O piloto, aborrecido

MINHA GUERRA PARTICULAR 301

com o nosso atraso, ficou furioso ao ver que as nossas enormes malas mal caberiam na parte traseira da aeronave para sete passageiros.

Quando decolamos, com as cabeças firmemente coladas no encosto das poltronas, o avião com dificuldade para subir devido ao peso da bagagem alojada atrás, o piloto informou que talvez não conseguíssemos descer em Cabul. Era 1h16 da tarde, e o aeroporto de Cabul fecharia às duas para obras de reconstrução, o que não nos dava o tempo de que precisávamos para chegar até lá. Se não pudéssemos descer ali, teríamos que aterrissar em outro lugar e esperar a reabertura do aeroporto, torcendo para que o combustível fosse suficiente. Zabit Akram, ou o passageiro que se passava por "Marcelo", parecia apavorado. Estava a caminho de Cabul para encontrar o presidente Karzai e lhe pedir um emprego mais importante. O avião enfrentava dificuldades. O rosto de Lena estava pálido de medo. Ela segurou firme o assento à sua frente e encostou nele a cabeça. Era a primeira vez que viajava de avião. O motor bufava como um homem gordo subindo uma escada. Olhei Kandahar lá embaixo, admirando seus prédios de muros de barro, como um labirinto construído para ratinhos numa experiência científica, e fileiras e mais fileiras de castelos de areia cujas torres as ondas do mar haviam erodido.

Lena levantou a cabeça e encarou o comandante Zabit Akram sentado à sua frente, dirigindo-se a ele em farsi. Os dois começaram a discutir. O comandante virou-se para mim e disse:

— Ela é uma vadia. Veio para Kandahar com um rapaz. Os pais moram em Cabul.

Lena olhou para mim e me disse que *ele* era o homem que a havia posto na prisão.

— Quando me levaram à sua sala — disse ela —, ele mandou me jogarem na prisão até que a minha família viesse me buscar.

Estava zangada, sua voz falhava enquanto falava com ele, surpreendentemente desafiadora. Acho que tinha a certeza de que a protegeríamos.

— Ela está mentindo — me disse o comandante, como se agora eu fosse o juiz. O avião era pequeno demais para que começássemos uma briga, mas admirei a audácia de Lena.

— Ele está mentindo — disse ela.

— Não, ela está.

Virei-me para Lena, pus a mão em seu ombro e disse que não acreditava em ninguém além dela e que sua vida recomeçaria quando chegássemos a Cabul e ela iniciasse os estudos. Ela lançou ao comandante um olhar de satisfação, e voltamos a nos preocupar com o avião. O fluxo de adrenalina que inaugurara o dia na sala do promotor parecia ter voltado a percorrer meu corpo. Momentos como esse me faziam crer que as mudanças são realmente possíveis. Ainda que muito raras.

Olhei pela janela para as nuvens fofas e espessas que nos cercavam e pensei em Rosia, que tivéramos que deixar para trás. Como Rosia, a prisioneira de Kandahar, não sou capaz de deixar para trás o Afeganistão. Ela era, e talvez ainda seja, uma prisioneira no sentido físico, encarcerada atrás de muros poeirentos e portões de ferro. A chave da sua liberdade estava nas mãos de um guarda que abandonara seus deveres na prisão e desaparecera. Eu deixei o Afeganistão, no sentido físico, há muito tempo, mas aparentemente não consigo fugir dele emocionalmente. A cultura afegã moldou a moral e os ideais de meus pais, logo, os meus próprios. Sou apaixonada pela cidade porque nem eu nem meus pais jamais devíamos ter saído de lá enquanto vivos. No mínimo, é nossa obrigação voltar. Minhas tias e primos chamam Kandahar de lar, e não só precisavam da nossa ajuda, como também do nosso amor e da nossa presença em suas vidas. Querem que os salvemos, que os levemos para longe dos destroços e de tanta carência. Nesse sentido, também eles são prisioneiros de Kandahar.

POSFÁCIO

EM MUITOS ASPECTOS, pouca coisa mudou para a média das afegãs. Elas continuam a usar a burca e, mais que isso, ainda são pobres e têm pouco acesso à assistência médica, à educação ou mesmo à água potável. Numa cidade como Kandahar, sua chance de estudar ou pelo menos aprender a ler é de menos de 10%. A possibilidade de morrerem durante o parto é maior do que a de mulheres de qualquer outra nação do mundo, e seus filhos têm um risco de 25% de morrer na infância.

Meu otimismo, porém, me faz acreditar que as coisas possam mudar desde que os Estados Unidos realmente honrem seu compromisso com o Afeganistão, o que permanece em aberto, já que a atenção internacional dirigida ao país diminuiu desde a guerra.

Continuo a trabalhar com mulheres afegãs, ciente de que, ao combinar a minha instrução universitária, a capacidade de me comunicar com indivíduos ocidentais e a compreensão das posturas islâmicas e da cultura afegã, sou capaz de fazer muito residindo nos Estados Unidos. Em Nova York e Washington, convivo com ricaças, celebridades, professoras de Harvard, membros do Congresso e até com a ex-presidente da Irlanda, Mary Robinson. Tudo isso nunca foi um exercício de futilidade para mim, pois sempre tratei tais interações com o mesmo propósito: convencer essas pessoas a dedicar seu tempo e energia preciosos a ajudar o povo afegão, a melhorar suas condições de vida. Encaro o tempo que passo com qualquer um que possa ser útil nessa mudança da mesma forma que um ator encara um teste. No mínimo, aqueles com os quais tenho contato através do meu trabalho serão informados sobre as mulheres afegãs e poderão contar a outros o que acontece, outros que talvez tenham condições de *fazer* alguma coisa. Às vezes me imagino como um canal de irrigação, levando água de onde ela existe em abundância para onde não há uma gota. Quanto melhores os lugares que eu freqüentar, mais perto estarei de alcançar o outro extremo.

Mergulhada em toda aquela euforia da conferência em Kandahar, e apesar de todos os sonhos, desejos e esperanças que encheram os nossos dias mágicos ali, o fato de que minha própria tia Khala Sherina sequer recebesse permissão para comparecer me incomodou como um inseto nojento numa bela floresta. Eu desconfiava de que pudessem lhe negar permissão para participar da conferência, mas esperava que lhe deixassem ao menos comparecer como ouvinte. Fui à sua casa uma manhã buscá-la para ir até lá, ainda que apenas para tomar chá com as mulheres, mas o marido não deixou que ela me acompanhasse ao local do evento. Quando ele me disse que minha tia estava ocupada demais lavando roupas para ir comigo, ela concordou, mas depois me confidenciou que na verdade queria. Engoli rapidamente as lágrimas, mas sabia que mesmo que insistisse em levar Khala Sherina comigo naquele dia, ela teria que lidar sozinha com as conseqüências durante muito tempo depois que eu fosse.

Boa parte do trabalho pelos direitos da mulher ocorre no nível público, na abordagem da legislação, nas oportunidades de estudar e trabalhar e na possibilidade de viajar e receber atendimento médico. Como, porém, modificar o espaço mais privado das mulheres e o poder que as próprias famílias exercem sobre elas? O que fazer quando a lei muda, mas um marido se recusa a permitir que a própria esposa — ou um pai a permitir que a própria filha — se liberte? Pior ainda, o que fazer quando eles não querem que ninguém veja ou fale com "suas" mulheres? Gente como eu adota a luta pelos direitos da mulher esperando realizar grandes mudanças na vida de muitas pessoas, mas descobri que a mudança virá pouco a pouco e não como um grande terremoto.

Assistindo a um programa na BBC sobre Nelson Mandela, descobri que embora tendo inicialmente adotado uma abordagem pacífica na luta contra a opressão, mais tarde ele passou por um treinamento militar e, na presidência do Congresso Nacional africano, começou a atacar os prédios (em sua maioria desocupados) do governo que subjugava seu povo. Com freqüência associo mentalmente o *apartheid* racial da África do Sul ao *apartheid* sexual existente nos países muçulmanos, onde a sistemática recusa de liberdades básicas às mulheres é prática corriqueira.

A mudança sem dúvida é possível, e sob alguns aspectos, inevitável, mas é lenta para as mulheres. Ao que parece, seu ímpeto de resistência não é suficiente. Em compensação, a posição da qual lutam também é mais difícil. Na cruzada pelos direitos dos negros na África do Sul, os líderes ao menos contavam com o apoio de suas famílias. Agiam como uma unidade contra a unidade hostil. Comiam, dormiam e coabitavam com companheiros que acreditavam na mesma causa. As mulheres, ao contrário, quase sempre se sentem sozinhas quando mais precisam de companhia. Acho que isso tem a ver com o fato de que, historicamente, os filhos se casam com esposas que entram para a família do marido, indo morar na casa destas. O resultado é que um homem costuma dispor de uma família que compartilha seus interesses, enquanto as mulheres, vivendo com famílias que não as suas, quase nunca se unem, e entram para um outro time, por assim dizer. Neste time, existem muitos jogadores novos, os parentes do marido, que não se mostram propensos a proteger os interesses da mulher. O fato de a unidade das mulheres se romper dessa forma, na minha opinião, colaborou para a sua posição débil nas questões mundiais. A despeito disso, as mulheres possuem um forte sentido de família e comunidade, podendo relacionar-se umas com as outras com base nesses laços.

As mulheres tem resistido à sujeição de forma não-violenta, mais ainda quando são ricas ou muito instruídas — embora mulheres pobres e analfabetas tenham resistido à opressão e lutado contra a injustiça de inúmeras maneiras, os movimentos pela liberação da mulher quase sempre são liderados por aquelas mais instruídas e com mais recursos para investir. E se as mulheres resistissem da forma como fizeram os homens? Às vezes imagino um exército feminino secreto que ameace destruir prédios do governo a menos que suas reivindicações sejam ouvidas, ou destruir a propriedade de líderes homens que bloquearem seu caminho para a liberdade. Funcionou para os negros na África do Sul. Por que não funcionaria para as mulheres?

Sei que não é bem-vindo nem adequado dizer essas coisas. Vêm à minha lembrança as feministas militantes com quais as boas moças como eu fazem tanta questão de não se parecer. Nós nos orgulhamos de ser diferentes daqueles "brutamontes". E fizemos grandes progressos nos últimos anos sem usar a violência. Mas existem muitos lugares onde mal acontecem mudanças para as mulheres ou onde a situação está até piorando. Quanto tempo as mulheres terão que esperar para serem libertadas da escravidão? Cozinhar, limpar, servir, casar, parir, sem ter direito à escolha. As conseqüências de uma escolha feita num contexto de liberdade são mais fáceis de enfrentar do que as de uma escolha que nos é forçada.

A liberdade para as mulheres afegãs e muçulmanas precisa ter lugar tanto na legislação, na qual é preciso atacar as várias restrições que lhes são impostas, quanto no âmago mais profundo e sombrio de suas mentes. As mulheres afegãs têm que acreditar, acreditar de verdade, que a verdadeira liberdade é possível, a liberdade que se tem quando se acredita ter escolha. Isso é o que muitas ainda precisam entender. Minha amiga Rangina Hamidi, uma afegã-americana que atua junto às mulheres em situação mais crítica em Kandahar e lhes infunde esperança, diz que a predestinação é o discurso dominante na vida das mulheres. Segundo ela, "muitas mulheres acreditam que Deus as criou como seres secundários e que as quer 'escravas' de seus 'senhores' (os homens), fazendo com que, quando uma mulher se vê numa relação com um homem abusivo, a reação da comunidade seja decretar "*wai da dera bad-qismata da*" (ela teve um mau destino)". Rangina lamenta que tal postura, principalmente nas zonas rurais, leve, equivocadamente, "o pessoal daqui a se ver como marionetes — em vez de participantes ativos na vida e na sociedade".

Este é o conceito que precisa ser desafiado, em seu âmago, no Afeganistão e em todo o mundo. Acredito que até as afegãs que exercem suas novas liberdades ao despir suas burcas e freqüentar a escola não estejam de todo convencidas de que a verdadeira liberdade possa ter lugar. Elas seguem em frente, mas vivem amedrontadas. Seu medo não é injustificado. Já viram os horrores sofridos pelas que resistem — ácido jogado em seus rostos, chicotadas, surras e até assassinato. Estas são as conseqüências que as mulheres enfrentam quando lutam por suas liberdades — até mesmo as mais insignificantes.

Uma maneira de mudar as coisas é se as mulheres descobrirem que Deus não as fez para sofrer, e que seu abrigo mais seguro, o Islã, na verdade quer que elas gozem as liberdades e a vida com que sonham, com educação, trabalho e a liberdade para se casar com quem quiserem. Elas não têm que agüentar repetidos maus tratos, pedindo a Deus que um dia eles acabem, o dia em que a vida chegará ao fim. Rangina ecoa os sentimentos das kandaharianas, o mesmo sentimento com o qual cresci — de que é preciso temer a Deus ao extremo. Ele é um Deus raivoso, não um Deus amoroso e compreensivo.

Enquanto escrevia este livro, fui aceita no programa de mestrado em administração pública em Harvard, e ao mesmo tempo em que o encerro também chego ao fim dos meus estudos. Desde então, me tornei um pouco mais cuidadosa quando dirijo ou saio sozinha à noite. Minha vida, finalmente, está maravilhosa e não quero atrapalhá-la. Certa vez, pensei secretamente que um dia podia até ser aceita em Harvard, caso meu casamento não tivesse atrasado a minha vida. Agora, este sonho se realizou.

MINHA GUERRA PARTICULAR 311

Exatamente por nutrir tão pouca esperança de ser realmente livres e realizar algo é que tantas afegãs se mostram tão descuidadas com suas vidas, sua saúde e seu bem-estar. Muitas tentam mudar de vida, saindo escondidas para visitar parentes que foram proibidas de ver por uma ou outra razão ou usando vestidos levemente mais curtos do que o permitido (apenas na presença de mulheres, é claro). Mas têm um medo mortal de fazer algo que possa ser visto como ousadia. Meu amigo Vic diz que todos se comportam de forma bem diferente quando acreditam estar de posse de um bilhete de loteria premiado. Quando acreditamos ser capazes de grandes realizações na vida, somos mais cuidadosos com as nossas escolhas, com o nosso destino.

Ao longo do meu casamento, pensei em suicídio para pôr fim à sensação de não dispor de alternativas. Embora sempre tenha tido muitas alternativas, a "pior" das quais era fugir e começar a trabalhar para me sustentar, eu ainda carregava a noção assustadora de não dispor de permissão para fazer isso. De algum modo, acreditava não ter "autorização" para ser livre, pois sujeitava-me a algum tipo de poder. Esse poder era simplesmente eu mesma, percebo agora — meu medo de fracassar, meu desejo de ser uma "boa moça" e a pessoa mais altruísta do mundo, a minha determinação de jamais ser acusada de agir de forma desonrosa. Nunca teria tentado o suicídio se sentisse de verdade que um dia encontraria o homem dos meus sonhos, que conheceria o mundo e que entraria em Harvard. Como me disse uma sábia afegã, "é a esperança que nos impulsiona. A esperança nos mantém vivos".

Acredito que o mesmo fenômeno esteja acontecendo atualmente em Herat, onde as moças rotineiramente ateiam fogo ao próprio corpo a fim de escapar de casamentos forçados ou de suas vidas difíceis. Algumas devem ter a esperança, como tive, de que, com suas mortes, todos se darão conta dos horrores enfrentados por elas e, finalmente, se sentirão culpados pelos sofrimentos que lhes causaram. Para estas mulheres, sobreviver pode às vezes ser um destino pior do que morrer, pois significa ter de se recuperar de terríveis queimaduras por todo o corpo num lugar sem condições de tratamento para os queimados. Não tenho ilusões quanto à enorme diferença de oportunidade entre mim e as mulheres no Afeganistão e em outros países predominantemente muçulmanos. É porque acredito em sua força que optei por me associar a elas. Acredito piamente que um terremoto coletivo terá lugar quando a dignidade e o poder dessas mulheres se tornarem realidade. Será com tal terremoto que revelaremos uma grande ameaça ao tipo de terrorismo a que o mundo assiste desde o 11 de Setembro.

Com freqüência me perguntam sobre a minha postura com relação à guerra americana no Afeganistão. "A senhora acha que ela se justifica porque, afinal, liberou as mulheres?", me perguntam. Sei que a guerra não valeu seu preço para Nasria e o restante da família que sofreu suas conseqüências. A vida desses indivíduos praticamente não mudou desde a queda do Talibã, e todos precisam seguir adiante sem seus entes mais queridos. Considero sua coragem e esperança um sinal de muita força. Vi as conseqüências extremamente nocivas que a guerra lhes legou, mas também testemunhei algumas mudanças positivas, sobretudo em Cabul, e acredito que a expulsão do Talibã sem dúvida foi uma bênção para muitos afegãos.

Gostaria apenas que a ação militar tivesse sido mais bem conduzida, mais cuidadosa no que tange ao risco para a vida de civis. Sei, no fundo do coração, que se a guerra houvesse sido deflagrada em solo americano, com o governo tentando caçar e exterminar a Al Qaeda e o Talibã, digamos, no Texas, as coisas teriam se desenrolado de maneira totalmente diferente.

MINHA GUERRA PARTICULAR 313

Sei que os bombardeios maciços e os helicópteros militares, vomitando balas de um canhão rotativo, não teriam sido usados. Não, todo o mundo ficaria indignado com isso. Mas no Afeganistão, a indignação das vítimas se esgotou e evaporou silenciosamente, no calor e na luz ofuscante do deserto. As tentativas afegãs de mostrar aos Estados Unidos o que estava acontecendo foram ignoradas e, para piorar as coisas, até crianças foram chamadas de seguidores do Talibã. Eu reagiria de forma bem diferente se o exército tivesse tentado honestamente assistir as vítimas civis depois da guerra, realizar um inventário completo das mortes e oferecer comida às famílias enlutadas ou reconstruir seus casebres de argila. Acho que haveria bem menos ódio da parte dos afegãos, bem como do restante do mundo muçulmano.

Marla Ruzicka, a defensora americana das vítimas civis das guerras americanas no Iraque e no Afeganistão, e Zabit Akram, o doce comandante de Kandahar, foram mortos com poucas semanas de diferença no Iraque e no Afeganistão, respectivamente. Ambos enfrentaram tal destino porque optaram por ser catalizadores da mudança. Marla foi atingida por uma bomba na estrada, e Zabit, feito em pedaços quando um homem-bomba fez dele seu alvo numa mesquita, durante o funeral de um clérigo assassinado.

MINHA IRMÃ SARA ACABA DE PÔR UM DVD de Farhad Darya, um cantor popular afegão, cuja música viaja da Alemanha ao Afeganistão, em vez de fazer o caminho inverso. Fecho meus olhos e começo a dançar. É tão natural quanto o ato de mamar é para um bebê. Sinto-me imediatamente transportada a um casamento onde mãos pintadas com hena acompanham o ritmo numa antiga aldeia pashtun, ou aos momentos de dança em meio a montanhas de arroz basmati e *kebabs* apimentados no hotel Kennedy, próximo ao Aeroporto JFK, um salão para casamentos muito procurado por afegãos nos anos 1980.

Ainda sou muito próxima da minha comunidade, compareço a aniversários, festas e, agora, também a eventos políticos. Já pensei muitas vezes em partir, num plano emocional. Minha mãe acusa as mulheres "instruídas demais" de deixarem suas comunidades e adotar "outras", pois acham que se tornaram superiores aos demais. Sempre fui muito consciente desse dilema, mas agora entendo por que elas se vão. Começam a se sentir solitárias, incompreendidas e desinteressadas nos assuntos rotineiros de uma comunidade que se parece com uma cidade pequena. Ainda assim, sei que jamais partirei de verdade. Vejo meus pais, minha família e minha comunidade mudando rapidamente. Minha irmã Sara ainda prefere usar seu *hijab*, e minha irmã Aziza rejeita as calças *jeans* porque elas não refletem seu estilo profissional. Nenhuma das duas espera se casar da forma como me casei com Nadir, e meus pais insistem para que se formem na faculdade antes de pensarem em casamento. Embora não o verbalizem, sei que meus pais respeitam o meu caminho. Ainda entro em conflito com algumas de suas escolhas e posturas, mas enquanto luto para entender tanto a eles quanto os desafios que venceram, o amor e o respeito que me inspiram são cada vez mais profundos.

No entanto, até mesmo em família, questiono meus atos mais simples. Pergunto a mim mesma o quanto de ajuda na cozinha e na limpeza é excessivo, sobretudo considerando-se que meus primos ou meu irmão não colaboram. Hesito sobre o quanto devo participar da conversa dos homens ou quão perto deles devo me sentar, bem como quanto ao que devo dizer sem parecer imprópria — com base nos padrões ocidentais, nos padrões afegãos, segundo o parecer do islã e de Deus, conforme as preferências da minha família e, finalmente, de acordo com a minha própria intuição. Sempre chego à mesma conclusão. Encontro o meu jeito. Adoro servir os convidados, embora o ato recrie a típica cena das mulheres servindo os homens. Em momentos tão perfeitos, me sinto totalmente realizada. Descobri que é possível criar uma harmonia entre ser uma feminista e uma boa moça pashtun, uma muçulmana e uma mulher livre, uma americana e uma orgulhosa afegã. Esses momentos parecem roubados, meio impossíveis, como voar acima das nuvens com Lena, a prisioneira ousada e libertada.

NOTAS

CAPÍTULO 4

A garotinha Masuda

1. Kerochel, Danesh. "In Afghanistan, Marriage is a Sentence". Knight Ridder/Tribune, 12 de julho de 2002.

CAPÍTULO 6

Uma kandahariana pura

1. "Kandahar Reportedly Bombed", Associated Press, 9 de fevereiro de 1982.
2. "Afghan Conflict 'Could Last Until End of Century': entrevista com Charles Dunbar, principal diplomata

americano em Cabul". *U.S. News & World Report*, 1º de agosto de 1983.

3. Vide John F. Burns. "Afghans: Now They Blame America". *The New York Times Magazine*, 4 de fevereiro de 1990; Barry Kramer. *The Wall Street Journal*, 2 de setembro de 1977, 22.

Capítulo 7

Uma visita de Hollywood

1. Vogelsang, Willem. *The Afghans*. Oxford: Blackwell Publishers, 2002, 124-25.

Capítulo 8

A pior assistência médica do mundo

1. Ellis, Deborah. *Women of the Afghan War*. Westport, CT: Praeger, 2000, 106-7.

Capítulo 9

Uma americana, ao meu jeito

1. Kaplan, Robert D. "The Lawless Frontier". *The Atlantic Monthly*, setembro de 2000, 66-80.
2. Anistia Internacional. "Afghanistan: Protect Afghan Civilians and Refugees". Al Index: ASA 11/012/2001, 9 de outubro de 2001.

Capítulo 13

Mudando as regras

1. Nickelsberg, Robert; Perlez, Jane. "Survivors Recount Fierce American Raid That Flattened a Village". *The New York Times*, 2 de novembro de 2001.

2. Campbell, Murray. "Bombing of Farming Village Undermines U.S. Credibility". *The Globe and Mail* (Toronto), 3 de novembro de 2001.
3. Powell, Michael. "NY Afghan Navigates 2 Shattered Worlds: After Watching World Trade Center Collapse, Young Immigrant documents Her Return to a Country Torn by War". *The Washington Post*, 8 de fevereiro de 2002, A3.
4. Zucchino, David. "U.S. Addresses Iraqi's Losses with Payments". *Los Angeles Times*, 13 de março de 2005.

CAPÍTULO 14

Uma declaração de direitos da mulher afegã

1. "Nine Killed, Four Injured as Unrest Continues in Afghanistan", *Deutsche Presse-Agentur*, 11 de janeiro de 2004.
2. Ghafour, Hamida. "The Women's Group Where Attendance Can Cost Your Life". *The Daily Telegraph*, 5 de setembro de 2003.

EDIÇÃO
Luciano Trigo
Anna Carla Ferreira

REVISÃO DE TRADUÇÃO
Heloísa Mourão

REVISÃO
Marília Garcia

DIAGRAMAÇÃO
Abreu's System

PRODUÇÃO GRÁFICA
Ligia Barreto Gonçalves

Este livro foi impresso em São Paulo, em novembro de 2006,
pela Lis Gráfica e Editora, para a Editora Nova Fronteira.
A fonte usada no miolo é Minion, corpo 11,5/15,2.
O papel do miolo é pólen soft 70g/m², e o da capa é cartão 250g/m².